佐野大介著

「孝」の研究

孝経注釈と孝行譚との分析

研文出版

「孝」の研究——孝経注釈と孝行譚との分析

目　次

「孝」の研究——孝経注釈と孝行譚との分析

序章

一　研究の現状

中国思想において、「道徳」についての思索は常にその中核をなしてきた。殊に漢土においては、倫理学的関心が、「善とはなにか」といったいわば形而上的な倫理的思惟を追求する方向よりも、「孝」をはじめとする、各人間関係（立場）上に配当された道徳規範に向かう傾向が強かった。また「孝」は漢土において、祖先祭祀、親子間の紐帯を根本とした私的関係、私的紐帯と公的社会との緊張関係、これらの対応策を組込んだ社会システムの構築などと密接に関連し、「孝」について考えることは、ただに倫理思想上の案件であるのみならず、宗教・社会・政治など、中国文化全般に渡る根本に関わる思惟であったといってよい。さらに、これらの関係は現代においても霧散してしまった訳ではなく、人々の精神構造に大きな影響を残しているものと考えられる。こうした点からも、孝思想は、常に研究されるべき古くて新しい問題であるといえる。

文化・思想面において漢土から大きな影響を受けている本朝においても、「孝」は漢土同様重要な徳目であり、孝思想研究は、日本思想研究においてもその大きな部分を占めているといえよう。

近代以後の本朝における孝研究は、長く『孝経』の研究がその中心を占めていた。なかでも早く研究者の興味を集めたのは、『孝経』の成立に関してであった。『孝経』の著作者に関しては、孔子・曾子をはじめとして、曾門弟子・七十子の徒・漢儒など、様々な説があり、それと関連して、その著作時期は、春秋時代より漢代までの可能性が考えられている。『孝経』の著作者と著作時期とを明らかにすることは、まさに『孝経』研究の土台ともいえる作業であるといえよう。

そうして、その答えは、大きく漢帝国の成立以前か以後かに別れる。朱子は、『孝経』が比較的古い部分（経）とそれを解説する比較的新しい部分（伝）とから成立している、という二段階成立論に基づき、新たな分章を試みた。この説を重視した武内義雄氏[1]、また、『孝経』と『荀子』や『呂氏春秋』との思想的関連性を重視した津田左右吉氏[2]や、『孝経』の成立理由を秦漢帝国の成立に先立つ戦国末における君権教化の要請であったと考えた板野長八氏[3]らは先秦成立を主張した。これに対して渡辺信一郎氏[4]は、朱子の二段階成立論に大筋で同意した上で、それらが一つのまとまった思惟として確立したのは漢代であったとした。さらに池澤優氏[5]は、『呂氏春秋』の時点で『孝経』は存在していたものの、その書名は確定していなかったとしている。

これら研究の深化に伴い、問題の詳細や意見の異同の根拠などが明らかとなり、問題点は一層クリアになった。しかしこれらの議論も、資料的限界から問題を完全に解決するには至らなかった。殊に、思想面からの検討において繰り返し用いられた、『孝経』と先秦時代の書籍との比較からその思想の類似性を指摘するという手法は、結局のところ、資料間の先後を決定するに充分な説得力を持つとはいいがたかったのである。また、形式面からの検討に関していえば、『孝経』からの引用を明示する最も初期のものは、『呂氏春秋』察微篇の「孝経曰云云」であるが、これを、『孝経』が先秦に存在した紛れもない証拠と見なす者がいる一方、注文の誤入と考える者がいるなど、こちらも成立年代推定の決定打とはなり得なかった。

こうして、『孝経』成立に関しては、定論と呼べるものが成立するには及んでいない。この問題を大きく漸進させるためには、近年注目を浴びている新出土資料の利用が効果的であろうが、残念ながら現在、『孝経』関連の資料は出土していない。この問題を解決するためにも、新たな『孝経』関連の資料の出土が期待されよう。

次に注目されたのは、『孝経』注釈に関する研究である。『孝経』研究の泰斗である林秀一氏は、敦煌出土の『孝経鄭注義疏』の研究、本朝に残る逸存書『孝経孔安国伝』（以下、『孔伝』と略称）の成立やその影響に関する研究や、こちらも逸存書である『孝経述議』の復元など、精力的に『孝経』の注釈類に関する研究を行ない、本朝の『孝経』研究を大きく前進させた(6)。

さらに林氏以後も続く多くの研究者によって、『孝経』の各種注釈に関する研究が進められた。代表的なものを挙げると、後漢の鄭玄の撰だと伝承される『孝経鄭氏注』に関しては、その偽作説に関する検証が行なわれ(7)、唐の玄宗皇帝が注を撰した『御注孝経』に関しては、その成立や成立に関する政治的背景といった方面の研究が多く見られる(8)。また、宋代に到って朱子が経文を組み換えるという大胆な手法を用いた『孝経刊誤』に関しては、朱子の思想からの分析や、他の朱子の著作との関係についての検討がなされており(9)、元代北方の言語である「漢児言語」の資料としても知られる『孝経直解』に関しては、その研究の中心が言語面から思想面へと移ってきている(10)。

これら『孝経』に関連する研究に対して、孝研究におけるもう一つの柱といえるのが孝思想そのものに関する研究である。以下、代表的な研究を挙げる。

桑原隲蔵氏は、漢土の法律における孝の取り扱いから孝について検討し、その内容は、不孝に対する法的刑罰や親族の犯罪における相互隠蔽など多岐に渡る(11)。さらに、道端良秀氏は、中国仏教に対する儒教側からの攻撃（「出家・剃髪を伴う仏教は不孝である」）や、それに対する仏教側からの対応など、中国仏教における孝の問題について検討している(12)。また、下見隆雄氏・山崎純一氏・神矢法子氏らは、女性が行なう孝について特に着目した(13)。

このように多方面から行なわれた孝思想を直截の対象とする分析は、孝の持つ性質・その構造といった方面において数多くの知見をもたらした。

これら数多くの孝に関する思想的研究を経て、近年注目を浴びているのが、孝の本質に関する研究である。

渡辺信一郎氏は、『孝経』の特質が、「孝の基礎に愛敬という普遍的心情を発見し、そこから孝を説くところにある」(14)と考え、愛敬を契機とする、孝悌と忠順・礼節などとの推論関係を説いた。加地伸行氏、池澤優氏らも「孝」を「愛」・「敬」より成るとの考えを採っており、この考え方は現在の定説となっている。

さらに加地氏の研究は、『孝経』の孝思想や孝の構造から、孝そのものの本質へとその対象を広げている。氏は儒教が、死の定めから逃れ得ぬ人間は、自己が祖先から子孫へと続く血の連鎖の一部であることを自覚することによってその永続性に与る、という死生観を持つとする。またここから、孝の構造について、「祖先祭祀（過去）・親への敬愛（現在）・子孫継嗣（未来）の三者を一つとする生命の連続としての孝という概念」(15)であるとし、儒教が宗教であるとの観点から、孝を、〈生命の連続の自覚〉と規定している。(16)

また、下見隆雄氏は、儒教はもともと母性原理に立脚する思想であるとの観点から、女性からの孝と母性との関係について注目し、「母―子」・「妻―夫」・「娘―父」の三つの人間関係における女性から男性への支援行動には母性の実践が見られ、妻の母性が、母の母性の特質と娘の母性の特質とを併せ持つとした。(17)またここから、孝をはじめとする男性の行動は、「母なるもの」としての女性による支援・教導を経てこそ実践されるものと考えた。この見解は、儒教社会が男性中心で女性抑圧的であったという従来の見解に鋭く見直しを迫るものであり、孝思想研究に止まらず儒教全体に関する理解においても重要な意義を持つといえる。

二　本書の構成

こうして、これまでこれら先学による精力的な研究が蓄積されてきたが、それでも「孝」という巨大な思想は、現在も解明されるべきアポリアを無限に抱えているといってよい。筆者の最終的な問題関心は、「孝」とは何か（本質の理解）、「孝」はなぜ衰えないのか（存続の理由）、「孝」はなぜ良いとされるのか（規範性の根拠）などを明らかにすることにある。そうしてその研究方法として、これまでの孝研究の流れを踏まえつつ、大きく二方面よりのアプローチを試みてきた。

一つは、これまで「孝」に対してなされてきた解釈について研究することである。具体的には、『孝経』を初めとする孝に関する文献の注釈史の研究などをあげることができよう。これは、これまで自覚的に行なわれてきた「孝」に対する分析を追うものということができる。個別の資料を対象として行なうこのタイプの研究では、当該資料に表れた思考のみならず、同時代の他の文献の思考との比較を通じて、ある時代性を持った孝思想を窺うことができる。また、これらの研究を蓄積できれば、それらを通じて、通時代的な孝思想の発展や変遷について考察することも可能であろう。

もう一つは、文献に表れた「孝行」の記述（孝行譚）や、「孝」を推奨する言説などに関する研究である。自覚的に行なった「孝の構造」についての思惟を著したものでなくとも、こういった「孝」に関する言説の内容や構造を分析することによって、その裏に存在する無自覚的に捉えられた孝の構造について考察することが可能であろう。これらの研究では、複数の資料に渡って「孝」に関する言説について検討し、孝思想のいわば『核』を抽出することが必要とされよう。さらにこれらの研究を蓄積できれば、それらを通じて、超時代的な孝思想の本質や道徳性について考察することもまた可能であろう。

そうして、これらアプローチによる研究が蓄積が、将来的には両者を止揚した形での研究に繋がることが理想だといえよう。

そこで本書では、この二つのアプローチに対応する形で、第一部において「これまで「孝」に対してなされてきた解釈についての研究」を、第二部以下において「文献に表れた「孝行」の記述（孝行譚）や、「孝」を推奨する言説などに関する研究」を行なった。

先ず、第一部「『孝経』注釈に関する研究」として、自覚的孝解釈に関する特定資料の研究を行なった。『孝経』を取り上げたのは、『孝経』が唯一その名に「孝」字を冠する経書であり、常に儒教における孝に関する思想・教説の中心を占めていたためである。

第一部の第一章から第三章においては、『孝経』の代表的な注釈書のうち、本朝の思想史研究において、林氏以来ほぼ研究がなされていない『孔伝』を取り上げた。第一章「『古文孝経孔安国伝』偽作説について」では、研究の基礎作業として、現在まで数多く提出されている『孔伝』の偽作説について整理し、東晋の元帝期以後かつ梁以前と推定した。第二章・第三章では『孔伝』の思想面へと研究を進め、第二章「『孔伝』における「孝」と「忠」との関係」では、『孔伝』における「孝」と「忠」との関係について検討した。また第三章「『孔伝』における「孝治」と「法治」との関係」では、『孔伝』における「孝治」と「法治」との関係について検討し、その結果を踏まえて、『孔伝』の法治観と『孔伝』が数多く引用する『管子』の法治観との比較を行なった。

こうして第二章・第三章において、『孔伝』における「孝」・「忠」・「法」といった主要概念間の関係性について一定の理解を得た上で、さらに『孔伝』ひいては『孝経』の思想に対する理解を深めるため、続く第四章「司馬光における『古文孝経指解』の位置」では、『孔伝』を疏解した『古文孝経指解』を取り上げ、その思想内容と後世への影響とについて考察した。

第二部「「孝」と「不孝」との間」では、孝思想を直接の対象とする分析として、無自覚的孝解釈に関する資料横断的な研究を行なった。ここで、「孝」と「不孝」との関係について考察するのは、孝概念を明確にするためには、「孝を推奨する」という正統《オーソドックス》的な言説の検討と同時に、多角的に孝関連の言説を取扱うことが必要と考えたためである。「何が孝であるか」を明らかにすることは、同時に「何が孝ではないか」を明らかにすることであり、そのためには、先ず「孝―不孝」の境界線上に存在する中間項にあたる事象の検討が必要となろう。

こうした観点より、第一章「「孝」における「愛」と「敬」との関係」では、孝の構造とされる「愛」と「敬」との関係が、各種経解においてどのように解説されているのかについて注目し、孝観念の通時代的な変遷について考察した。こうして「孝」の分析的理解を進めた上で、続く第二章・第三章においては「不孝」に焦点を当てた研究を行なった。第二章「「孝」と「不服従」との関係」では、親に対する「服従―不服従」という対立項を設定した上で、親に対する「不服従」の容認要件について確認し、「養親」・「後嗣確保」・「服従」といった代表的な孝の要件における優先順位について考察を加えた。また、第三章「後漢孝批判の系譜と孝の規範性」では、「逸脱的言説―拘束的言説」という対立項を設定して孝を批判するとされた言説について検討した。第二章・第三章においては、「不孝」を儒教的思惟という観点より検討したが、第四章「墨家の孝説とその批判」では、儒家と異なる視点として墨家のそれを対置し、互いを「不孝」と認識する両者の関係を孝思想における「儒家―墨家」との対立構造ととらえた上で、両者それぞれの立場から見たそれぞれの孝について検討した。さらに、第五章「本朝における親殺しの不孝の容認」では、「孝―不孝」の尖鋭な対立構造として親殺しを取り上げ、様々な「親殺しが孝となる」状況について検討した。

第三部「「孝」と血縁性との関係」では、より視点を孝の本質に近付けた研究を目指し、孝と他の善行とを別ける指標である「血縁性」が孝思想においてどのように働いているのかについて解析を試みた。第一章「孝行譚における血縁性の意味」では、孝行における施行者と対象者との血縁性について着目し、各種孝行譚集や正史に見える血縁的親子関係（実の親）における孝行譚と社会的親子関係（社会制度上での親）における孝行譚との比較を通して孝と血縁性との関係について考察し、孝行譚における血縁性がどのような認識の上に成り立っているのか、また孝行譚を構成する上でどのような働きを持っているのかについて考えた。第二章「本朝近世孝行譚における養子の孝」では、前章において着目した血縁性のうち、特に本朝近世における養子の孝について着目し、養子の孝を描いた孝行譚が、「近いから孝行すべき」という孝の当為性と、「遠いのに孝行する」という孝の奇特性とを併せ奨励する機能を持つと結論付けた。

第四部「和漢における孝観念の異同」では、ここまでに行なった孝の分析によって明らかになった漢土の孝思想に関する研究成果を踏まえた上で、漢土と本朝との孝思想を比較し、和漢における孝観念の異同について考察した。第一章「和漢における孝の異同」では、和漢における「親に先立つ不孝」・「他姓養子」への態度の異同に着目し、両国の孝観念の異同について考察した。そうして、孝は自己拡大欲求の一つであるとの観点より、漢土においては、孝は、共時的には「大家族維持」、通時的には「生命の連続」という自己拡大欲求に基づく本質を有していたのに対して、もともと孝思想が外来の思想であった本朝においては、孝は自己拡大欲求の裏づけを欠き、「大家族維持」の機能を有さず、「生命の連続」という性質も弱かったと結論付けた。また第二章「和漢の孝行譚における割股」では、「和漢における孝観念の異同」に関する研究の一環として、和漢における「食人を伴う孝」について考察し、和漢の割股に対する態度の異同とその発生因とについて考えた。

以上のように、本書は第一部が『孝経』に関する研究であり、第二部から第四部までが孝思想に関する研究となっている。第二部においては、「孝―不孝」という対立軸をキーワードに、孝思想に関する具体的な分析を試み、第三部では、「血縁—非血縁」との観点から、さらに孝思想の本質に近づくための研究を行なった。第二部第三部が主として漢土の孝思想についての分析であったのに対し、第四部では視点を広げ、漢土と本朝との孝思想の比較を行なった。

実はこの章の並びは、上に挙げたような主題による分類であると同時に、論文として発表した順序ともほぼ一致する。つまり、筆者の興味と研究対象の変遷とをほぼそのまま示していることになる。この変遷は、『孝経』に関する研究に始まり、孝の分析より孝の性質や構造について考察することが盛んとなり、さらには孝の本質論へとその対象が進んだ本朝近現代における孝思想研究の流れと軌を一にしているようにも見える。個人的に、ヘッケルの「個体発生は系統発生を繰り返す」との言葉が思想研究にも当てはまるようで興味深く思われるところである。

注

(1) 武内義雄「孝経の研究」(『武内義雄全集』第二巻、角川書店、一九七八年)
(2) 津田左右吉『儒教の実践道徳』(岩波書店、一九三八年)
(3) 板野長八「孝経の成立(一)」(『史学雑誌』第六四編三号、一九五五年)・「孝経の成立(二)」(『史学雑誌』第六四編四号、一九五五年、共に後に『儒教成立史の研究』、岩波書店、一九九五年)
(4) 渡辺信一郎「孝経の製作とその背景」(『史林』六九巻—一、一九八六年、後に『中国古代国家の思想構造』、校倉書房、一九九四年)
(5) 池澤優『「孝」思想の宗教学的研究』(東京大学出版会、二〇〇二年)
(6) 林氏の研究成果は、多く林秀一『孝経学論集』(明治書院、一九七六年)に収載されている。また、同『孝経』(明徳出版社、一九七九年)に業績一覧を載す。
(7) 間嶋潤一「『孝経鄭氏注』の真偽に就いて　—果たして鄭玄の注なのか—」(『香川大学教育学部研究報告(一部)』一三号、一九八八年)など。

（8）長尾秀則「玄宗「石台孝経」成立考　―建碑の理由を中心として―」（『漢文学会会報』三号二、一九八六年）・同「玄宗「石台孝経」成立再考」（『京都語文』六号、二〇〇〇年）・同「玄宗「石台孝経」成立再考（続・一）　―文字資料の考察を中心に―」（『京都語文』八号、二〇〇一年）・同「玄宗「石台孝経」成立再考（続・二）　―書美の源を探る―」（『京都語文』一一号、二〇〇四年）・島一「『孝経』注疏とその周辺」（『学林』二八・二九号、一九九八年）・古勝隆一「『孝経』玄宗注の成立」（『東方学報（京都）』七二号、二〇〇〇年）など。

（9）加地伸行「『孝経刊誤』小考」（『日本中国学会創立五十年記念論文集』、汲古書院、一九九八年）・緒方賢一「『孝経刊誤』と朱子」（『集刊東洋学』第八一号、一九九九年）など。

（10）佐藤晴彦「『孝経直解』校訂と試訳」（『神戸外大論叢』四六巻六号、一九九五年）・太田辰夫「孝経直解釈詞」（『中国語研究』三七号、一九九五年、後に『元版　孝経直解』、汲古書院、一九九六年）・宮紀子「『孝経直解』の挿絵をめぐって」（『東方学』第九五号、一九九八年）・同「『孝経直解』の出版とその時代」（『中国文学報』五六号、一九九八年、後に『モンゴル時代の出版文化』、名古屋大学出版会、二〇〇六年）・竹越孝「『今文孝経直解』考」（『（鹿児島大学法文学部）人文学科論集』四九号、一九九九年）など。

（11）桑原隲蔵『支那の孝道』（三島海雲、一九三五年（一九三五年『中国の孝道』に改称）、後に講談社、一九七七年）など。

（12）道端良秀『中国仏教と儒教倫理　―中国仏教における孝の問題―』（平楽寺書店、一九六八年、後に『中国仏教史全集』第九巻、書苑、一九九五年）など。

（13）山崎純一『教育から見た中国女性資料の研究　―『女四書』と『新婦譜』三部書―』（明治書院、一九八六年）・下見隆雄『劉向『列女伝』の研究』（東海大学出版会、一九八九年）・同『儒教社会と母性　―母性の威力の観点で見る漢魏晋中国女性史―』（研文出版、一九九四年）・同『母性依存の思想　―「二十四孝」から考える母子一体観念と孝―』（研文出版、二〇〇二年）・神矢法子『「母」のための喪服　―中国古代社会に見る夫権・妻＝母の地位・子の義務―』（近代文藝社、一九九四年）など。

（14）渡辺氏前掲論文

（15）加地伸行「『孝経』の漢代における思想的位置　―宗教性から礼教性へ―」（『日本中国学会報』第四二集、一九九〇年、後に『孝研究　―儒教基礎論―』、加地伸行著作集Ⅲ、研文出版、二〇一〇年）

（16）加地伸行『儒教とは何か』（中央公論社、一九九〇年）・同『沈黙の宗教—儒教』（筑摩書房、一九九四年）・同『孝研究—儒教基礎論—』など。
（17）下見隆雄『儒教社会と母性　—母性の威力の観点で見る漢魏晋中国女性史—』・同『孝と母性のメカニズム　—中国女性史の視座—』など。

第一部　『孝経』注釈に関する研究

第一部では、「孝」に対する自覚的な分析についての研究として、『孝経』注釈に対して検討を加える。

漢初、顔芝が秦の焚書を避けて蔵していたという一八章本『孝経』を、その子顔貞が世に出した。当時の書体である隷書で書かれていたため、これを今文孝経という。また、魯の恭王が邸宅を建てようとして孔子の旧宅を壊した際、その壁の中から多くの儒家系文献が発見された。その中の一つが二二章本『孝経』であり、古文である蝌蚪文字で書かれていたため、これを古文孝経という。古文孝経にはまた別に、昭帝の時、魯の三老が朝廷に献上したとの伝承もある。ただ、章分けと閨門章の有無を除いて、両者の内容に大きな違いはない。

漢代の注釈として、古文に孔安国による伝（『孔安国伝』、以下『孔伝』と略称）、今文に鄭玄による注（『鄭氏注』）と称するものが伝わる。

しかし、『漢書』藝文志には、「孝経古孔氏一篇」とあるのみで、孔安国が『孝経』に伝を附したとの明確な記述は見られない。六朝期に伝わっていた『孔伝』は梁末の乱に亡佚、その後、隋代に至り秘書監王劭が京師に得て劉炫に送り、劉炫が校定したものが学官に立てられた。しかし、また五代の乱に亡佚した。こうして、彼土で亡んだ『孔伝』であったが、江戸期に太宰純が本朝伝来の写本を校定・出版し、それが清代に逆輸入された。これが、現在通行している『孔伝』である。

これら伝承の通り『孔伝』が真に孔安国の手になるものであり、かつそれが現在に伝わっているとすれば、『孔伝』は『孝経鄭氏注』を凌ぎ、現存する最古の『孝経』注釈であることとなる。しかし、その複雑な流伝から、『孔伝』は偽撰であるとの認識が一般的に行なわれてきた。ために『孔伝』の思想面に関する研究は、現在に至るまで充分に行なわれてきたとは言い難い状況にある。

そこで第一部では、まず第一章において『孔伝』偽作説について考察・整理し、その上で第二章・第三章において、思想的な検討を行なう。第二章では、『孔伝』がその内部において設定する「孝」と「忠」との関係について考察し、第三章において、『孔伝』の特徴的言説とされる「法治」と、一般的に儒家系文献において主張される「孝治」との関係などについて検討を加える。

さらに『孝経』の思想に対する理解を深めるため、続く第四章では、『古文孝経』を注解した『古文孝経指解』を取り上げ、その思想内容と後世への影響とについて考察する。

第一章　『古文孝経孔安国伝』偽作説について

現行本『孔伝』は、その流伝が複雑であり、三度の出現と二度の亡佚とを経たとされる。この経緯から、津田左右吉氏が、「なほ古文孝経の孔安国の伝といふものが後人の仮託であることは、いふまでもあるまい(1)」とするように、『孔伝』には常に偽撰であるとの説が提唱され、さまざまな偽作説が提出されてきた。こういったことから、『孔伝』の研究はその成立状況（偽撰状況）を取り扱うものが多数を占める。そこで本章では、『孔伝』の思想的研究を行なうための基礎作業として、先ず『孔伝』偽作説についての先行研究を整理し、その成書年代について考えてみたい。

一　『古文孝経孔安国伝』偽作説概観

『孔伝』の成立に関する専論としては、清代の論考として、丁晏「日本古文孝経孔伝辨偽」（『孝経徴文』）・鄭珍「辨日本国古文孝経孔氏伝之偽」（『巣経巣経説』）があり、近年のものとして、林秀一「孝経孔伝の成立について(2)」・胡平生「日本《古文孝経》孔伝的真偽問題　―経学史上一件積案的清理―(3)」などがある。以下、これら先学の諸研究を参照しつつ、『孔伝』偽作説を整理してみる。

代表的な『孔伝』偽撰期についての説を列挙すると、①『漢書』藝文志に記載された「孝経古孔氏一篇」なるもの自体が後人による孔安国への仮託であったとする説、②梁の乱に亡びて後、隋代に出現したものが偽撰であったとする説、③再度の亡佚の後、本朝より逆輸入されたものが日本人の偽撰であったとする説、の三種となる。更に、一度偽撰された後、亡佚を経て、再度偽撰された可能性も指摘されており、偽作説自体は有力でありながら、その偽撰者・偽撰期については定説がなく、諸説提唱されているのが現状である。現在までに発表された『孔伝』偽作説は多数に登るが、複数回の偽撰の可能性まで考慮にいれると、おおよそ五種に大別できる。以下、それらを偽撰期とされた出現期の年代順に紹介する。

なお、便宜上本節においては、『漢書』藝文志の記述より存在が予想されるものを「藝文志本」、隋代に出現したものを「劉炫本」、本朝より逆輸入されたものを「太宰本」と称することとする。

偽作説の第一は、藝文志本に対するものである。これは、もともと『漢書』藝文志の「孝経古孔氏一篇、二十二章」との記述が、孔安国の伝を指すものではない、との見解である。

林氏は藝文志本について、「『史記』・『漢書』には、孔氏の壁中から古文孝経が出現したことに就いては明文があるが、不思議にも孔安国が孝経の伝を書いたとの、確かな証拠は一つもない」・「要するに、漢の孔安国には孝経伝はなく、後世何人かが孔安国に仮託したと考えるのが妥当である」[4]としており、もともと孔安国には『孔伝』がなく、『漢書』藝文志の「孝経古孔氏一篇。二十二章」との記述は、孔安国の手になる伝を意味するものではない、との見解である。

この「孝経古孔氏」に関しては、東条一堂が、「孔氏ハ即孔子ノ旧宅ニ出タル古文ト云義ニテ安国ノ伝スル古文ト云ニ非ザルコト明ナリ」(『孝経両造簡孚』)としており、楊家駱氏も、「而「孝経古」繫之「孔氏」者，蓋以為「孔氏壁中古文」，非「孔安国伝」之謂也。……因古文孝経而著書者，漢儒唯許馬二人而已，未嘗謂有孔安国伝也」(「孝経古」に「孔氏」を繫げるのは、「孔氏壁中古文」の意であって、「孔安国伝」の意ではないだろう。……古文孝経によって書を著した者は漢儒では許真と馬融との二人だけであり、孔安国伝があるとは言わない）」とする。[5] これらによれば、藝文志の「孝経古孔氏一篇」の「古孔氏」は「孔子壁中書」の意となる。しかし、藝文志には、同じく孔子壁中書である『尚書』が「尚書古文経四十六巻」、また『論語』は「論語古二十一篇」（『漢書』藝文志第十）と記されており、この説が充分な説得力を持つとは言い難い。

これに対して、清の康有為は『新学偽経考』において次のように述べる。

共王に古文得るの事無し。為《ため》に歆偽撰す。辨已に前に見ゆ。而して歆必ず『孝経古孔氏』一篇を以て首と為《な》し、之を孔安国に託す。亦猶『古文尚書』を偽造するの故智たるがごときのみ。……古孔氏有るの故に因りて、遂に安国の伝有り。安国の伝梁世に亡逸す。而して劉炫の偽『孝経孔伝』出づ。亦王粛の偽『古文書』と同じなれば、則ち歆の及び知る所に非ず。……然らば則ち偽『孔伝』の妄、亦歆の作俑ならん。（『新学偽経考』「漢書藝文志辨偽」第三下）[6]

これによれば、もともと共王は古文を得ておらず、藝文志本は劉歆の撰ということとなる。また、劉炫本にもさらなる偽撰を想定している。ただ、これに関して楊家駱氏は、「其後康有為撰新学偽経考，則以為古文孝経偽於劉歆，所以羅織之者甚至，然非平情之論，故不採（その後康有為は『新学偽経考』を撰して、『古文孝経』を劉歆の偽撰と考えたが、無実の罪をきせること甚だしく、冷静な論ではないので、採用しない）」[7] として、偽撰者を劉歆と特定することに対しては否定している。

第二・第三として、劉炫本に対する王粛偽作説・六朝人偽作説がある。清の丁晏は、『孝経徴文』所載の「日本古文孝経孔伝辨偽」において、『孔伝』の説と王粛の説とが一致するものを五つを挙げ、是れに由りて之を観るに、其れ粛の妄作たること、豈に昭昭然ならざらんかな。夫れ『孔伝』と古文と合わざるもの五、其の真古文に非ざるを断ずべし。王粛と宛合するもの五、又其の粛の偽撰たるを断ずべし。（『孝経徴文』「日本古文孝経孔伝辨偽」）(8)

とする。また、清の盛大士は、『孝経徴文』の序において、次のように述べる。

安国伝を作るや、漢人は言わず、独り『家語』のみ之を言う。『家語』は王粛の偽撰たり。而して安国の『孝経』に注するや、『家語』と暗合する者有り。且つ『隋志』載す所の王粛の『孝経解』久しく佚われ伝わらず。今略ぼ邢昺疏中に見ゆ。而して邢疏引く所の王粛注、多く『孔伝』と相同じ。是れ必ず王粛妄りに作り、孔氏に仮称し、以て己の臆見と互いに相援証せしむるならん。……或いは遂に炫の作たるを疑う。而れども劉炫の王劭に得しを知らず。劭と炫と或いは皆王粛に欺かれしか。（「孝経徴文序」）(9)（傍点引用者、以下全書同）

として、劉炫が入手したものが既に王粛の偽撰であった可能性を指摘している。この王粛偽作説は、邢疏に引かれる王粛の『孝経解』の説と『孔伝』の説とが符合すること、また、『孔伝』を孔安国の作であるとした最も古いとされる文献である『孔子家語』が王粛の偽撰であること、の二点を論拠としたものである。

確かに、孔安国に『孝経』の伝があったと伝える最も古い文献は、『孔子家語』の後序の、「子国（引用者注…孔安国の字）乃ち古今の文字を考論し、衆師の義を撰し、古文『論語訓』十一篇・『孝経伝』二篇・『尚書伝』五十八篇を為る。皆壁中の科斗本より得し所なり（子国乃考論古今文字、撰衆師之義、為古文論語訓十一篇、孝経伝二篇、尚書伝五十八篇。皆所得壁中科斗本也）」とする部分であり、その『孔子家語』に王粛偽作説が提唱されている以上、この記述が王粛の手になる可能性は否定できない。故に、この記述を以て直ちに孔安国の『孔伝』作成の論拠とするには問題が残るといえる。

ただ、邢疏引『孝経解』と『孔伝』との一致に関して、林氏は、「しかし邢昺の「孝経正義」に引用する王粛の「孝経解」十三条中、孔伝とほぼ一致するものは、わずかに四条に過ぎないから、これを以てただちに王粛その人の偽託と断定した丁晏の見解は、臆断と考えざるを得ない」として、「魏晋以後、恐らく六朝の人が、孔安国の名に託して偽撰したもの[10]」と結論づけている。

第四として、劉炫本に対する劉炫偽作説がある。最も早くにこの説に言及したものとしては、『隋書』経籍志（以後、『隋志』と略称）がある。

隋に至りて、秘書監王劭京師に於いて『孔伝』を訪得し、送りて河間の劉炫に至る。炫因りて其の得喪を序し、其の議疏を述べ、人間に講じ、漸く朝廷に聞こゆ。後、遂に令を著し、鄭氏と並び立てしむ。儒者諠諠として皆云えらく、炫自ら之を作る。孔の旧本に非ず。秘府又先に其の書無し、と。（『隋志』経籍一、孝経）[11]

ここで、『隋志』は、「儒者諠諠皆云」として慎重な態度を示し乍らも、隋代に出た『孔伝』は劉炫が偽撰したものである、という意見を載す。なお、劉炫には『連山易』や『魯史記』を偽撰したという経歴を持つ。「孔伝此二人ノ姦計ニ出ル必セリ」（東条一堂『孝経両造簡孚』）、「かかる人たちの手から出た孔伝の怪しいことはもちろんである[12]」などとされる所以である。

また、明の鄭瑗『井観瑣言』は、次のように述べる。

予嘗て『書』と『孝経』とを論ず。皆孔壁古文有り。皆安国の伝を作る有り。而して古文『書』は東晋の梅頤に至りて始めて顕れ、古文『孝経』は隋の劉炫に至りて始めて顕る。皆六七百年を沈没して、後に出づ。未だ必ず

は真の孔壁蔵する所の旧ならざらん。(『井観瑣言』巻一)(13)

ここでは直接話題とされているのは経文についてであり、『孔伝』を劉炫の偽撰と断言するものではないが、『尚書』偽孔伝に言及しながら、劉炫の名をあげており、鄭瑗は『孔伝』を劉炫の偽撰であると見なしていたと考えられる。

『四庫全書総目提要』(以下、『四庫提要』と略称)は、直接劉炫本については言及していないが、「古文は孔安国註と称す。其の書は劉炫自り出づ。而れども『隋書』已に其の偽を言う(古文称孔安国註。其書出自劉炫。而隋書已言其偽)」(『四庫提要』巻三二、孝経類、「孝経正義三巻」条)として、『隋志』の見解を支持している。

第五として、太宰本に対する日本人偽作説がある。

清の鄭珍は、「辨日本国古文孝経孔氏伝之偽」で、太宰本の偽撰たる十条の論拠を挙げ、次のように結論づける。

此の十事を験せば、是の書を作る者、彼の窮島僻奥の一空腐の人にして、前籍を見、『孔伝』を称引するを知る。中土に久しく其の書無し。事を漫《みだ》し粗く捃《ひろ》い、自ら絶学を詡《ほこ》り、以て其の国の秘蔵に富むを耀かさんとするのみ。(『巣経巣経説』「辨日本国古文孝経孔氏伝之偽」)(14)

太宰本は日本人の偽撰である、との見解である。ただ、鄭珍は「隋の劉炫始めて『孝経孔氏伝』を偽作し、『今文鄭注』と並び学官に列せらる(隋劉炫始偽作孝経孔氏伝、与今文鄭注並列学官)」(『巣経巣経説』「辨日本国古文孝経孔氏伝之偽」)ともしており、劉炫が一旦劉炫本を偽撰し、それが漢土にて亡佚した後、本朝にて太宰本が偽撰されたと考えているようである。

また、『四庫提要』は、

> 然れども浅陋冗漫にして、漢儒の釈経の体に類せず、幷びに唐宋元以前の人の語に類せず。殆ど市舶流通し、頗る中国の書籍を得、桀黠にして文義を知る者有りて、諸書引く所の『孔伝』を摭《と》りて影附して之を為り、以て自ら図籍の富を誇りたるか。（『四庫提要』巻三二、孝経類、「古文孝経孔氏伝一巻附宋本古文孝経一巻」条）(15)

として、太宰本は日本人による偽撰とする。また、丁晏『孝経徴文』は、劉炫本『孔伝』を王粛の偽撰とした上で、「日本得る所の古文、尤も偽の偽たる者なり」としており、『孝経』以外の諸本も含めて、本朝より逆輸入された古文は全て信ずるに足りないとする。

以上、五種の『孔伝』偽作説を概述した。一旦上記の『孔伝』偽作説を整理する。

先ず、第一の康有為による劉歆偽作説と第二の林氏による六朝人偽作説であるが、両説は、「そもそも孔安国に『孝経』の伝を著述した事実が無く、後世存在した『孔伝』は、後世の人物が孔安国に仮託してを作ったもの」と考える点で一致する。これらの説に従えば、現行の『孔伝』は、孔安国とは全く関係が無いものとなり、後に再度の偽撰の有無に関わらず、完全な「偽撰」となる。

第三の丁晏・盛大士による王粛偽作説は、藝文志本の有無については言及しないが、劉炫本が王粛の偽撰であるとし、その意図を王粛が自説を援証するためとする。

第四・第五説は、二度の亡佚を経た後のことであるから、丁晏や『四庫提要』の述べるように、現行の『孔伝』は偽撰の偽撰である可能性がある。ただ、これらの説に従ったとしても、『四庫提要』が「諸書引く所の『孔伝』を摭《と》りて影附して之を為り」とし、鄭珍が「前籍を見、『孔伝』を称引す」とするように、これらの説が言う「偽撰」とは、劉炫や太宰の当時に存在した『孔伝』の輯佚という性格を持つ可能性が高い。ただその場合も、輯佚した材料となった『孔伝』が偽撰であったならば、偽撰の輯佚ということになり、孔安国の思想との関係は無いこととなる。

ここで、今までに紹介した偽作説を表にまとめてみる。

	藝文志本	劉炫本	太宰本
康有為	劉歆	劉炫	太宰純
林秀一	存在せず	六朝人	六朝人
丁晏	?	王粛	日本人
盛大士	?	王粛	日本人
隋志	?	劉炫	——
四庫提要	?	劉炫	日本人
鄭珍	?	劉炫	日本人

一見して、現行本が複数回の偽撰を経たものであると考えられており、特に太宰本は、林氏以外の者はすべて日本人の偽撰と見ていることが分かる。管見の及ぶ限りでは、漢土での太宰本偽作説の否定論は、『知不足斎叢書』に太宰本が収録される際に附された序において、盧文弨が、

其の文義の典核は、又『釈文』・『会要』・『旧唐書』載す所と一一符会す。必ず近人の能く撰造する所に非ず。……然りと雖も、古書の今日に留むる者幾か有らん。即ち以為らく光伯（引用者注：劉炫）の補綴する所、是れ亦何ぞ廃すべけんや。（『知不足斎叢書』「新刻古文孝経孔氏伝序」）(16)

とするのみである。ただし、これも鄭珍に、「当時の精審、召弓盧氏の若きも、且に序を極《いた》して辨じて真の孔氏作と為す。贋書の人を惑わすや是の若し（当時精審、召弓盧氏且極序辨為真孔氏作。贋書之惑人若是）」（『巣経巣経説』「辨日本国古文孝経孔氏伝之偽」）と評されており、漢土では、やはり日本人の偽撰であるとの認識が一般的であるといえる。

二　『孔伝』偽作説研究の現況

こういった状況の中で、胡平生氏の「日本《古文孝経》孔伝的真偽問題　―経学史上一件精案的清理―」が発表された。この論考は、林氏前掲論文をふまえて、『孔伝』の成立について論じたものである。氏は、論文終章に於いて、その結論を三点にまとめている。

第一の結論は、字句の異同から、太宰本は太宰の偽撰ではなく、足利本を底本として輯佚したものとするものである。そうして、足利本が隋唐時代の俗字を使用しているところから、足利本の祖本が隋唐時代に書写されたものと結論づける。さらに、足利本は劉炫本系統であるとも推測している。そうであれば、足利本を底本とした太宰本も劉炫本系統ということとなり、太宰本が太宰が輯佚した当時に偽撰されたものとの説は否定される。

第二の結論は、劉炫より早期に書写されたと考えられる、トルファンより発掘された康本『孝経』の経文の字句が、他系統の今文本よりも足利本の経と一致する傾向にあると指摘し、ここから足利本の祖本である劉炫本の経文が劉炫の偽撰ではないことを導くものである。(17) ここからは、劉炫本の経文に関する偽作説が否定される。

第三の結論は、林氏の説に従い(18)、『孔伝』の疏である劉炫『孝経述議』（以下、『述議』と略称）が、『孔伝』が経旨に反することを指摘した箇所が多く見えることなどから、『孔伝』は劉炫の偽撰ではないとするものである。もし劉炫が『孔伝』を偽撰したのであれば、『孔伝』が経旨に反するなどといったことをわざわざ『述議』で指摘せずとも、経旨に合った伝文を偽撰すればよい。よって、劉炫本の伝の偽作説が否定される。

また胡氏は、王肅偽作説にも反論を呈しており、『孝経徴文』言うところの『王氏解』と『孔伝』との一致から王肅を偽撰者とすることに対しては、「証据遠遠不够（証拠が全く不十分）」とする。また、『孔子家語』の後序に『孔伝』の存在が記されていることに関しても、定県漢簡や阜陽漢簡に『孔子家語』と類似する文章が見受けられることを指摘して、「過去，《孔子家語》被認為是王粛偽造，但是，現在日益豊富的地下出土材料已経証明此説不可信（過去に『孔子家語』は王粛の偽造だと考えられたが、現在の日に日に豊富になる出土資料が、既にこの説の信じられないことを証明している）」としている。

以上、胡氏の説によると、先に挙げた五つの『孔伝』偽作説の内、三者が否定される。つまり、太宰本は日本人の偽撰でなく、劉炫本系統である。そうして、劉炫本は経も伝も劉炫の偽撰ではない。さらに、王粛の偽撰でもない。こうして、太宰本の祖本は、劉炫以前かつ王粛以外の撰である、とまとめられる。

具体的な撰者に関しては、「当然，《古文孝経》孔伝的文体、文気，能不能早到西漢確有問題，這是還需要進一歩深入研究的（もちろん、『古文孝経』孔伝の文体・文気は、早く西漢とできるかどうかには問題があり、これはまだ一歩深く研究を進める必要がある）」として結論を留保している。

ただ、この結論にも一部疑問が残る。第一の結論部において、胡氏は太宰本の底本を足利本とし、その根拠を二つ挙げる。一つは、太宰と同窓の山井鼎が足利本を「頗佳」と評していること、もう一つは、聖治章の「以養父母曰厳」部の「曰《えつ》」字に関することである。足利本を含む他の本朝写本がこれを「曰《えつ》」字に作るのに対し、太宰本は「日《じつ》」字に作るのだが、胡氏は、本朝写本の中で足利本のみ「曰《えつ》」字の字体が縦に長く、「日《じつ》」に見誤る可能性があるとする。つまり、胡氏は、太宰は他の本朝写本ではなく、足利本を底本としたため「曰《えつ》」字を「日《じつ》」字と見誤り、太宰本で「日《じつ》」字に作ったと考えるのである。しかし、林氏は太宰本が輯佚に用いた考えられる多くの『孔伝』とを比較し、足利本が太宰本を始めその他すべての本と一致しない箇所が五三条あり、足利本が太宰本とのみ一致しその他のすべての本と異なる箇所は二条のみであることを確認し、太宰本が底本としたのは足利本ではなかったと結論づけている。[19] 林氏の結論は、確実な字句の異同から導き出されたもので、胡氏がこの「曰《えつ》」が「日《じつ》」に見え得るというただ一条のみの類似から、太宰本の底本を足利本であると結論づけることは困難といわざるをえない。

なお、胡氏の説は劉炫本の経文と伝文とを区別した上でそれぞれについて検討したものだが、『孔伝』偽作説を採る者の中には、経・伝・序のいずれかのみの偽撰を立証することによって経・伝・序を含む全体の偽撰を立証したと主張するものが多い。だが、例えば経伝のみ伝存した書籍に序を偽撰するといったことはあり得る事態である。また、たとい伝の偽撰を立証したとしても、単経本を入手、もしくは諸書の引く『古文孝経』経を輯佚し、その経に対して伝を偽撰した可能性は否定しきれない。偽撰を論じるに当たっては、経と伝とを区別して考えることが求められよう。(20)

三　太宰本の出現期

ここでは、胡氏とは別の角度から、太宰本の偽撰について考察する。上に挙げた偽作説のうち、林氏・胡氏を除く全てが「太宰本は日本人の偽撰である」との見解であるが、論証過程が示されず、日本人が偽撰したとの結論のみを述べるに止まるものが殆どである。(21)そこで、日本人の偽撰を主張する文献が、その主張をいかに立証しているのかについて検討する。

管見の及んだ限りで、唯一日本人偽作説の実証過程を示しているのが、鄭珍「辨日本国古文孝経孔氏伝之偽」(『巣経巣経説』)である。ただ鄭珍は、劉炫本は劉炫の偽撰であり、かつ太宰本は日本人による偽撰であるという二段構えの偽作説を採る。このため、十条の論証の内の八条が、結果的に太宰本の偽撰たるを述べているにせよ、実際には偽撰者及び偽撰期を特定する役割は果たしておらず、偽撰期が劉炫本編集期であれ太宰本編集期であれ当てはまる行論となっている。そこで、直接日本人偽作説について論証している二条(「其偽一」・「其偽四」)を取り上げて考察する。

劉炫既に孔氏注本を撰し、別に『古文稽疑』一篇を作り、之を明らかにす。又『義疏』三巻を作る。書皆伝わらざれども、要は孔氏を主とし鄭氏を駁す。両漢以来、並《みな》謂えらく、『孝経』は孔子曾子と孝道を陳ぶ、と。独り炫のみ謂えらく、孔子自ら作り、特に曾子の言に仮り、以て対揚の体を為す。並《みな》曾子業を請いて対するに因るに非ず、と。是れ『偽孔伝』を撰する所の大端なり。今、『孔序』乃ち云えらく、曾子匹夫の孝を躬行するも、未だ天子諸侯に達せず。下の事を以て、因りて侍坐諮問して、夫子其の義を告ぐ。遂に之を集録し、名づけて『孝経』と曰う、と。則ち炫の説と応ぜず。其の偽の一なり。（『巣経巣経説』「辨日本国古文孝経孔氏伝之偽」[22]）

これは、『孔序』が『孝経』を孔子と曾子との問答を集録したものとするのに対して、劉炫が孔子の著作と考えるという点を指摘したもので[23]、『孔序』の説が劉炫の説と異なること、即ち鄭珍が見ている太宰本が劉炫以外の人間の撰であることを証したものといえる。

ここで前提とされているのは、劉炫が「孔氏を主とし、鄭氏を駁す」ということである。しかし、劉炫の『孔伝』・『孝経鄭氏注』（以下、『鄭注』と略称）への態度に関して、清の毛奇齢は『正義』引く他の劉炫の注釈を挙げ、「且つ、炫『孝経』を講ずるに、孔・鄭並びに講ずと雖も、而れども翻って孔を遵ばずして鄭を遵び、今文を講じて古文を講ぜず（且、炫講孝経、雖孔鄭並講、而翻不遵孔而遵鄭、講今文而不講古文）」（『孝経問』）と指摘している。劉炫が今文だけを講じていたかはともかく、少なくとも孔伝のみを尊重してその説にのみ従ったのではないことが推察される。

また、林氏が『述議』を復原してより、もともと劉炫の『述議』は必ずしも『孔伝』の説を忠実に疏解したものではなく、時に『孔伝』に反する説を主張していることが確認されている[24]。つまり、劉炫の説と『孔伝』の説とにはもともと食い違いが存在したのであり、『述議』が『孔伝』の説と完全に一致することを前提とする「其偽一」の行論は成り立たないこととなる。

また鄭珍は、「其偽四」で以下の様に述べる。

鄭氏「孝始於事親」三句に注して云えらく、父母之を生む。是れ親に事うるを始と為す。四十強にして仕う。是れ君に事うるを中と為す。七十にして致仕す。是れ身を立つを終と為す、と。劉炫駁するの文、具に『邢疏』に載す。是れ必ず『偽孔伝』と鄭と義を異にし、乃ち持して以て鄭氏を難ず。今『伝』此の三句を解するは、正に鄭と義同じ。其の偽の四なり。（『巣経巣経説』「辨日本国古文孝経孔氏伝之偽」）[25]

『邢疏』引く劉炫『述議』は、「劉炫駁して云えらく、……若し年七十の者を以て始めて孝終うと為し、致仕せざる者皆立たざると為せば、則ち中寿の輩、尽く終えざると曰う。顔子の流、亦立つ所無し（劉炫駁云……若以年七十者始為孝終、不致仕者皆為不立、則中寿之輩尽曰不終。顔子之流、亦無所立矣）」として、『鄭注』が開宗明義章経文の「終」を「七十致仕」の意と解釈することに反駁する。ところが、太宰本『孔伝』は「七十老致仕」として、『鄭注』同様の解釈である。「其偽四」は、このことから太宰本の偽撰を導いている。つまり、前の例と同様に、『邢疏』引く劉炫『述議』の説（『鄭注』に反駁）と太宰本『孔伝』の説（『鄭注』と一致）とが背反することから、太宰本が劉炫の撰ではないこと、つまり日本人の偽撰であることを主張したものである。

しかし、林氏の復原にかかる『述議』には、『邢疏』の引用した句の前に、『孝経抄』（京都古梓堂文庫所蔵、清原宣賢録）引く、「此の始・中・終の義、徒だ孔のみ此の説を為すに非ず。先儒尽く然り。其の言、経旨に非ざるなり（此始中終之義、非徒孔為此説。先儒尽然。其言、非経旨也）[26]」との文があり、『孔伝』と先儒とが経の意味と異なる「始・中・終の義」を唱えていると非難している。つまり『述議』は、『鄭注』の説が『孔伝』の説と異なっているために『鄭注』に反論したのではなく、「経旨に非ざる」解釈を為す『孔伝』を含む「先儒」全体の説に反論しているのである。前述の通り、『述議』には『孔伝』に反論する箇所を多数有することが林氏によって確認されている。これより、この「其偽四」もまた劉炫以後の偽撰たることの証明にはなっていないといえよう。

以上より、これらの論拠からは太宰本が太宰の偽撰であると断定することは出来ないことが諒解される。これら清朝の学者が、多分に主観を交えた日本人偽作説に傾いたのは、①『邢疏』等に引かれた『述議』の説と劉炫の見た『孔伝』の説とが必ず一致する、との前提に立ったこと、②太宰本以前には『孔伝』が全く存在せず、太宰本が突如出現したものと考えたこと、などによるものと考えられる。

林氏による『述議』再発見より、『述議』は必ずしも『孔伝』を忠実に疏解したわけではなく、時に反論を加えることが明らかとなっており、①は否定された。また、②に関しては、清儒が、本朝に太宰以前の相当数の『孝経』の古写本が残っていることを知らずに立論せざるを得なかったことによる誤解といえる[27]。例えば、阿部隆一氏は、書写年代や状態はさまざまながら、鎌倉時代以降の『古文孝経』古抄本六十種以上を用いて『古文孝経』の校合を行なっており、太宰の偽撰などそもそも想定しようがない[28]。武内義雄氏は太宰本の偽作説について、「孔伝の内容の疑わしいことはほぼ見当もつくが、日本人の偽作とみるのは論外で、現在の古写本の出現状況から考えてもそれが奈良朝以来日本に伝わった彼土の古い典籍なることは疑いない[29]」としている。

ここまでで、劉炫偽作説・太宰偽作説の双方が否定されたこととなる。よって、太宰本は日本人の偽撰ではなく、祖本の成立は少なくとも劉炫以前であると考えられる。ここで劉炫本の祖本の出現期が問題となるが、これは、偽古文『尚書』の『偽孔伝』との関連から、ある程度の推測が可能である。『孝経』天子章第二において、「『呂刑』云、一人有慶、兆民頼之」との『尚書』引用部に対する『孔伝』が、「言、天子有善徳、兆民頼其福」とするのに対して、偽古文『尚書』の『偽孔伝』は「天子有善、則兆民頼之」とする。この点、加賀栄治氏が、「この孝経孔伝は、明らかに尚書孔伝にもとづいて、しかも一々疏解している……[30]」と指摘するように、明らかな関連が見られる。

これらより考えるに、劉炫本『孔伝』の祖本の出現時期として、偽古文『尚書』の『偽孔伝』が出現した東晋の元帝期以後かつ『孔伝』が学官に立てられた梁以前、という可能性を指摘できよう。

注

（1）津田左右吉『儒教の実践道徳』（岩波書店、一九三八年、三二頁、後に『津田左右吉全集』第八巻、岩波書店、一九六五年）

（2）林秀一「孝経孔伝の成立について」（林秀一『孝経学論攷』、第六高等学校中国文化研究室油印、一九四九年、後に『孝経学論集』、明治書院、一九七六年）。以下、「林氏前掲論文二」と略称。

（3）胡平生「日本《古文孝経》孔伝的真偽問題 ―経学史上一件積案的清理―」（『文史』二三、一九八七年）

（4）林氏前掲論文一

（5）楊家駱「清代孝経学考（上）」（『学粋』三―一、一九六〇年）

（6）「共王無得古文之事。為歆偽撰。辨已見前。而歆必孝経古孔氏一篇為首、託之孔安国。亦猶偽造古文尚書之故智耳。……因有古孔氏之故、遂有安国之伝。安国之伝亡逸於梁世。而劉炫之偽孝経孔伝出焉。亦与王粛偽古文書同、則非歆所及知矣。……然則偽孔伝之妄、亦歆之作俑矣」

（7）楊家駱氏前掲論文

（8）「由是観之、其為粛之妄作、豈不昭昭然哉。夫孔伝与古文不合者五、可断其非真古文。与王粛宛合者五、又可断其為粛偽撰矣」

（9）「安国作伝、漢人不言、独家語言之。家語為王粛偽撰。而安国之注孝経、有与家語暗合者。且隋志所載王粛孝経解久佚不伝。今略見於邢昺疏中。而邢疏所引之王粛注、多与孔伝相同。是必王粛妄作、仮称孔氏、以与己之臆見互相援証。……或遂疑為炫作。而不知劉炫得之於王劭。劭与炫或皆被欺於王粛」

（10）林氏前掲論文一

（11）「至隋、秘書監王劭於京師訪得孔伝、送至河間劉炫。炫因序其得喪、述其議疏、講于人間、漸聞朝廷。後、遂著令、与鄭氏並立。儒者諠諠皆云、炫自作之。非孔旧本。秘府又先無其書」

(12) 武内義雄「孝経の研究」（『武内義雄全集』第二巻、角川書店、一九七八年、一一九頁）
(13) 「予嘗論書与孝経。皆有孔壁古文。皆有安国作伝。而古文書至東晋梅頤始顕、古文孝経至隋劉炫始顕。皆沈没六七百年、而後出。未必真孔壁所蔵之旧矣」
(14) 「験此十事、知作是書者、彼窮島僻奥一空腐之人、見前籍、称引孔伝。中土久無其書。漫事粗捃、自詡絶学、以耀其国富秘蔵耳」
(15) 「然浅陋冗漫、不類漢儒釈経之体、并不類唐宋元以前人語。殆市舶流通、頗得中国書籍、有桀黠知文義者、摭諸書所引孔伝附為之、以自誇図籍之富歟」
(16) 「其文義典核、又与釈文会要旧唐書所載一一符会。必非近人所能撰造。……雖然、古書之留于今日者有幾。即以為光伯所輔綴、是亦何可廃」
(17) 胡氏は、康本巻末に「和平二年康豊国写」とあることから、「和平」を麹氏高昌の年号として、西暦五五二年に比定している。
(18) 林秀一「太宰純の孝経孔伝の校刊とその影響」（『岡山大学法文学部学術紀要』二、一九四八年、後に『孝経学論集』、明治書院、一九七六年）。以下、「林氏前掲論文二」と略称。
(19) 林氏前掲論文二
(20) 経文に関していえば、陳捷氏は、仁治本用いる隷古定文字と、『説文解字』・『汗簡』・『古文四声韻』・三字石経・郭店楚簡の記す秦以前の古文字とを精密に照合して、「仁治本と孔壁経書との間に密接な関係があると推測される」（「仁治本古文『孝経』考　―文字学の立場から再検討を加える―」、『人間・環境学』第十一巻、二〇〇二年）と結論づけている。また、武内氏は、「前漢以前は伝訓は本文に別行していたもので、……もし孔伝が前漢の著作であるなら、朱と墨で経と伝とを分ける書き方はあり得べからざることである」（武内氏前掲書、一二〇頁）とする。
(21) 東条一堂『孝経両造簡孚』は論証課程を示すが、劉炫の偽撰を主張したもの。
(22) 「劉炫既撰孔氏注本、別作古文稽疑一篇、明之。又作義疏三巻。書皆不伝、要主孔氏駮鄭氏。両漢以来、並謂、孝経為孔子与曾子陳孝道。独炫謂、孔子自作、特仮曾子言、以為対揚之体。並非因曾子請業而対。是所撰偽孔伝大端也。今、孔序乃云、曾子躬行匹夫之孝、未達天子諸侯。以下之事、因侍坐諮問、而夫子告其義。遂集録之、名曰孝経。則与炫説不応。

其偽一」

(23) 孔序に、「是を以て夫子毎に閑居に於いて、古の孝道を歎述す。……（引用者注…曾参）侍坐に因って諮問す。……遂に集めて之を録す。名づけて『孝経』と曰う（是以夫子毎於閑居、而歎述古之孝道也。……因侍坐而諮問焉。……遂集而録之）」（『孔序』）とあり、『邢疏』に、「按ずるに、劉炫『述義』に其の略に曰く、炫謂えらく、孔子自ら『孝経』を作る。本より、曾参業を請いて対うるに非ざるなり（按、劉炫述義其略曰、炫謂、孔子自作孝経。本、非曾参請業而対也）」（『御注孝経』「御製序幷注」疏）とあることによる。

(24) 林氏前掲論文二

(25) 「鄭氏注孝始於事親三句云、父母生之。是事親為始。四十強而仕。是事君為中。七十致仕。是立身為終。劉炫駮之文、具載邢疏。是必偽孔伝与鄭異義、乃持以難鄭氏。今伝解此三句、正与鄭義同。其偽四」

(26) 林秀一『孝経述議復原に関する研究』（文求堂、一九五三年、一二三頁）

(27) 例えば早期の『古文孝経孔安国伝』として、仁治本（仁治二年（一二四一）鈔本）・三千院本（建治三年（一二七七）鈔本）がある。

(28) 阿部隆一「古文孝経古鈔本の研究（資料篇）」（『斯道文庫論集』第六輯、一九六七年）

(29) 武内氏前掲書（一一七頁）

(30) 加賀栄治『中国古典解釈史　魏晋篇』（勁草書房、一九六四年、五五四頁）

第二章　『孔伝』における「孝」と「忠」との関係

前章では『孔伝』の成立について検討し、東晋の元帝期以後、梁の武帝期以前に現行本『孔伝』の祖本が成立したと推測した。であるならば『孔伝』は、少なくとも六朝期における『孝経』理解について伝える資料であるといえよう。

そこで、第二章・第三章では『孔伝』の思想内容に注目して研究を進める。本章では、『孔伝』がその内部において設定する「孝」・「忠」をはじめとする諸徳目間の関係と、これら諸徳目が実際に機能する場である人間関係について、また、なぜそれらの徳目を行なわなければならないのか、について考察し、『孔伝』の設定する徳目間の構造についいて考えてみたい。

一　『孔伝』における二軸の人間関係

「孝」という徳目は、基本的に子から親（父）へという指向性を持ったものである。これに対して「忠」は、臣から君への指向性をもったものである。このように、この二者の徳目は、下位者（子・臣）から上位者（父・君）に向かう徳目という点では同様であるが、実際に機能する人間関係の場を異にするものだといえる。

『孔伝』(1)には、「強烈な君主中心的・国家中心的性格」(2)を持つという評価がある。その一つの要因として、経が「孝」についてのみ述べる箇所に対して、伝が「孝」だけでなく「忠」についても述べる箇所、換言すると、父子関係について述べる経から逸脱して君臣関係にまで言及している箇所が散見することがあると思われる。試みに引用すると、以下の如くである。

【経】孝に終始亡くして患の及ばざる者は、未だ之有らざるなり。
【伝】故に君と為りて恵、父と為りて慈、臣と為りて忠、子と為りて順、此の四者は人の大節なり。大節身に在れば、小過有ると雖も不孝と為らず。君と為りて虐、父と為りて暴、臣と為りて不忠、子と為りて不順、此の四者は人の大失なり。（孝平章第七）(3)

【経】天地の経にして、民是《ぜ》として之に則る。
【伝】是とは、此の誼を是とするなり。則とは、法なり。百姓を治安するは人君の則なり。家事を訓護するは父母の則なり。諫争して節に死するは臣下の則なり。力を尽くして善く養うは子婦の則なり。人君其の則を易えず。故に百姓説ぶ。父母其の則を易えず。故に家事脩まる。臣下其の則を易えず。故に主に愆無し。（三才章第八）(4)

これらの箇所では、経が親子関係（孝）について語っているのに対し、伝は経の言及しない君臣関係にまで言及している。ここから、『孔伝』が「君主中心的・国家中心的」との印象を生じるのであろう。だが、この箇所で注目すべき点は、ひとりその点のみではない。

この箇所において、他に注目すべき点として、君・臣・父・子のそれぞれに対して各々に徳目を設定していることがあげられる。つまり、経が有しているのは、子から父へという視点のみであるのに対して、『孔伝』は父から子へ・君から臣へ・臣から君へという三つの視点が付加されているのである。特に、孝平章第七では、君に「恵」、父に「慈」、臣に「忠」、子に「順」という徳目が個別に設定されており、君・父という上位者にも、対置される下位者に対する徳目が設定されている。勿論、儒家においては、各々の分においてそれぞれ徳目を設定するのは常套手段といえる。しかし、この伝は「孝」について述べた経に附されたものでありながら、他の徳目にまで説き及んでいる。もし、『孔伝』が意図的に「君主中心的[5]」であらんとしたものであるならば、「孝」の解釈に君から臣へ・父から子へという上位者から下位者への視点を加える必要はない。「忠」のみを付加すればよいことである。「忠」のみの付加ならば、『孝経』経全体の論旨とも一致し、自然な論旨展開に思われる（後述）。だが、ここで『孔伝』は上位者から下位者への徳目を加え、規範的徳目を双方向に設定している。

ここから『孔伝』の思想的特色として、『孝経』経が主に「孝」について述べ、時折「忠」について言及するというように、徳目を極めて片務的に説くのに対して、『孔伝』は君・父・臣・子という四者それぞれに徳目を要求しており、その説くところの人間関係たる父子・君臣という二軸において、双方向的な視点を持つといえよう（次図）。

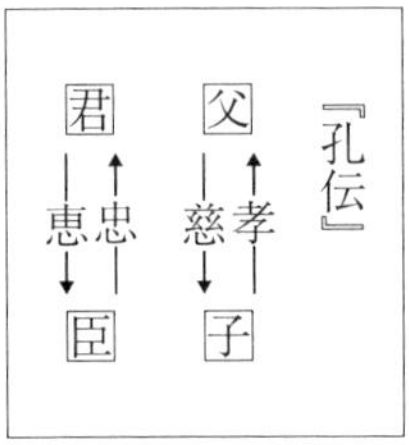

『孝経』経自身に「孝を忠に移す傾向」が見られるため、『孔伝』にもその傾向があるのは否定し得ないが、「君主

中心的・国家中心的」とは、下位者から上位者に対する徳目のみに注目した結果であり、『孔伝』の有する双方向的人間関係の構造の一面のみを強調した評価といえよう。

では、この四種の徳目は相互にどのような関係にあるのであろうか。また、これらが規範的命題として要求される所以とは何であろうか。

先ず、「慈」と「孝」と・「恵」と「忠」との関係構造が表された伝をあげる。

【経】故に孝を以て君に事うれば、則ち忠。

【伝】孝とは、子婦の高行なり。忠とは、臣下の高行なり。父母教えて理を得れば、則ち子婦孝なり。子婦孝なるは、則ち親の安んずる所なり。能く孝を尽くして以て親に順なれば、則ち親に当たる。親に当たれば、則ち美名彰らかなり。人君寛にして虐ならざれば、則ち臣下忠なり。臣下忠なるは、則ち君の用うる所なり。能く忠を尽くして以て上に事うれば、則ち君に当たる。君に当たれば、則ち爵禄至る。是の故に、人臣の節を執りて以て親に事うれば、其の孝知るべきなり。親に事うるの道を操りて以て君に事うれば、其の忠必ずせり。（士章第五）(6)

この箇所においては、上位者たる父母から見ると、「父母教えて理を得」れば、「則ち子婦孝」なのであって、決して無条件に孝を要求することは出来ないことが分かる。また、同様に君からも、臣下に忠を要求するには、「人君寛にして虐ならざ」ることが必要とされる。

同様の例は、父母生績章第十一にも見える。

【経】父母之を生む。績焉れより大なるは莫し。君親として之に臨む。厚きこと焉れより重きは莫し。

【伝】績とは、功なり。父母の子を生むや、之を撫し之を育し、之を雇し之を復す。攻苦の功、焉れより大なる者莫し。君親の愛有りて、其の子を臨長す。恩情の厚き、焉れより重き者莫し。凡そ上の下に施す所の者厚ければ、則ち下の上に報いるも亦厚し。厚薄の報、各おの其の施す所に従う。薄く施して厚く饋《むさぼ》るは、君と雖も之を臣に得る能わず、父と雖も之を子に得る能わず。民の厚きに従うは、猶飢の食を求め、寒の衣を欲するがごとし。厚ければ則ち之に帰し、薄ければ則ち之を去るは、由りて然る有るなり。（父母生績章第十二）(7)

ここでは、親の恩の厚きことを力説しながらも、「上の下に施す所の者厚ければ、則ち下の上に報いるも亦厚し」として、下位よりの「報」は、上位からの「施」に比例するとしている。この、「施」と「報」とは、その指向性から、それぞれ、「慈」・「恵」と「孝」・「忠」とを含むと考えることが可能であろう。

ここで、上位者が無条件で下位者に対して「報」を要求できるわけではなく、ある条件が設定されていることから、一見これら二軸の関係は双務的なものに思われる。徳目間の対応関係について、森熊男氏は『礼記』の例をあげ、「子は孝、臣は忠（あるいは敬）、父は慈、君は仁。君臣・父子、あい対するものにそれぞれに道徳的責任があること――今、これを「道徳の相務性」と呼ぶ――が、ここに明示されているのである」(8)としている。儒家系文献において、各々の人間関係の分に応じた徳目が設定される場合、その徳目は当然それぞれが規範的命題である。だが、『孔伝』で取り上げられているこの四つの徳目は、全く対等という意味において「双務的」(9)といえるであろうか。

ここで注目したいのは、上の二例の記述形式である。父母が、「教えて理を得」・「下に施すこと厚け」れば子は「孝」を行ない、君が、「寛にして虐ならざ」・「下に施すこと厚け」れば臣は「忠」を行なう。このように、要件として扱われるのは常に上位者の徳目であり、その結果として扱われるのは常に下位者の徳目である。条件節で述べられる以上、上位者の徳目は実行されない可能性も存在するが、もし実行されれば、必然的に下位者の徳目は発現するとされる。しかし、その逆については言及されていない。

つまり、この伝では、上位者が「慈」・「恵」を与えるから、下位者が「孝」・「忠」を返すことになるのだが、下位者が「孝」・「忠」を与えるから、上位者が「慈」・「恵」を返すという設定はなされていない。下位者が「孝」・「忠」を返すのは、「上の下に施す所の者、厚」いため、という受動的な理由である。これに対して上位者は、「民の厚きに従」う性質を利用して、「恵」・「慈」を厚くするという行為を用いて、下位者から「孝」・「忠」を引き出すことが可能である。とすれば、この二軸における行動選択の権利は上位者にのみ存在するもので、下位者は常に受動的であらざるを得ない。

つまり、「孝」・「忠」という徳目の存在は、結果的に上位者からの「恵」・「慈」を誘発するが、上位者が「恵」・「慈」であらねばならないという義務は発生させ得ないのである。これに対して上位者は、「孝」・「忠」を誘発する手段として、希望する「孝」・「忠」に対応する量の「恵」・「慈」を与えるといった用法も論理的には可能である。さらには、仮に上位者が「孝」・「忠」を欲しないなら「慈」・「恵」を与える必要はないが、下位者はたとい「慈」・「恵」を欲していないとしても、それらが与えられた場合は、必ず「孝」・「忠」を返すことになる。下位者が返す徳目と上位者の施す徳目との量は連動するが、その量の選択権は上位者のみにあり、下位者にはない。下位者が多量の「慈」・「恵」を上位者から引き出そうとして、己が実行する「孝」・「忠」の量を調節するといった構造とはなっていないのである(10)。

以上を要するに、下位者からの徳目が道徳的義務としてのみ下位者に課されているのに対して、上位者からの徳目は、下位者からの徳目を要求する為の手段としても使用可能であると考え得る。

『孔伝』において、この「孝」と「慈」との対立・「忠」と「恵」との対立という構造は、両者の対等な双務的関係を示しているわけではない。下位者の徳目である「孝」・「忠」は、対象となる相手（父・君）に徴収する権利を生じさせる規範であり、上位者の徳目である「慈」・「恵」は、果たすことは期待されているものの、相手（子・臣）に徴収する権利を生じさせない規範であると考えられる。ここから、下位からの徳目の存在を前提として、上位がそれらを求めて徳を施すことも可能である、という構造が見てとれるのである。

また、これらの伝からは、上位者の徳目を推奨する機能として、「恵」・「慈」が下位者からの徳目を要求するための資格を得る手段でもある、と解釈することも可能である。とすれば、上に例示した箇所では、『孔伝』の説は、下位者が「孝」・「忠」を行わねばならない原因を解説したものというよりは、却って上位者の徳目が推奨される理由付けとなっているといえよう。

二　「孝」から「忠」への傾斜の様相

前節では、『孔伝』が、君・臣・父・子の四者に、それぞれ対置される相手に対する徳目を設定していることを見た。また、これらの徳目は対等な関係にあるのではなく、上位者が下位者の徳目を誘発するという利益誘導の機能を有していることが分かった。では、残った下位者からの徳目である「孝」と「忠」とはどのような機能を有しているのであろうか。このことを考えるために、先ず「孝」と「忠」との関係から見てゆきたい。

『孝経』の説くところが、孝から忠への傾斜傾向を持つということは、夙に指摘されてきたところである。では、この傾斜傾向について、『孔伝』はどのように説いているのであろうか。

『孔伝』において、孝が忠に移行可能であるとする記述は、以下のような箇所に見受けられる。

【経】子曰く、君子の親に事うるや孝。故に忠をば君に移すべし。

【伝】能く親に孝なれば、則ち必ず能く君に忠なり。忠臣を求むるは、必ず孝子の門に於いてす。（広揚名章第十

八[11]

【経】兄に事うるに弟。故に順をば長に移すべし。

【伝】善く其の兄に事うれば、則ち必ず能く長に順なり。忠は孝より出でて、順は弟より出づ。故に父兄に事うるの忠順を移して、以て君長に事うべきなり。（広揚名章第十八）[12]

【経】親を厳にし、兄を厳にす。

【伝】礼を具うるの事を言う所以なり。親を厳にするは孝、兄を厳にするは弟なり。孝以て君に事え、弟以て長に事う。而して忠順の節著かなり。（閨門章第十九）[13]

このように、『孔伝』は基本的に経文に即して、「孝」を「忠」に移すべきことを説いている。孝と忠とは、同じく下位者から上位者への徳目であり、権威に対する服従という性質を有する。ここから、加地伸行氏がこの二つの徳目を共同体的感情と見て、「共同体的感情の移行であるならば、すなわち父母から主君へ、孝から忠へと移っても、少なくとも感覚的には矛盾しない」[14]としているように、特に「孝から忠への移行」に感覚的に不自然さは感じられない。

しかし、孝と忠とは、父子関係・君臣関係という異なる人間関係の場における徳目であるため、理論的には、孝という概念をそのまま君臣関係の場において使用することは不可能である。そこで、孝を忠に移行させるためには、それが可能であるという理論的な根拠を提示する必要がある。『孔伝』は、この根拠を、これらの徳目が発生する人間関係である父子関係と君臣関係とが同質の関係であると見なすこと、換言すると、これら二軸の人間関係を同一視することに求めている。

【経】子曰く、父に事うるに資《と》りて、以て母に事うるは、其の愛同じ。父に事うるに資《と》りて、以て君に事うるは、其の敬同じ。故に母には其の愛を取りて、君には其の敬を取る。之を兼ぬる者は父なり。

【伝】言うこころは、父を愛すると母と同じく、君を敬すると父と同じ。（士章第五）[15]

『孝経』の理論において、孝が「愛」と「敬」とから成るとされていることは夙に指摘されるところであるが、[16]『孔伝』もこれに沿った解釈となっている。その上で、経及び『孔伝』は「敬」する心が臣から君への感情としてもあると設定し、この「敬」という感情が存在するという点において、父子関係と君臣関係とを同一視している。ここで、父子関係と君臣関係とが同質であるから、父に対する「孝」と君に対する「忠」ともまた同質である、という論理が成り立つことになるのである。

ここで経は、父と君とに対する「敬」が同じであることから、直截孝と忠との同質性を導いているのだが、何故父と君とに対して同じ「敬」が発生するのか、という問題意識は見られない。

これに対して『孔伝』はもう一歩進んで、君と父とに対して「敬」が発生する課程について言及している。

【経】是の故に、親之を生毓し、以て父母を養うこと日びに厳にす。

【伝】之を育てる者は父母なり。故に其の父母を敬するの心は、育の恩より生ず。是を以て、其の父母を愛養して尊厳を致す。（聖治章第十）[17]

ここで、『孔伝』は、父母に対する「敬」を発生させる因は「育の恩」であると設定している。「恩」という概念を提示しない『孝経』経とは異なり、『孔伝』は、ただ「敬」を本来性に基づく感情としてだけでなく、「恩」に基づいたものとしてその発生原因を解説しているのである。

先程見たように、『孔伝』における父子関係・君臣関係という二軸の同一視は、この二軸における徳目を導く「敬」が同質であるという認識に基づいていた。ここで、父母に対する「敬」が「育の恩」より導かれるものであるとすれば、父と君とに対する「敬」が同質になるためには、君に「育の恩」に相当する「恩」があり、更にそれらが同質である、と比定することが必要となろう。これは、次の伝にて説明されている。

【経】之を道くに礼楽を以てして、民和睦す。

【伝】礼は以て之を強教し、楽は以て之を説安す。君に父母の恩有り。民に子弟の敬有り。（三才章第八）[18]

ここで、君は父母と同様の「恩」を備え、民は子弟と同様の「敬」を有している、とされる。『孔伝』は、この「君に父母の恩有り」という認識によって、君の「恩」と父母の「恩」との同一性を説いているといえよう。ここに至って、君の備える「恩」と父母の備える「恩」との同質性が証明され、そこから、君に対する「敬」と父母に対する「敬」との同質性が導かれる。これより、父子関係と君臣関係との同一視が達成され、「孝から忠への移行」が可能となる。このようにして、父子関係と君臣関係とを同質性によって結ぶ論理構造が段階的に証明され、孝から忠への移行の理論的根拠が完成するのである。

従来、自然な感情として感情的に認められてきた「孝から忠への移行」を、『孝経』経が、『孝悌・忠順の中に愛敬という普遍的な心情的契機を抽出し、君臣関係と父子関係という本来異質の関係を愛敬という内面的同一性を槓杆として再結合[19]』しているのに対して、『孔伝』は「愛敬の内面的同一性」に留まらず、さらに「恩」の同質性にまで踏み込むことにより、より精緻に「孝から忠への移行」の理論的根拠を説明している。単なる「孝」と「忠」との類比ではなく、「孝」と「忠」とがその発生より同質の構造を持つと措定し、その必然的帰結として「孝から忠への移行」が可能であるとする点は、『孔伝』の思想的特質の一つであると言えよう。

以上のように、『孔伝』においては、「恩の同質性」を設定することによって、「孝から忠への移行」が可能となったが、ここで一つの問題が浮上する。現実に、君には「育の恩」というものは存在しない、ということである。父母生績章を独立させて「育の恩」が強調されるかたちを採る『古文孝経』であるが[20]、この章においても君における「育の恩」の不在という問題は解決していない。

【経】父母之を生む。績、焉れより大なるは莫し。君親として之に臨む。厚きこと焉れより重きは莫し。

【伝】績とは、功なり。父母の子を生む、之を撫し之を育し、之を雇し之を復す。攻苦の功、焉れより大いなる者莫し。君親の愛有りて、其の子を臨長す。恩情の厚き、焉れより重き者莫し。（父母生績章第十一）[21]

ここで、経は父母の「績」について述べているが、『孔伝』はその論理を君にも横滑りさせて君親を同列に論じている。しかし、父母については、「父母の子を生む、之を撫し之を育し、之を雇し之を復す。攻苦の功、焉れより大いなる者なし」として、その「績」を顕彰することを惜しまない『孔伝』であるが、君についてはそのような「育の恩」に関する具体的な記述は見られず、ただ、恩情が厚いと述べるのみである。それも当然なことであり、生み育てたわけではない君に「育の恩」が存在する余地はない。

では、原理的には同質の「恩」を持ち得ないにもかかわらず、何故「君に父母の恩有り」（三才章第八）として君に父母と同質の「恩」があるとすることが可能なのであろうか。結論から述べると、君には「爵禄を与える」ことで臣に「恩を売る」ことが可能だからである。この、いわば「禄の恩」というものは、君・臣の双方から説かれている。

【経】故に孝を以て君に事うれば、則ち忠。

【伝】子婦孝なるは、則ち親の安んずる所なり。能く孝を尽くして以て親に順なれば、則ち親に当たる。親に当たれば、則ち美名彰らかなり。人君寛にして虐ならざれば、則ち臣下忠なり。臣下忠なるは、則ち君の用うる所なり。能く忠を尽くして以て上に事うれば、則ち君に当たる。君に当たれば、則ち爵禄至る。（士章第五）(22)

【経】忠順失わず、以て其の上に事う。然る後、能く其の爵禄を保ちて其の祭祀を守る。蓋し士の孝なり。

【伝】能く其の爵禄を保ちて、其の祭祀を守る所以は、則ち其の忠順を君長に失わざるを以てが故なり。（士章第五）(23)

先にもあげたこの『孔伝』（士章第五）では、臣が「能く忠を尽くし」ていれば、君から爵禄が与えられる、ということを解説している。先に示した通り、臣には「忠」を行なわない、という選択肢は与えられていないが、「忠」を尽くすことにより、爵禄は保証される。この、君臣関係における爵禄が父子関係における「育の恩」に相当し、二軸における下位者からの徳目を誘発するという構造の同質性を形作っていると考えられる。

「孝」が「美名」を誘発し、「忠」が「爵禄」を誘発するというこの士章の伝は、一見「孝」と「忠」とが同様の構造を有することが示されているように見える。だが、「孝」に対する利得「美名」と、「忠」に対する利得「爵禄」とには構造上差異が存在する。「爵禄」は、「忠」を捧げる対象である君が与える報酬だが、「美名」は孝を捧げる対象である父があたえるものではない。「美名」は「孝」に対して父が与える「恩」ではないのに対して、「爵禄」は「忠」の対象者から与えられるという点において、「恩」たり得る。

つまりこの伝は、一見「育の恩」と「禄の恩」とを並列しているように見えるが、実際には「禄の恩」のみを解説していることとなる。「育の恩」は、先に述べたように、父母生績章で、「績、焉れより大なるはなし」として説かれており、ここでことさらに説く必要はない。それに対して「禄の恩」は、「育の恩」と対応させて設定せねばならぬものであり、その存在を解説せねばならない。よって君臣関係では、「恩」と「慈」とを別概念とする父子関係とは異なった形で、「恩」を設定せざるを得ない。

このことは、視点を変えて君の方向からも説かれている。

【経】上を安んじ民を治むるは、礼より善きは莫し。

【伝】是の故に明王の治は、等礼を崇びて以て之を顕わし、爵級を設けて以て之を休んじ、禄賜を班《わか》ちて以て之を勧む。政の成る所以なり。（広要道章第十五）(24)

これは、君から見て、等礼・爵級を設け、禄賜を与えることが「治」において必要であることを説いたものであるが、これが「禄の恩」による「忠」の誘発という構造を表すことは疑い得ない(25)。

そうして、「明王」のこの行為が「恵」の具体的な行動に相当することは、容易に予想できよう。こうして、爵禄を与える、という行為は「恵」の実践であると考えることができる。

ここにおいて、「禄の恩」から「忠」が発生し、「忠」を要求するために君が「恵」であり、この「恵」が即ち「禄の恩」でもあるという、君臣関係における徳目の円環関係が成立するのである。

三　「孝」の規範的命題たる所以

『孔伝』においては、「忠」に対する報酬である「爵禄」が「恩」に当たり、さらにそれが「恵」でもある。これに対して、「孝」に対する報酬である「美名」は、「恩」には当たらず「慈」にも当たらない。では、士章の『孔伝』で並列して述べられていた「美名彰」は父子関係の構造上どういった位置を占めるのであろうか。また、「孝から忠への移行」が可能であるからには、忠が規範的命題である根拠も孝が規範的命題である根拠に含包されよう。そこで、

『孔伝』の措定する「孝」が規範的命題である根拠について考えてみたい。

林秀一氏は『孔伝』の思想的特徴として「君臣関係のみならず、父子関係までも、功利的に説いている」(26)とする。そこで、先ず『孔伝』において「美名彰」が功利的であるかについて検討する。(27)

【経】故に孝を以て君に事うれば、則ち忠。

【伝】子婦孝なるは、則ち親の安んずる所なり。能く孝を尽くして以て親に順なれば、則ち親に当たる。親に当たれば、則ち美名彰らかなり。人君寛にして虐ならざれば、則ち臣下忠なり。臣下忠なれば、則ち君の用うる所なり。能く忠を尽くして以て上に事うれば、則ち君に当たる。君に当たれば、則ち爵禄至る。（士章第五）(28)

ここでは、「孝」が「美名彰」を誘発し、「忠」が「爵禄至」を誘発するという解説がなされている。これは、「孝」・「忠」という徳目を、己の利益という別の目的のための方法・手段として「功利的」に見ているとも考えられよう。

このような「孝」と「名」との関係は、『孔伝』においても開宗明誼章第一をはじめとする各章に見受けられる。(29)津田左右吉氏は、「身を立て道を行ない、名を後世に揚げ、以て父母を顕すは、孝の終なり」（開宗明誼章第一）との『孝経』経の記述を「功利的」とし、「文字の上ではこれは孝の自然の結果をいつたものであり、名をなし功をなすのが孝であり或はなさんがために孝をするといふのではなからうが、孝をいふについて事功と名誉とを想はなければならなかつたところに意味がある」(30)としている。この人口に膾炙した経に対する『孔伝』は、

立身とは、身を孝に立つなり。束脩して徳に進み、志清風に邁《つと》め、六藝の場に遊び、無過の地に蹈み、乾乾として日びに競い、夙夜解《おこた》らず、其の孝道を行ない、声誉宣《あまね》く聞こえ、父母当時に尊顕し、子孫無窮に光栄あり。

此れ則ち孝の終竟なり。（開宗明誼章第一）[31]

というものであり、「立身」は身を「孝」に立てること、とされている。また、経の主張通り、「揚名」は「以て父母を顕す」ことにその目的があり、「孝」の内容とされている。なお、『孔伝』の疏といえる劉炫『孝経述議』では、ここを、「声誉宣聞を（引用者注…「子孫」でなく）父母の上に分つは、生存に即ち顕らかにして、後世に始めて顕らかなるに非ざるを見さんと欲すればなり（分声誉宣聞於父母之上者、欲見生存即顕、非後世始顕也）」として、より父母生存の間ということを強調している。

つまり、この「揚名」とは、「孝」を手段として見た場合の目的に当たるものではなく、「孝」という全体を構成する部分であると考えられる。『孔伝』に於ける「揚名」は、己の利益という目的のための手段となるといった「功利的」なものではなく、「孝」の結果であると同時に、「孝」の部分でもあるといえよう。

つまり、「子婦孝」ならば「美名顕」になる、ということから、「子婦孝」は「美名」を得るための手段のように思われる。しかし、「美名」を得るということは即ち「孝」の部分である。よって、「美名顕」は己を利するのではなく、いわば親を利する行為（＝「孝」）に相当し、「功利的」とはいえない。また、「爵禄」は、「忠」を行われる対象である君が与えるものであったが、原理的に「美名」は父が与えるものでなく、他人によって与えられるものであって、「慈」を構成する部分とはなり得ない。[32]これが、「爵禄」と異なる処である。

これを要するに、同様に「功利的」な記述であると考えられた「爵禄至」は「恵」に含包され、「美名彰」は「孝」に含包される、という異なった構造を形成すると考えられる。また、「美名」は「孝」の部分であり、己の利益に対する手段として利用不可能であるという意味において、「功利的」には当たらないといえよう。

『孔伝』については、これまでその偽書たることを論ずるに止まり、内容にまで踏み込んで論じたものが少なかった。そこで本章では、『孔伝』における忠孝観を、特に父・君・子・臣の四者の人間関係における相互の関係に焦点を当てて考察した。それらをまとめてみると次の通りである。

従来、『孝経』の説く徳目については、下位者から上位者への徳目である「孝」と「忠」との関係について論じられることが多かった。しかし、『孔伝』では、同時に上位者から下位者へ向かう徳目を設定し、双方向的な視点が窺われる。また、これらの徳目のうち、上位者の徳目である「恵」・「慈」の誘因として、「恵」・「慈」が下位者からの徳目である「忠」・「孝」を誘発する為の手段となり得ることがあげられる。

また、『孝経』において「孝から忠への移行」がなされているため、忠の発生原因は孝のそれに内包される。『孔伝』における「孝から忠への移行」の理論的根拠としては、父子関係と君臣関係とを同一視することが考えられる。それは、子と臣とは、父と君とに対して同質の「恩」を有しており、その「恩」が「敬」を発生させ、その「敬」から「孝」・「忠」といった徳目が発生する、というものである。父が「育の恩」を有し、君は臣に爵禄を授けるという擬似的な「育の恩」を有することによって、両者の「恩」の同質性が成立する。この爵禄を授けるという行為は、それ自体が君の徳目である「恵」に相当する。ここに、「恩」が「忠」を発生させ、その「忠」を誘発する為に行なう「恵」がまた「恩」でもある、という君臣関係間における徳目の円環関係が見受けられる（次図）。逆に、孝の誘因については、「孝」を己の利益目的の為の手段として考える、といった功利性は見受けられない。

父子関係の構造

子　―→　孝（含「美名」）　慈　←―　父

君臣関係の構造

臣　―→　忠　禄＝恩＝恵　←―　君

以上より二軸の人間関係を比較してみると、上位者から与えられる「恩」が下位者からの徳目の実行を誘発する、という点は両者共同様である。ところが、父子関係においては、親子である以上、「生毓」に対する「（生）育の恩」は前提として存在し、常に「孝」を誘発する。その上で、さらに父が与える「慈」は、子からの「孝」の発生を調節するという機能を果たすこととなる。また、子が「孝」を行なうことによって得られると考えられる「美名」は、他人より与えられるものであり、「孝」に包摂される。こうして、父子関係は「育の恩」という前提条件の存在により、安定した関係として成り立っているのである。

これに対して君臣関係は、前提条件としての「育の恩」が存在しない。そこで、「禄」を与えることによって擬似的な「育の恩」とし、臣からの「忠」を誘発している。「禄」を与えることは、君からの「恵」に包摂されるであろうから、「禄」かつ「恩」かつ「恵」という構造となり、父子関係と完全に同じ構造とはなっていない。「育の恩」という前提条件を持たない君は、臣に対して「恵」として発現する「禄の恩」を与え続けねばならず、『孔伝』においても、君臣関係は父子関係と比べて安定性に欠けるもの（「義合」）となっている。

以上のように、『孔伝』には父子関係と君臣関係とを同一視する論理がみられる訳だが、その想定される二軸の構造は完全に同質にはなっていない。これが、本来異なった人間関係である二軸の摺り合わせの限界とも考えられよう。

また『孔伝』は、徳目をただ個別に自存する規範的命題として説くのではなく、徳目間に『孔伝』独自の相互の関係構造を設定している。『孝経』の持つ「忠孝移行理論」も、単なる類似による同一視に止まらず、両者が同一の構造を持つことの必然的帰結として設定する。また、各徳目の発生因・規範的命題である所以も解説しており、一つの完結した徳目間の関係を示していることが、『孔伝』の思想的特質の一つであるといえよう。

注

（1）『孔伝』の底本として太宰純校『古文孝経孔氏伝』（紫芝園蔵版、享保一七年（一七三二））を用いた。

（2）林秀一『孝経』（明徳出版社、一九七九年、三〇頁）

（3）「孝亡終始而患不及者、未之有也」「故為君而恵、為父而慈、為臣而忠、為子而順、此四者人之大節也。大節在身、雖有小過不為不孝。為君而虐、為父而暴、為臣而不忠、為子而不順、此四者人之大失也」

（4）「天地之経、而民是則之」「是、是此誼也。則、法也。治安百姓人君之則也。訓護家事父母之則也。諫争死節臣下之則也。尽力善養子婦之則也。人君不易其則。故百姓説焉。父母不易其則。故家事脩焉。臣下不易其則。故主無愆焉」

（5）本章では、「君主中心的」かどうかを考える際に、臣下が君主に対してのみ片務的な道徳義務を有するかどうかという観点を使用している。

（6）「故以孝事君、則忠」「孝者、子婦之高行也。忠者、臣下之高行也。父母教而得理、則子婦孝。子婦孝、則親之所安也。能尽孝以順親、則当於親。当於親、則美名彰。人君寛而不虐、則臣下忠。臣下忠、則君之所用也。能尽忠以事上、則当於君。当於君、則爵禄至。是故、執人臣之節以事親、其孝可知也。操事親之道以事君、其忠必矣」

（7）「父母生之、績莫大焉。君親臨之。厚莫重焉」「績、功也。父母之生子、撫之育之、顧之復之。攻苦之功、莫大焉者也。有君親之愛、臨長其子。恩情之厚、莫重焉者也。凡上之所施於下者厚、則下之報上亦厚。厚薄之報、各従其所施。薄施而厚饋、雖君不能得之於臣、雖父不能得之於子。民之従於厚、猶飢之求食、寒之欲衣。厚則帰之、薄則去之、有由然也」

(8) 森熊男「儒家の諫争論　―その変化の背景―」(『岡山大学教育学部研究集録』四〇号、一九七四年)

(9) 本章では、「双務的」との語を、「関係間の当事者双方が、対方の責務に対応して等価な責務を有する」といった意味として用いる。

(10) 磯野誠一・磯野富士子両氏の「親心は親の持つべき心がけであるが、子が親に対してそれを求める権利はない(傍点ママ)」(『家族制度　―淳風美俗を中心として―』、岩波書店、一九五八年、九三頁)との言はこのような父子関係の一面を巧く表現したものといえよう。

(11) 「子曰、君子之事親孝。故忠可移於君」「能孝於親、則必能忠於君矣。求忠臣、必於孝子之門也」

(12) 「事兄弟。故順可移於長」「善事其兄、則必能順於長矣。忠出于孝、順出于弟。故可移事父兄之忠順、以事於君長也」

(13) 「厳親、厳兄」「所以言具礼之事也。厳親孝、厳兄弟也。孝以事君、弟以事長。而忠順之節著矣」

(14) 加地伸行「『孝経』の漢代における思想的位置」(『日本中国学会報』第四二集、一九九〇年、後に『孝研究　―儒教基礎論―』、加地伸行著作集Ⅲ、研文出版、二〇一〇年)

(15) 「子曰、資於事父、以事母、其愛同。資於事父、以事君、其敬同。故母取其愛、而君取其敬。兼之者父也」「言、愛父与母同、敬君与父同也」

(16) 本書第二部第一章参照。

(17) 「是故、親生毓之、以養父母日厳」「育之者父母也。故其敬父母之心、生於育之恩。是以、愛養其父母而致尊厳焉」

(18) 「道之以礼楽、而民和睦」「礼以強教之、楽以説安之。君有父母之恩。民有子弟之敬」

(19) 渡辺慎一郎「孝経の制作とその背景」(『史林』六九巻一号、一九八六年、後に『中国古代国家の思想構造』、校倉書房、一九九四年)

(20) 『今文孝経』で聖治章第九とされている部分が、『古文孝経』では、聖治章第十・父母生績章第十一・孝優劣章第十二の三章に別れている。また、『今文孝経』が「父母之を生む。続くこと焉より大なるは莫し(父母生之。続莫大焉)」(聖治章第九)に作る部分は、『古文孝経』は、「父母之を生む。績、焉れより大なるは莫し(父母生之、績、莫大焉)」(父母生績章第十一)に作り、明らかな異同が見られる。

(21)「父母生之。續、莫大焉。君親臨之。厚莫重焉」「續、功也。父母之生子、撫之育之、顧之復之。攻苦之功、莫大焉者也。有君親之愛、臨長其子。恩情之厚、莫重焉者也」

(22)「故以孝事君、則忠」「子婦孝、則親之所安也。能尽孝以順親、則当於親。当於親、則美名彰。人君寛而不虐、則臣下忠。臣下忠、則君之所用也。能尽忠以事上、則当於君。当於君、則爵禄至」

(23)「忠順不失、以事其上。然後、能保其爵禄而守其祭祀。蓋士之孝也」「所以能保其爵禄、而守其祭祀者、則以其不失忠順於君長故也」

(24)「安上治民、莫善於礼」「是故明王之治、崇等礼以顕之、設爵級以休之、班禄賜以勧之。所以政成也」

(25)当条『孝経述議』によれば、等礼は公侯に、爵級は卿大夫に、禄賜は下に対するものであるが、「君を安んずと云わずして上を安んずと云うは、上と言えば則ち下有り、民と言えば則ち君有り、互いに相見せばなり（不云安君而云安上者、言上則有下、言民則有君、互相見也）」とあり、上下・君民といった二項対立を設定した言であろうから、理念的に大きく君臣関係として差し障りはないであろう。

(26)林秀一「孝経孔伝の成立に就いて」（『孝経学論攷』、第六高等学校中国文化研究室油印、一九四九年、後に『孝経学論集』、明治書院、一九七六年）

(27)本章では、「功利的」との語を、「己の利益という目的の手段となる」といった意味として用いる。

(28)「故以孝事君、則忠」「子婦孝、則親之所安也。能尽孝以順親、則当於親。当於親、則美名彰。人君寛而不虐、則臣下忠。臣下忠、則君之所用也。能尽忠以事上、則当於君。当於君、則爵禄至」

(29)他に、士章第五に「美名彰」・「揚名顕父母」・応感章第十七に「脩行揚名」・広揚名章第十八に「揚名於後世」・諫争章第二十に「安親揚名」との伝がある。ただ、劉炫『孝経述議』に拠ると、士章の「揚名顕父母」に対して、「明らけし、首章言う所、名を後世に揚げ以て父母を顕わすとは、諸章皆是れなり（明、首章所言、揚名於後世以顕父母者、諸章皆是也）」とあり、他の伝にも同様の意の文章が附されている。なお、『孝経述議』の底本として林秀一氏による復原本（『孝経述議復原に関する研究』文求堂書店、一九五三年）を用いる。

(30)津田左右吉『儒教の実践道徳』（岩波書店、一九三八年、六六頁、後に『津田左右吉全集』第一八巻、岩波書店、一九六五年）

(31)「立身者、立身於孝也。束脩進徳、志邁清風、遊于六藝之場、蹈于無過之地、乾乾日競、夙夜匪解、行其孝道、声誉宣聞、父母尊顕於当時、子孫光栄於無窮。此則孝之終竟也」

(32) 邢昺『孝経注疏』は、「(引用者注…皇侃) 又引けらく、哀公問の、孔子対えて曰く、君子なる者は人の成名なり。百姓之に帰し、名づけて之を君子の子と謂う。是れ其の親をして君子たらしむるなり、と称するを。此れ則ち揚名栄親なり(又引、哀公問称、孔子対曰、君子也者人之成名也。百姓帰之、名謂之君子之子。是使其親為君子也。此則揚名栄親也)」(開宗明義章第一) としている。また、『論語』に「曰く、宗族孝を称し、郷党弟を称す (曰、宗族称孝焉、郷党称弟焉」)」(子路篇) とある。

第三章　『孔伝』における「孝治」と「法治」との関係

『尚書』堯典によれば、舜は孝子であることを理由に四岳から次の帝に推薦されている。ここからも分かるように、古来より中国では「孝徳を備えていること」が統治者の資格として重視されてきた。例えば『論語』には次のようにある。

季康子問えらく、民をして敬忠にして以て勧ましむるには、之を如何せん、と。子曰く、之に臨むに荘を以てすれば、則ち敬。孝慈なれば、則ち忠。善を挙げて不能を教うれば、則ち勧む、と。(為政第二)(1)

ここでは、君が孝慈であることが民の忠を引き出す前提とされている。政治において統治者が孝徳を備えた人物であることを要求するという考えは、中国の政治観として基本的なものの一つであり、これを「孝治」の基本的な理念としてよいであろう。

この「孝治」についての論議を深めたのが『孝経』である。

『孝経』の特徴の一つとして、「孝」をただ倫理道徳として説くのみならず、政治と絡めた「孝治」を主張することがあげられる。例えば、明の呂維祺の『孝経或問』では、冒頭の「論孔子作孝経大意」において、「或ひと問えらく、孝経何為れぞ作るや(或問、孝経何為而作也)」との問いに、「曰く、明王の孝を以て天下を治むるの大経大法を闡発するが為にして作る（曰、為闡発明王以孝治天下之大経大法而作也）」と答えている。

このような『孝経』経に対して『孔伝』は、林秀一氏が、「儒家の徳治主義と法家の法治主義との調和を図ろうとし(2)」たとし、八重樫直比古氏が、「『孔安国伝』の法刑主義的な解釈はとりわけ印象に残る特色ある解釈(3)」とするように、儒教経典の注釈書としては珍しく法治主義的であることがその特徴とされる。

『孔伝』には、経が「法」について述べないにも関わらず、「法」について言及する箇所が散見する。こういったことが、この「法治主義的」という評価につながっていると考えられる。

では、このような『孔伝』の法治主義的見解は、どのような思想的立場から「孝治」を説く『孝経』に付されたのであろうか。また、一見相容れないように思われる「法治」をどのようにして「孝治」と摺り合わせているのであろうか。

そこで本章では、『孔伝』の特徴とされる法治主義的傾向に関して、『孝経』経の説く「孝治」との関係から、統治者側に対して「法治」の使用が推奨される理由と、被統治者側が「法治」に従わねばならないとされる理由との二面について考えてみたい。また、『孔伝』を撰する際、依拠したと考えられる『管子』の「法治」の思想との関係についても併せて考えたい。

一　『孝経』の「孝治」と『孔伝』の「法治」

先ず、『孝経』の「孝治」に対する『孔伝』の記述から、『孔伝』がどのように「法治」を説くのかについて考察する。開宗明誼章第一に於いて、孔子は次のように述べる。

【経】子曰く、参、先王に至徳要道有り。以て天下を訓う。

【伝】至徳とは、孝徳なり。孝は敬に生ず。敬する者寡くして説ぶ者衆し。故に之を要道と謂う。訓とは教なり。（開宗明誼章第一）[4]

【経】民用て和睦し、上下に怨み亡し。女、之を知るか。

【伝】言うこころは、先王要道を行ない理を奉ずれば、則ち遠きは和附し近きは睦親するなり、と。所謂、己を率《おさ》めて以て人を化するなり。此の二誼を廃すれば、則ち万姓協《かな》わず、父子相怨む。其の数然るなり。曾子に問えらく、女、寧ろ先王の孝道を以て民を化するの此の若きなるを知るや、と。（開宗明誼章第一）[5]

この『孝経』の冒頭の一文は、「一篇の主題が呈示」[6]された部分である。ここで、『孔伝』に従えば、第一文は「先王には孝徳があった」の意となり、「君が孝徳を備えていること」という先の「孝治」の条件にあてはまる。次の「以て天下を訓う」では、さらに第一文のいう孝徳の保有という条件に加えて、「孝を以て天下を教える」ということが説かれる。つまり、第一文が君の資質という「孝治」の基本を述べたものであるのに対して、第二文は、一歩進んで「孝治」の実際を述べたものであると言える。

「化民」は政治の基本的部分であろうから、ここで『孔伝』は、先王の政治が孝を以てするものであることを明確にして、経に沿った形での解釈を施しており、「法治」については言及していない。しかし、このことは『孔伝』が「法を用いない孝治」を推奨していたことを意味するものではない。

以下に、『孔伝』が「法治」について説いたと考えられる部分を幾つかあげる。

【経】制節ありて度を謹めば、満ちて溢れず。

【伝】制有り、節有り、其の法度を謹むは、是れ足るを守るの道なり。（諸侯章第三）(7)

【経】故に母には其の愛を取りて、君には其の敬を取る。之を兼ぬる者は父なり。

【伝】君臣誼を以て固く、上下序を以て和し、衆庶愛を以て輯らげば、則ち主に令ありて民之を行ない、上に禁有りて民犯さざるなり。（士章第五）(8)

【経】此れ、大乱の道なり。

【伝】此れとは、無上無法無親なり。……有司法を離れて専ら制に違うは、則ち不祥なり。故に法は至道なり。……百官の事、案ずるに法を以てすれば、則ち姦生ぜず。暴慢の人も、縄《ただ》すに法を以てすれば、則ち禍乱起こらず。夫れ能く法を生ずる者は、名君なり。能く法を守る者は、忠臣なり。能く法に従う者は、良民なり。（五刑章第十四）(9)

これらから、『孔伝』が法度・禁令を持つ社会を是認していることを見てとることができる。(10)また、「法は至道なり」との句に対する『孝経述議』に、「「法者至道」、言うこころは、是れ至徳要道なり（法者至道、言、是至徳要道也）」とあるように、『孔伝』は、経が「孝」の定義とした「至徳要道」の意を「法」に対して用いている。つまり『孔伝』は、「法」を「孝」と同等に重視しており、積極的に「法治」を推奨しているといえる。五刑章の例では、君・臣・民の三者それぞれに法への関わり方を解説し、「姦が生じない」・「禍乱が起こらない」といった「法治」の有効性を説く。ここで、「法」を「至道」とするのはその有効性のためである。このように、『孔伝』は、経が説く「孝治」を主眼としつつも、法の有効性を主張し、政治における法の利用、即ち「法治」をも推奨するのである。

二　「法治」が推奨される根拠

では、『孔伝』が「法治」を主張する根拠とはその有効性のみなのであろうか。『孝経』が「孝治」を説く根拠と、その経文に付された『孔伝』から、その「法治」推奨の根拠について考察する。

伝統的に、「孝治」と「法治」とは両立し得ないものとされてきた。そのことは、次の『論語』の文にも端的に表わされている。

　子曰く、之を道くに政を以てし、之を斉うるに刑を以てすれば、民免れて恥無し。之を道くに徳を以てし、之を斉うるに礼を以てすれば、恥有りて且つ格る。（為政第二）(11)

この、「政」・「刑」について、邢疏は「法制」・「刑罰」と解釈しており、これは「法治」を意味していると考えてよいであろう。また、「徳」は、「道徳」としており、「徳治」を意味すると考えられよう。また、『孔伝』の解説する「孝治」即ち、「孝道を以て民を化する」は、この儒家の主張する「徳治」の一部であると考えてよいであろう。

このように、一般的に儒家系文献では法治を否定し、徳治を推奨する傾向がある。当然『孝経』も、「之に陳ぶるに徳誼を以てし……、之を道くに礼楽を以てし（陳之以徳誼……、道之以礼楽）」（三才章第八）とあるように、基本的にこの傾向に沿っている。ところが、『孔伝』では、儒家系文献である『孝経』の注釈であるにも関わらず、『論語』においては「免れて恥無し」とされる「法治」も推奨されている。では、「孝治」が推奨される理由はどのように設定されているのであろうか。論の都合上、『孔伝』の「法治」推奨の理論を見る前に、『孝経』の「孝治」推奨の理論について考察する。

『孝経』は「孝治」を推奨するが、その論に説得力を持たせるためには、ただ推奨するだけではなく、孝治を推奨する理由を解説することが必要となる。この、政治手法を推奨する理由としては、「倫理的に優れている」という倫理的理由と、「有効である」という功利的理由とが想定され得よう。

『孝経』が「孝治」を推奨する倫理的理由は、先ほど挙げた開宗明誼章第一の「孝は至徳要道なり」・「孝は徳の本なり。教の繇りて生ずる所なり」といった言葉で表されている。つまり、「孝」が規範性を有するため、それを用いた「孝治」が推奨されるのである。

では、『孝経』の説く「孝治」の本質とはいかなるものであろうか。「孝治」に対して、最もまとまった説明がなされている三才章を中心に、経の説く「孝治」と『孔伝』の説く「法治」との関係について考察する。この章は、「曾子曰く、甚しき哉、孝の大なるや、と（曾子曰、甚哉孝之大也）」（第一段）との曾子の言葉より始まる。この言葉に対する孔子の答えは以下のようなものである。

【経】子曰く、夫れ孝は天の経なり。地の誼なり。民の行ないなり。天地の経にして、民是《ぜ》として之に則る、と。[12]

【伝】是《ぜ》とは、此の誼を是《ぜ》とするなり。則とは、法なり。……斯れ皆、天地の常道に法るなり。（三才章第八）

ここで『孝経』は、「孝」を「天の経、地の誼、人の行」とし、また、「天地の経」と「孝」とを結びつけている。このことにより、「孝治」が推奨される理論的根拠として、「孝による政治」を「天地の経による政治」へと直接結びつけることが可能となるのである。こうして孝は、「天地の経」という、それ自体に反論することが不可能な概念と結びつけられ、政治の手段としても正当性を持つ。よって、「孝治」が推奨されることとなる。[13]

ここで『孔伝』は、「之に則る」を「天地の常道に法る」と解釈し、経に即して「孝治」を説いており、「法治」については触れていない。

しかし、続く経文に対する『孔伝』は「法治」を交えて説いている。

【経】天の明に則り、地の利に因り、以て天下を訓う。是を以て、其の教粛ならずして成り、其の政厳ならずして治まる。

【伝】聖人天地に因りて以て法を設け、民心に循りて以て化を立つ。故に威粛を加えずして、教自ら成り、厳刑を加えずして、政自ら治まる。（三才章第八）(14)

『孔伝』の「聖人天地に因りて以て法を設け」の部分は、経の「是を以て」、つまり、前段の「天の明に則り、地の利に因り、以て天下を訓う」を解したもので、「民心に循りて以て化を立つ」は、更に前段にある「民是として之に則る」を解したものと考えられる。つまり、『孔伝』は「天の明に則り、地の利に因り、以て天下を訓う」との経文を、「〔聖人は〕天の明に則り、地の利に因り、〔法を設けて〕以て天下を訓う」と解釈したことになる。『孔伝』は、経が全く法治に言及していないにも関わらず、この文章を法治について述べたものと解釈しているのである。さらにここで『孔伝』は、「法治」の根拠として、「孝」と同様に、「法」が「天地に因る」ものであるという倫理的理由を設定することに成功している。

ここで、この「法」がいわゆる「法律」を意味するのか、広く「法則」などを意味するのかが問題となるが、三才章の続く文章に次のようなものがある。

【経】之に示すに好悪を以てして、民禁を知る。

【伝】好とは、賞を謂うなり。悪とは、罰を謂うなり。賞罰明らかにして欺くべからず。法禁行なわれて犯すべからず。分職察にして乱るべからず。人君令すれば行なわれて禁ずれば止む所以なり。令すれば行なわれ禁ずれ

> ば止むは、必ず先に民の好む所を令して、民の悪む所を禁じ、然る後、其の鉄鉞を詳らかにし、其の禄賞を慎めばなり。聴かずして以て存を得べき者有るは、是れ号令の以て下を使うに足らざるなり。禁を犯して以て免を得べき者有るは、是れ鉄鉞の以て衆を威すに足らざるなり。功無くして以て富を得べき者有るは、これ禄賞の以て民を勧むるに足らざるなり。号令の以て下を使うに足らず、鉄鉞の以て衆を威すに足らず、禄賞の以て民を勧むるに足らざれば、則ち人君以て之を自守すること無し。（三才章第八）[15]

ここで、『孔伝』は「好悪」を「賞罰」もしくは「善悪にたいして賞罰がおこなわれること」といった意に解釈している。また、「法禁」・「令」などの語の使用からも、この経文を、いわゆる「法律」に近づけて解釈していることが分かる。このことから、先の「聖人の設ける法」は、ただ「則るべきおきて」といった意のみではなく、「号令」・「鉄鉞」・「禄賞」といったものを含む、いわゆる「法律」を充分に意識したものと考えられよう。

つまり、経は、「孝治」を推奨する根拠の倫理的理由を「孝」が「天経地義」であることにおいたが、ここで『孔伝』は「法治」を推奨する根拠の倫理的理由を、「法」が「因天地」であることにおいている。そのようにして、経が「孝治」を説く理論に、「法治」を紛れ込ませているといえる。こうして「法治」は、単に功利的理由のみならず、倫理的理由をも持つものとして設定されているのである。

また、経は続いて、「是を以て、其の教粛ならずして成り、其の政厳ならずして治まる」として、孝治の有効性について言及している。これは、「孝」が「天地に則ったもの」であるという認識に基づき、天地に依った政治であるから、ことさらな人為は必要ない、という論理である。この経に対して、『孔伝』は、経が「孝治」に対して用いた語句をほぼそのまま用いて、「故に、威粛を加えずして、教自ら成り、厳刑を加えずして、政自ら治まる」という伝を付している。つまり、経は「孝治」の有効性として「粛」・「厳」を必要としないことを説くのであるが、『孔伝』

は、法を「天地に因ったもの」と比定し、法も孝と同様に「威粛」・「厳刑」を必要としない、としている。こうして『孔伝』は、『孝経』の説く「孝治」の有効性の一部を「法治」に対しても流用しているのである。

このように、『孔伝』が一旦『孝経』の「孝治」推奨の理論に「法治」推奨の理論を紛れ込ませることに成功した以上、経が「孝治」の有効性を説く箇所でも、経の論理をそのまま「法治」に流用することが出来ることとなる。

一般的に「法治」は儒家に好まれざる概念であるため、「法治」を主張するには、「法を使ってもよい理由」を説明する必要性が生じる。それを『孔伝』は、「孝」と同様に「天地」という概念と結びつけることによって「法」に「孝」と同様の正当性を持たせ、政治の手段としても「法治」に「孝治」と同様の正当性を持たせているといえよう。

元来、「法治」の推奨は、その有効性を説く功利的理由からのものが多い。実際の政治運営上における法の有効性は明らかであるから、「法治」に対する攻撃は、その有効性を攻撃することよりも、その倫理性の欠如を指摘するといった方向から行なわれる。先にあげた『論語』では、法刑を制定すれば民はそれを免れようとする、と批判されていた。しかし、「法」が「天地に因」っているのなら、「孝」に対して、「天地の経にして、而して民是として之に則る」とあるのと同様に、民は「法」に対しても免れようとはしないことになる。また、「孝」と「法」とが同質の倫理性を有するのであれば、「孝治」を主張するために「法治」の倫理性を攻撃することは、同時に「孝治」の倫理性を攻撃することとなり、自家撞着に陥ることとなる。

こうして、『孔伝』は、「法」を「天地に因」ったものとすることにより、「法」に「孝」と同質の権威を与えて「法治」の正当性を主張し、予想され得る「孝治」側からの反発を回避しているといえよう。

三　「法治」に従わねばならぬ理由

次に、「法を守る」側である民衆への法治の根拠の解説、つまり「法治に従わねばならぬ根拠」について考察する。『孔伝』に比して少ないものであるが、『孝経』にも「法」について言及する部分が存在する。

【経】上に居りて驕れば則ち滅び、下と為りて乱るれば則ち刑せられ、醜に在りて争えば則ち兵せらる。此の三つの者除かざれば、日に三牲の養を用うと雖も、繇《な》お不孝と為すなり。（紀行章第十三）(16)

紀行章第十三では、「滅」・「刑」・「兵」せらることが「不孝」の部分であるとし、「驕」・「乱」・「争」を抑止している。

【経】子曰く、五刑の属三千。而して罪は不孝より大なるは莫し。君を要する者は上を亡みし、聖人を非る者は法を亡みし、孝を非る者は親《しん》を亡みす。此れ大乱の道なり、と。（五刑章第十四）(17)

さらに、五刑章第十四では「不孝」が最大の罪（刑罰をうける）とされ、さらに「非聖人」などの行為が「大乱の道」であるとされる。ここでは、「受刑」が「不孝」の部分というのではなく、むしろ「不孝」が「受刑」に結び付くという論理となっている。これは、民が「受刑」を忌避することを利用して、不孝に対する抑止力を設定したものといえる。このように、『孝経』では、「不孝」と「刑罰」とを関連付けるという論法がみられ、法治を積極的に推奨する訳ではないにせよ、刑法の存在する社会を前提としているといえる。

これに対して、『孔伝』はさらに踏み込んだ理論を展開する。開宗明誼章第一は、君に向けて孝治を説いた後、臣

（民）に向けて孝を説く。その際に用いられるのが、孝を始・終（または始・中・終）という段階に分けた解説である。

【経】身体髪膚、之を父母に受く、敢て毀傷せざるは、孝の始なり。

【伝】其の由る所に本づくなり。人の生は、父母の血気を稟け、情性相通ず。形を分かち体を異にすれども、能く自ら保全して刑傷無きは、則ち其れ孝の始たる所以の者なり。是を以て、君子の道は、謙約にして自持し、上に居りて驕らず、下に処りて乱れず、敵を推して能く譲り、衆に在りて争わず。故に咎悔に遠く、凶禍の災無し。（開宗明誼章第一）[18]

先ず、経は「孝の始」を「敢て毀傷せざる」ことと設定している。ここで、『孔伝』は、経文の「毀傷せざる」に関して、「刑傷無き」・「下に処りて乱れず」との伝を付している。これは、八重樫氏が、「法秩序に順応し他との摩擦を回避して身体を毀傷しないようにすること、これが孝の始めだと『孔安国伝』は解釈しているのである」[19]とするように、本来個人的な家庭内倫理であるはずの「敢て毀傷せざる」の解釈に、法に従うことを含ませたものだと言える。

また、続いて次のように語られる。

【経】夫れ、孝は親に事うるに始まり、君に事うるに中し、身を立つるに終う。

【伝】孝行の一に非ざるを言うなり。親に事うるを以て之を言えば、其の孝たるや、徒に父母の遺体を毀傷せざるのみに非ず。……四十以往は、所謂中なり。仕えて官政に服し、其の典誼を行ない、法を奉じて貳無し。君に事うるの道なり。……七十には、老いて致仕し、其の仕うる所の車を縣け、諸を廟に置き、永く子孫をして鑑みて則らしむ。身を立つの終にして、其の要、然るなり。（開宗明誼章第一）[20]

ここでも『孔伝』は、経のいう「孝」の中に「仕えて官政に服し、其の典誼を行ない、法を奉じて貳無し」として、「奉法」という観点を加えた解説をなしている。こうして、『孔伝』は、「遵法」を孝の部分と措定することにより、「法に従わねばならぬ理由」を解説しているのである。

また、『孔伝』は、「法を破ってはならない理由」として次のように説く。

【経】君を要する者は上を亡みし、聖人を非る者は法を亡みし、孝を非る者は親《しん》を亡みす。

【伝】要とは約勒するを謂うなり。君なる者は、命を稟くる所以なり。而るに之を要するは、此れ、上を無みするの心有る者なり。聖人法を制するは、治を為す所以なり。而るに之を非るは、此れ、法を無みするの心有る者なり。孝なる者は親《しん》の至なり。而るに之を非る。此れ、親《しん》を無みするの心ある者なり。三者、皆不孝の甚だしきなり。（五刑章第十四）(21)

ここで『孔伝』は、先ず、「要君」・「非聖人」・「非孝」を「無上」・「無法」・「無親」と解説したうえで「三者、皆不孝の甚だしきなり」と総括している。その内、ここで問題とするのは「非聖人」となる「無法」(22)である。この「法を無みする」という行為を否定する根拠として、『孔伝』は「それが不孝だから」という理由を設定するのである。

先の開宗明誼章の例では、「孝」を行なうためには法を守って「刑傷無き」でなければならず、さらには、「仕えて官政に服し、其の典誼を行ない、法を奉じて貳無し」でなければならなかった。いわば、「孝」であるための要件として「法に従うこと」が設定されていた。これに対して、ここでは「法に従わない」ことが「孝でない」とされ、開宗明誼章の理論を裏から述べた形となっている。

つまり『孔伝』は、法を「それ自身従わねばならない」独立した当為として設定しているわけではない。あくまで、「法に従うこと」が「孝」の部分であることを理由として、「法に従うこと」の規範性を説いているのである。

いわゆる法家系文献では、民は刑を避けるために法に従う、とされることが多いのに対して、『孔伝』は、「孝」の規範性という論理構造をそのまま利用して、法を守ることを説いている。これは儒家側から法治を推奨する理論として、一つの特徴的な性質を示しているといえるであろう。

四　『孔伝』における法概念と『管子』との関係

ところで『孔伝』は、様々な文献を踏まえて撰されたものであることが指摘されている。このことについて、林氏は、「今試みに、その出典の確かなものだけを挙げると、礼記55　管子51　周易16　左伝16　尚書11　論語11　毛詩4　周礼4　孔子家語4　公羊伝3　大戴礼2　老子2（以下略）となり、特に礼記と管子の引用が、他書に比し断然多いことが目立つ（括弧内ママ）[23]」としている。

ここまで、いかなる文献を下敷きにしたものとせよ、それが『孔伝』の文章として採用されたという事実を重視し、『孔伝』の記述は全て『孔伝』の思想として考えてきた。しかし、『孔伝』の法治観を考える上で、引用数の多さからも、法治を説いている文献である『管子』との関係は無視し得ない[24]。『孔伝』が『管子』に依拠した文が多いことについて、林氏は、「儒家の孝治主義・礼治主義を説くと共に、儒家に最も近い管子を大量に引用して、法治主義・功利主義を説いている点は、他の経典の解釈に余り類例を見ない、注目すべき現象と思うのである[25]」としている。筆者の意見もこれに外れるものではないが、ここで、『孔伝』の法治観と『管子』のそれとの関係について考察し、『孔伝』が『管子』に依拠するに至った理由について考えてみたい。

このため、『孔伝』における法治観が窺われる文章を取り出し、それが依拠したと考えられる『管子』の文章と比較する[26]。

【伝】……是の故に、老を遺れ親を忘れざれば、則ち九族に怨み無し。爵、有徳に授くれば、則ち大臣誼に興る。禄、有労に与うれば、則ち士其の制に死す。官に任ずるに能を以てすれば、則ち民功を上ぶ。刑、其の罪に当たれば、則ち治に詭無し。士を帥いるに民の載く所を以てすれば、則ち上下和す。治を挙ぐるに民の急にする所を先にすれば、則ち衆乱れず。常に斯の道を行なうなり。故に国に紀綱有りて、民之を終始する所以を知る。（天子章第二）(27)

この伝については、『管子』問篇に、

爵、有徳に授くれば、則ち大臣義に興る。禄、有功に予うれば、則ち士節に死するを軽んず。上士を帥いるに人の戴く所を以てすれば、則ち上下和す。事を授くるに能を以てすれば、則ち人功を上ぶ。刑を審かにして罪に当たれば、則ち人訟を易《あなど》らず。宗廟社稷を乱すこと無ければ、則ち人に宗とする所有り。老を遺れ親を忘るること毋ければ、則ち大臣怨みず。挙げて人の急を知れば、則ち衆乱れず。此の道を行なうや、国に常経有り、人終始を知る。此れ霸王の術なり。（『管子』問篇）(28)

とあり、これに依拠したものだと考えられる。ただ、『管子』では、これらが「霸王の術」であるとされるのに対して、『孔伝』ではこの部分を欠く。これは、儒家において、基本的に「霸王」が推奨される概念ではないためであろう。

先にもあげた三才章の『孔伝』、

法禁行なわれて犯すべからず。分職察にして乱るべからず。人君令すれば行なわれて禁ずれば止む所以なり。令すれば行なわれ禁ずれば止むは、必ず先に民の好む所に令して、民の悪む所に禁じ、然る後、其の鉄鉞を詳らかにし、其の禄賞を慎めばなり。聴かずして以て存を得べき者有るは、是れ号令の以て下を使うに足らざるなり。禁を犯して以て免を得べき者有るは、是れ鉄鉞の以て衆を威すに足らざるなり。功無くして以て富を得べき者有るは、これ禄賞の以て民を勧むるに足らざるなり。号令の以て下を使うに足らず、鉄鉞の以て衆を威すに足らず、禄賞の以て民を勧むるに足らざれば、則ち人君以て之を自守する無し。（三才章(29)）

は、『管子』に、

法禁に審かにして犯すべからず。分職に察かにして乱るべからず。（『管子』明法解(30)）

人主の令すれば則ち行なわれ、禁ずれば則ち止む所以の者は、必ず民の好む所に令して、民の悪む所に禁ずればなり。（『管子』形勢解(31)）

夫れ国に聴かずして以て存を得べき者有れば、則ち号令の以て下を使うに足らず。禁を犯して以て免を得べき者有れば、則ち斧鉞の以て衆を畏すに足らず。功無くして以て富を得べき者有れば、則ち禄賞の以て民を勧むるに足らず。号令の以て下を使うに足らず、斧鉞の以て衆を畏すに足らず、禄賞の以て民を勧むるに足らざれば、則ち人君以て自守する無し。（『管子』版法解(32)）

とあり、これらの文章を組み合わせて撰されたものと考えられる。また『孔伝』に、

罰有る者は、主其の罪を亢《あ》げ、賞有る者は、主其の功を知る。亢知悖らず、賞罰差わず、蔽われざるの道有り。故に明と曰う。（孝治章第九(33)）

とあるが、この伝は、『管子』の、

罰有る者は、主其の罪を見、賞有る者は、主其の功を知る。見知悖らず、賞罰差わず、蔽われざるの術有り。故に壅遏の患無し。（『管子』明法解）[34]

に依拠したものと考えられる。以上のように、『孔伝』は、賞罰を政治の要諦とし、それらを的確に行なうことを説いているのだが、この思想は『管子』を踏まえたものであると考えてよいであろう。

また、次のような例もある。

是の故に、人父たる者父子の誼を明らかにして以て其の子を教えざれば、則ち子子たるの道を知らずして以て其の父に事う。人君たる者君臣の誼を明らかにして以て其の臣を正さざれば、則ち臣臣たるの理を知らずして以て其の主に事う。君臣誼を以て固く、上下序を以て和し、衆庶愛を以て輯らげば、則ち主に令有りて、民之を行ない、上に禁有りて民犯さざるなり。（士章第五）[35]

この伝は、上の教化があって後に下が従い、上に禁令があって後に下がそれを守ること、を説いたものである。これに関しては、『管子』に、

人君たりて君臣の義を明らかにして以て其の臣を正さざれば、則ち臣臣たるの理を知らずして以て其の主に事う。故に曰く、君君たらざれば、則ち臣臣たらず、と。人父たりて父子の義を明らかにして以て其の子を教えて之を整斉せざれば、則ち子人子たるの道を知らずして以て其の父に事う。故に曰く、父父たらざれば、則ち子子たらず、と。（『管子』形勢解）[36]

とあり、これに依拠したものと考えられる。ただ、『孔伝』は、形勢解にある「故曰、君不君、則臣不臣」・「故曰、父不父、則子不子」の二文を欠く。これは、『孔伝』に付された『古文孝経序』に示された『君君たらずと雖も、臣以て臣たらざるべからず。父父たらずと雖も、子以て子たらざるべからず（君雖不君、臣不可以不臣。父雖不父、子不可以不子）』という『孔伝』撰者の思想と背反するために採用されなかったものと考えられる。こういった、理由としての議論の部分はそのまま依拠しながら、序において結論部「君不君云云」以下の部分とは全く反対の説を述べていることは、『孔伝』の撰者が、己の思想と合致する部分のみ『管子』に依拠したことを示していよう。

故に天地は一物の為に其の時を枉げず。……明王は一人の為に其の法を枉げず。（三才章第八）(37)

この伝は、天地に根拠づけて、君主が恣意的に法を曲げることを戒め、君主の利益よりも法の公平性・安定性を重視することを述べたものと考えられるが、『管子』に、

然而《しか》して天は一物の為に其の時を枉げず。聖人も亦一人の為に其の法を枉げず。（『管子』白心篇）(38)

とありこれに依拠したものと考えられる。

群臣礼誼を用いざるは、則ち不祥なり。有司法を離れて専ら制に違うは、則ち不祥なり。故に法は至道なり。聖君の天下の儀と為す所以は、存亡治乱の出づる所なり。……夫れ能く法を生ずる者は明君なり。能く法を守る者は忠臣なり。能く法に従う者は良民なり。（五刑章第十四）(39)

この伝は、前半部が官吏（有司）が法を離れるべきでないことを説いたものであり、後半部が法に対する身分別の立場を述べたものである。そうして、右に挙げた伝の前半部は、『管子』に、

群臣礼義教訓を用いざるは、則ち不祥なり。百官の事に伏する者法を離れて治むるは、則ち不祥なり。……存亡治乱の従りて出づる所にして、聖君の天下の大儀と為す所以なり。（『管子』任法篇）(40)

故に法は、天下の至道なり。（『管子』任法篇）(41)

とあるのに類似する。また、後半部に関しては、

夫れ法を生ずる者は君なり。法を守る者は臣なり。法を法とする者は民なり。（『管子』任法篇）(42)

とあり、字句は多少異なるが、思想的に類似する。

以上のように、『孔伝』の法治観に関する記述は、多く『管子』の記述に依拠したものである。これは、『孔伝』における、「法を使用すべきである」との結論が導かれるような人間観が、『管子』の人間観と重なるためであると推察される。『孔伝』の人間観が表された伝として、

高者、必ず下を以て基と為す。故に上位に居りて驕らず。利を好みて害を悪まざる莫し。其の能く百姓と利を同じくする者は、則ち万民之を持《たす》く。是を以て、高きに処ると雖も猶危うからず。（諸侯章第三）(43)

というものがある。ここで『孔伝』は、人間の性質を「利を好みて害を悪まざる莫し」としている。これは、法家系の人間観と一致する。そうして、この文章もまた、『管子』の、

凡そ人は、利を欲して害を悪まざる莫し。是の故に、天下と利を同じくする者は、則ち天下之を持《たす》く。……天下の持くる所は、高しと雖も危うからず。（『管子』版法解）(44)

　民の情は、……利を欲して害を悪まざる莫し。（『管子』形勢解(45)）

に依拠したものと考えられる。このように、『孔伝』は、法治を説くにあたって、前提となる人間観から『管子』の思想を流用しているといえる。

以上より、『孔伝』の「法治」観は、いわゆる一般的な法家のそれと軌を一にするものであることが諒解せられたであろう。では、何故『孔伝』は他の法家系文献ではなく、『管子』を選んでこれに依拠したのであろうか。これは、先に考察した『孔伝』の法治の根拠の思想が『管子』のそれの一つと重なるものであるためだと考えられる。

　聖人天地に因りて以て法を設け、民心に循りて以て化を立つ。故に威粛を加えずして教自ら成り、厳刑を加えずして政自ら治まる。（三才章第八(46)）

この伝は、先に考察した『孔伝』の法治の根拠を表す箇所である。この文章が依拠したと思われる文章自体は、管見の及ぶ限りでは現行の『管子』には見えないが、金谷治氏は『管子』の「法の根源・基礎、あるいは起源についての考察」の一つとして、心術上篇の「法は権より出て、権は道より出づ」を挙げ、「法のもとづくところを道として指摘したものである(47)」としている。

金谷氏の分析によれば、『孔伝』と『管子』とにおける法治の根拠とは、それぞれ「天地」・「道」という、類似したものであったといえる。また、版法解の冒頭に、

　法は、天地の位に法り、四時の行に象《かたど》り、以て天下を治む。四時の行には、寒有り暑有り。聖人は之に法る。

（『管子』版法解(48)）

とある。この文章は法の性質を述べたものであり、法の根拠を示したものではないが、法を「天地」と絡めて論じているのは他の法治を説く文献にはあまり見られない思想である。さらに、金谷氏は、『管子』経言諸篇の法思想として、「令の必行を厳罰ですすめるのでなく、むしろ「省刑」を主張し、民心に従うことによってこそ令が行なわれるとする主張(49)」があることを指摘しているが、これも『孔伝』の「不粛而成」という主張と重なるものといえよう。『孔伝』の「因天地」の思想は、儒家である『孔伝』撰者が「法治」を推奨する理論の根本となる思想である。『管子』の思想の一部に儒家と近いものがあるのは、周知の事実であるが、そのうちの法を「道」にもとづける思想は、『孔伝』の「因天地」の思想に類似しているといえる。これが、『孔伝』が、他の法家系文献ではなく、『管子』に依拠するに至った理由であり、林氏の言を借りれば、「儒家に最も近い」部分の一つと考えられよう。

また、『史記』管晏列伝の賛に、管仲を評するに、『孝経』事君章の語を引用して、

語に曰く、其の美を将順し、其の悪を匡救す。故に上下能く相親しむなり、と。豈に管仲の謂か。（『史記』管晏列伝(50)）

とし、また現行『管子』の一篇であるとされる『弟子職』なる文献が、『漢書』藝文志の「六藝略孝経類」に著録されているように(51)、法治を説く文献を『孝経』の伝として流用するに当たって、『管子』が最も反発の少ないものであったと考えて、さほど問題はないであろう(52)。一般的に儒家系の文献として認識される『韓詩外伝』・『説苑』・『新序』などに所載される説話には管仲の話が散見し、賈誼『新書』には、「『管子』曰」と明言して『管子』の言を引用する箇所が見える。また、『塩鉄論』は、周知の通り大夫側と文学側との論争を著録したものであるが、両者共に儒家的

教養を持っていたことは疑いない。そして、その論争には『管子』の文章が多く用いられていることが確認されている。[53]これらの事実より、漢代儒家が実際政治上の議論をする際、多く『管子』の言説を利用していたことが窺われる。

また金谷氏は、『管子』の法思想と儒家のそれとの関係について、「『管子』の自然法思想は、……それは恐らく儒家の天人相関思想に対して少なからぬ影響を与えたのではないかと思われる」・「斉学を学んだ董仲舒が管仲学派の自然法思想の影響を受けた可能性は、十分にあるとしてよい[54]」としている。こうして、『管子』の自然法思想は、董仲舒をはじめとする天人相関思想に影響を与えたが、この天人相関思想は後漢期には桓譚や王充の批判にさらされ、勢力が衰えた。そこで、六朝期に至り撰された『孔伝』は、『管子』の自然法思想を流用しつつも比較的天人相関色は薄くなり、天を抽象的な理法性として論じる程度の形となったと考えられよう。

なお、『孔伝』の法治観が、多く『管子』にみられるものであるとはいえ、その全てを『管子』にそのまま従ったわけではない。『孔伝』は、君臣関係について、賞罰を媒介としたものであるとしながらも、「君子の心、誠に其の上を愛すれば……（君子心、誠愛其上……）」（事君章第二十一）とあるように、臣の君に対する情を否定してはいない。これは、基本的に『管子』の君臣関係観が、

故に人臣の理を行ない命を奉ずるは、主を愛するを以てに非ざるなり。且《まさ》に以て利に就きて害を避けんとするなり。（『管子』明法解[55]）

といった利を媒介としたものであるのと大きく異なる。また、『管子』では、

恵は赦多き者なり。先には易くして後には難く、久しくして其の禍に勝えず。法は赦す毋き者なり。先には難く

して後には易く、久しくして其の福に勝えず。故に恵は民の仇讎なり。法は民の父母なり。（『管子』法法）[56]

とあるように、法を峻厳なものとしてとらえ、かつ「民の父母」とするような文章もみられるが、『孔伝』ではそういった記述は見られない。勿論、先にあげた『孔伝』の「孝の部分としての法」という考えも、『管子』には見られないものである。このように、『孔伝』は『管子』の法治観を流用するにあたり、撰者の思想に合致するよう、章を断ち義を取っているのである。

以上のように、『孔伝』は、「法治」をただ有効性という功利的理由から説くわけではなく、『孝経』が「孝治」を説く論理構造を用いて、倫理的理由からも説いている。また前提として法を「従うべきもの」とするのではなく、その「法に従わねばならぬ理由」を孝に関連づけて説いている。また、「法治」を説くにあたっては、その「法に従わねばならぬ理由」が撰者の理論と類似した『管子』を選んで、これに多く依拠して伝を撰している。その際、『管子』を用いつつも、その全てを『管子』に依拠した訳ではなく、あくまで儒家としての範囲に止まり、「孝の部分としての遵法」といった法解釈を「法治」の理論的根拠としている。

『孔伝』は、儒家の経典である『孝経』に対する注釈書という体裁を採りながら、「孝治」と並んで「法治」を推奨している。これは、下見隆雄氏が、「私の家族制における孝の意義に公の社会的意義が付与される」[57]とする『孝経』の傾向を更に押し進めたものであり、『孝経』注解の発展形式として一つの必然を示したものといえよう。

『孔伝』以前にも、儒家側からの「法治」への接近は存在した。小倉芳彦氏は、『荀子』を「「徳本刑末」という儒家的な発想に立ちながらも、戦国末の荀子の思想は、刑罰を王者のもとにおける不可欠の手段として、それを制度化しようとする志向を抱いている」[58]と評し、堀池信夫氏は、董仲舒が、「天を媒介として、儒教の枠組みの中に、論理的に（現実的とはいえないが）法治をくみこむことに、みごとに成功した（括弧内ママ）[59]」とする。また、後漢期に入ると、日原利国氏が、「現実批判の観点から法刑の存在意義と法的支配の必要性を説いた[60]」と評する『潜夫論』を筆頭に、『申鑑』・『昌言』・『政論』といった著作に、著しい「法治」への接近が見られる。このような、儒家系思想の側からの「法治」への接近と同時に、現実の政治世界においても、「漢の郡県制度による官僚支配、法による一元的支配も実は孝悌を主とする道徳教化という下駄を履いたものである[61]」とされたように、「孝治」への接近がみられた。

これらの流れを受けて、『孔伝』は、法を「天地」と絡めて解釈した『管子』に依拠することによって「法治」への接近を行なっているのである。

六朝期、後漢末の戦乱を経て社会がある程度の安定を見るにあたって、「法」を捉えなおす必要が生じた。『孔伝』は、その際、儒家側の「法治への接近」という流れを受けて撰されたものであったと考えられよう。

注

（1）「季康子問、使民敬忠以勧、如之何。子曰、臨之以荘、則敬。孝慈、則忠。挙善而教不能、則勧」

（2）林秀一「孝経孔伝の成立について」（『孝経学論攷』、第六高等学校中国文化研究室油印、一九四九年、後に『孝経学論集』、明治書院、一九七六年）

（3）八重樫直比古「「不敢毀傷」考」（『ノートルダム清心女子大学紀要』文化学編第七巻第一号、一九八三年）

（4）「子曰、参、先王有至徳要道。以訓天下」「至徳、孝徳也。孝生於敬。敬者寡而説者衆。故謂之要道也。訓教也」

（5）「民用和睦、上下亡怨。女、知之乎」「言、先王行要道奉理、則遠者和附近者睦親也。所謂、率己以化人也。廃此二誼、則万姓不協、父子相怨。其数然也。問曾子、女、寧知先王之以孝道化民之若此也」

（6）池澤優「『孝経』の思想　―孝の宗教学・その六―」（『筑波大学地域研究』一二、一九九四年、後に『「孝」思想の宗教学的研究』、東京大学出版会、二〇〇二年）

（7）「制節謹度、満而不溢」「有制、有節、謹其法度、是守足之道也」
（8）「故母取其愛、而君取其敬。兼之者父也」「君臣以誼固、上下以序和、衆庶以愛輯、則主有令而民行之、上有禁而民不犯也」
（9）「此、大乱之道也」「此、無上無法無親也。……有司離法而専違制、則不祥也。故法者至道也。……百官之事、案以法、則姦不生。暴慢之人、縄以法、則禍乱不起。夫能生法者、明君也。能守法者、忠臣也。能従法者、良民也」
（10）「法」・「刑」・「禁」などの語は、厳密には意を異にするが、本章では広く「法」として取り扱う。
（11）「子曰、道之以政、斉之以刑、民免而無恥。道之以徳、斉之以礼、有恥且格」
（12）「子曰、夫孝天之経也。地之誼也。民之行也。天地之経、而民是則之」「是、是此誼也。則、法也。……斯皆、法天地之常道也」
（13）「孝」と「天性」との関係については、本書第二部第三章を参照。
（14）「則天之明、因地之利、以訓天下。是以、其教不粛而成、其政不厳而治」「聖人因天地以設法、循民心以立化。故不加威粛、而教自成、不加厳刑、而政自治也」
（15）「示之以好悪、而民知禁」「好、謂賞也。悪、謂罰也。賞罰明而不可欺。法禁行而不可犯。分職察而不可乱。人君所以令行而禁止也。令行禁止者、必先令於民之所好、而禁於民之所悪、然後、詳其鈇鉞、慎其禄賞焉。有不聴而可以得存者、是号令不足以使下也。有犯禁而可以得免者、是鈇鉞不足以威衆也。有無功而可以得富者、是禄賞不足以勧民也。号令不足以使下、鈇鉞不足以威衆、禄賞不足以勧民、則人君無以自守之也」
（16）「居上而驕則亡、為下而乱則刑、在醜而争則兵。此三者不除、雖日用三牲之養、繇為不孝也」
（17）「子曰、五刑之属三千。而罪莫大於不孝。要君者亡上、非聖人者亡法、非孝者亡親。此大乱之道也」
（18）「身体髪膚、受之父母。不敢毀傷、孝之始也」「本其所由也。人生、禀父母之血気、情性相通。分形異体、能自保全而無刑傷、則其所以為孝之始者也。是以、君子之道、謙約自持、居上不驕、処下不乱、推敵能譲、在衆不争。故遠於咎悔、無凶禍之災焉也」
（19）八重樫氏前掲論文
（20）「夫、孝始於事親、中於事君、終於立身」「言孝行之非一也。以事親言之、其為孝也、非徒不毀傷父母之遺体而已。……

四十以往、所謂中也。仕服官政、行其典誼、奉法無貳。事君之道也。……七十、老致仕、縣其所仕之車、置諸廟、永使子孫鑑而則焉。立身之終、其要、然也」

(21)「要君者亡上、非聖人者亡法、非孝者亡親」「要、謂約勒也。君者、所以稟命也。而要之、此、有無上之心者也。聖人制法、所以為治也。而非之、此、有無法之心者也。孝者親之至也。而非之。此、有無親之心者也。三者、皆不孝之甚也」

(22) 当条『孝経述議』に、「聖人法度を制作するは、天下を治むる所以なり（聖人制作法度、所以治天下也）」とあり、この「法」もいわゆる「法律」をも含むと考えられる。

(23) 林氏前掲論文

(24)『孔伝』と『管子』との関係を指摘したものとして、早く東条一堂が「伝文ノ如キハ管子ノ文ヲ剽竊スル者、一部中ニ十ガ八九」（『孝経両造簡孚』）としている。

(25) 林氏前掲論文

(26)『管子』の引用は顔昌嶢『管子校釈』（岳麓書社、一九九六年）に依った。なお顔注や『管子集校』を参考に改めた箇所があるが、煩を避けるため一々注記しない。『管子』は、その成立状況に疑問の持たれる文献であり、その思想も一律ではないが、本章では『孔伝』の『管子』依拠部を扱うに止め、この問題は措く。

(27)「……是故、不遺老忘親、則九族無怨。爵、授有徳、則大臣興誼。禄、与有労、則士死其制。任官以能、則民上功。刑、当其罪、則治無詭。帥士以民之所載、則上下和。挙治先民之所急、則衆不乱。常行斯道也。故国有綱紀、而民知所以終始之也」

(28)「爵、授有徳、則大臣興義。禄、予有功、則士軽死節。上帥士以人之所戴、則上下和。授事以能、則人上功。審刑当罪、則人不易訟。無乱宗廟社稷、則人有所宗。毋遺老忘親、則大臣不怨。挙知人急、則衆不乱。行此道也、国有常経、人知終始。此覇王之術也」

(29)「法禁行而不可犯。分職察而不可乱。人君所以令行而禁止也。令行禁止者、必先令於民之所好、而禁於民之所悪、然後、詳其鉄鉞、慎其禄賞焉。有不聴而可以得存者、是号令不足以使下也。有犯禁而可以得免者、是鉄鉞不足以威衆也。有無功而可以得富者、是禄賞不足以勧民也。号令不足以使下、鉄鉞不足以威衆、禄賞不足以勧民、則人君無以自守之也」

(30)「審於法禁而不可犯也。察於分職而不可乱也」

(31)「人主之所以令則行、禁則止者、必令於民之所好、而禁於民之所悪也」
(32)「夫国有不聴而可以得存者、則号令不足以使下。有犯禁而可以得免者、則斧鉞不足以畏衆。有無功而可以得富者、則禄賞不足以勧民。号令不足以使下、斧鉞不足以畏衆、禄賞不足以勧民、則人君無以自守也」
(33)「有罰者、主亢其罪、有賞者、主知其功。亢知不悖、賞罰不差、有不蔽道。故曰明」
(34)「有罰者、主見其罪、有賞者、主知其功。見知不悖、賞罰不差、有不蔽之術。故無壅遏之患」
(35)「是故、為人父者不明父子之誼以教其子、則子不知為子之道以事其父。為人君者不明君臣之誼以正其臣、則臣不知為臣之理以事其主。君臣以誼固、上下以序和、衆庶以愛輯、則主有令而民行之、上有禁而民不犯也」
(36)「為人君而不明君臣之義以正其臣、則臣不知為臣之理以事其主矣。故曰、君不君、則臣不臣。為人父而不明父子之義以教其子而整斉之、則子不知為人子之道以事其父矣。故曰、父不父、則子不子」
(37)「故天地不為一物枉其時。……明王不為一人枉其法」
(38)「然而天不為一物枉其時。聖人亦不為一人枉其法」
(39)「群臣不用礼誼、則不祥也。有司離法而専違制、則不祥也。故法者至道也。聖君之所以為天下儀、存亡治乱之所出也。……夫能生法者明君也。能守法者忠臣也。能従法者良民也」
(40)「群臣不用礼義教訓、則不祥。百官伏事者離法而治、則不祥。……存亡治乱之所従出、聖君所以為天下大儀也」
(41)「故法者、天下之至道也」
(42)「夫生法者君也。守法者臣也。法於法者民也」
(43)「高者、必以下為基。故居上位不驕。莫不好利而悪害。其能与百姓同利者、則万民持之。是以、雖処高猶不危也」
(44)「凡人者、莫不欲利而悪害。是故、与天下同利者、則天下持之。……天下所持、雖高不危」
(45)「民之情、……莫不欲利而悪害」
(46)「聖人因天地以設法、循民心以立化。故不加威粛而教自成、不加厳刑而政自治也」
(47) 金谷治「『管子』中の法思想」（『荒木見悟先生退休記念中国哲学史研究論集』、葦書房、一九八一年、後に『管子の研究』、岩波書店、一九八七年）
(48)「法者、法天地之位、象四時之行、以治天下。四時之行、有寒有暑。聖人法之」

(49) 金谷氏前掲論文
(50) 「語曰、将順其美、匡救其悪。故上下能相親也。豈管仲之謂乎」
(51) 『漢書』藝文志「弟子職一篇」顔師古注に、「応劭曰、管仲所作、在管子書」とある。
(52) 小林昇氏は管仲について、「屢〻儒家の政治理想を実践せるかの如く説かれている」(「管仲観の変遷」、『歴史学研究』第四巻第六号、一九三五年、後に『中国・日本における歴史観と隠逸思想』、早稲田大学出版部、一九八三年)としている。
(53) 山田勝美「塩鉄論管子考」(『支那学研究』第二六号、一九六一年)に詳しい。
(54) 金谷氏前掲書（三五三―三五四頁）
(55) 「故人臣之行理奉命者、非以愛主也。且以就利而避害也」
(56) 「恵者多赦者也。先易而後難、久而不勝其禍。法者毋赦者也。先難而後易、久而不勝其福。故恵者民之仇讎也。法者民之父母也」
(57) 下見隆雄「孝から忠への展開について」(『東洋古典学研究』第三集、一九九七年、後に『孝と母性のメカニズム』、研文出版、一九九七年)
(58) 小倉芳彦『中国古代政治思想研究』(青木書店、一九七〇年、二四〇頁)
(59) 堀池信夫『漢魏思想研究』(明治書院、一九八八年、一一五頁)
(60) 日原利国「王符の法思想」(『漢代思想の研究』、研文出版、一九八六年、三四七頁)
(61) 板野長八「戦国秦漢における孝の二重性」(『史学研究』第一〇〇号、一九六七年、後に『中国古代思想史の研究』、研文出版、二〇〇〇年)

第四章　司馬光における『古文孝経指解』の位置

『古文孝経指解』（以下、『指解』と略称）は、北宋の司馬光による『古文孝経』に対する注釈である。『四庫全書総目提要』（以下、『四庫提要』と略称）が、「案ずるに孝経に註する者、今文を駁して古文を遵ぶは、此の書より始む。五六百年、門戸相持すは、則ち朱子此の本を『刊誤』に用いてより始む。皆其の末を逐いて其の本を遺《わす》るなり（案註孝経者、駁今文而遵古文、自此書始。五六百年、門戸相持、則自朱子用此本刊誤始。皆逐其末而遺其本也）」（『四庫提要』巻三二、孝経類、「古文孝経指解」条）とするように、『孝経』は御注が撰されて以来、専ら今文が行なわれていたが、『指解』の出現が宋代に『古文孝経』が流行する端緒となった(1)。また、初めて『孝経』を曾子門人の撰としたことや、朱子により『孝経刊誤』（以下、『刊誤』と略称）のテキストとして選ばれたことなどからも、注目されるべき文献であるといえよう。

しかし、朱子が『刊誤』を撰してより以後、『指解』は顧みられることが少なくなり、現在に及ぶもその状況は変わっていない。また、司馬光の思想についての研究も、彼の政治的立場や『資治通鑑』に関するものが大方を占める。

そこで本章では、司馬光『指解』に注目し、司馬光の他の著作との関係から、彼の思想における『指解』の位置について考察し、そこから、テキストとして古文『孝経』を用いた理由についても考えたい。またその後、『指解』の

『孝経』研究史上の位置についても考えてみたい。

一　『古文孝経指解』と諸本との関係

司馬光は、その著『温公家儀』（以下、『家儀』と略称）において、子弟の教育のために『孝経』を用うべきことを、縷々論じている。

七歳にして、男女席を同じくせず、共に食せず。始めて『孝経』・『論語』を誦す。女子と雖も亦宜しく之を誦すべし。……女子も亦之が為に『論語』・『孝経』及び『列女伝』・『女戒』の類を講解し、略ぼ大意を暁《あき》らかにす。
（『家儀』巻四「居家雑儀[2]」）

其の子、年十五已上にして、能く『孝経』・『論語』に通ず。（『家儀』巻二「冠儀」自注[3]）

このように、司馬光は家庭教育において『孝経』を非常に重視していた。これは、当然家庭倫理としての「孝」を重視していたことの現れであるが、では、彼の思想において、「孝」及び『孝経』はどういった位置にあったのであろうか。このことについて考察するに際し、『指解』と同じく家庭道徳に関する著作である、『温公家範』（以下、『家範』と略称）を通して検討してゆきたい。

『家範』は、『四庫提要』に「治家より乳母に至る凡そ十九篇、皆史事の法則と為すべき者を雑採し、亦間《しば》しば光の論説する所有り（自治家至乳母凡十九篇、皆雑採史事可為法則者、亦間有光所論説）」（『四庫提要』九一、儒家類一、「家範」条）とあるように、「治家」を首章として、以下、「父」・「母」・「子」・「女」……と、親族関係別に各々が「法則」とすべき諸書の記述を集めた文献であり、「治家」を目的とした著作である[4]。また、『家儀』も、「冠儀」・「婚儀」・「喪儀」といった、家礼について述べたものであり、「治家」に関する文献といえよう。これらの著作の存在から、司馬光が「治家」を重視していたことが窺えるのだが、では司馬光の考える「治家」とはどういったものであろうか。

『家範』の首章「治家」の冒頭部には、

衛の石磯碏曰く、君義、臣行、父慈、子孝、兄愛、弟敬、所謂六順なり。斉の晏嬰曰く、君令、臣共、父慈、子孝、兄愛、弟敬、夫和、妻柔、姑慈、婦聴、礼なり。（『家範』治家）(5)

とあり、司馬光は「治家」を、各々がその人間関係（地位）における倫理に従うことと考えていたとしてよいであろう。(6)

上の引用にも示されているように、子の位置に対応する家庭倫理は「孝」である。「子」章冒頭部には、『孝経』を引用して、「『孝経』曰く、夫れ孝は天の経なり。地の義なり。民の行ないなり……」とあり、章を通じて「孝」について論じられている。

一般的に、漢土において倫理を考える際、子に措定される倫理は、「孝」であるといってよい。(7) また、伝統的に「孝」は、単に親に対する態度・行動のみを意味するものではないと捉えられてきた。『指解』にも、

家をして孝を以て其の家を治めしむ。（『指解』孝治章相当部）(8)

とあり、司馬光が、「孝」を「治家」の基として考えていたことが分かる。具体的に、「孝」が家庭内でどういった働きをするかといえば、

孝道既に行なわるれば、則ち父父たり、子子たり、兄兄たり、弟弟たり。故に民和睦す。（『指解』開宗明誼章相当

部(9)とある。特に目新しい主張ではないが、司馬光は「孝道」が行なわれたなら、「父父、子子……」という状態が成立すると考えていた。この状態とは、

司馬光曰く、尊卑に序有り。各おの其の分に安んずれば、則ち上安んじて民治まる。（『指解』広要道章相当部(10)）

とある通り、「安分其別」とほぼ同義といえよう。つまり、「孝」は、「各おの其の分別に安んじ」て「家を治むる」ことにつながるのである。

以上より、司馬光において『指解』は、『家儀』・『家範』などと並んで、「治家」を支える著作であったと考えられよう。「治家」を家族倫理の貫徹に求め、重視する司馬光において、「治家」の基となるべき「孝」の専論である『孝経』は、重視されざるべからざる書物であった。ここに、司馬光が『指解』を著した契機も見てとることが可能であろう。

では、何故司馬光はこれほどまでに「治家」を重視せねばならなかったのであろうか。『家範』序自注に、

父父たり、子子たり、兄兄たり、弟弟たり、夫夫たり、婦婦たり、六親和睦し、交ごも相愛楽して、家道正し。家を正しくして天下定まる。（『家範』序自注(11)）

とある。これは、『易』家人の彖伝・象伝に依拠した文章であるが、この「正家」は、「治家」とほぼ同義と捉えてよいであろうから、ここで、「安分別」は、「家道正（＝治家）」につながり、さらに「天下定」へと進む。つまり、『家範』においては、「治家」は最終的な目的ではなく、さらに「天下定」に発展するものだといえる。人は、「治家」を

通して、「天下定」に役立つことが可能なのである。

先の『指解』と合わせて考えれば、「孝道」が「安分別」・「治家」を生じ、さらに「治家」が「天下定」を生じることとなる。このように、司馬光において「孝」・「治家」は、各々が独立した規範ではなく、「孝→治家→天下定」という段階を踏んで、最終的に「天下定」へ至る、一つの流れの中に位置づけられるものであったのである。

では、この段階説はどのような思想的立場から導き出されたものなのであろうか。このことは、『家範』序に『大学』が引かれていることより窺うことが可能である。

『大学』曰く、古の明徳を天下に明らかにせんと欲する者は、先ず其の国を治む。其の国を治めんと欲する者は、先ず其の家を斉う。其の家を斉えんと欲する者は、先ず其の身を修む。其の身を修めんと欲する者は、先ず其の心を正す。其の心を正さんと欲する者は、先ず其の意を誠にす。其の意を誠にせんと欲する者は、先ず其の知を致《きわ》む。知を致むるは物に格るに在り。物格りて后知至る。知至りて后意誠なり。意誠にして后心正し。心正しくして后身修まる。身修まりて后家斉う。家斉いて后国治まる。国治まりて后天下平らかなり。（『家範』序引『大学』[12]）

これは、『大学』の所謂八条目を解説した部分である。司馬光は、『大学』を重視したことでも知られる。『経義考』に、「按ずるに、『大学』を『戴記』より取りて、講説して之を専行するは、実に温公より始む（按、取大学於戴記、講説而専行之、実自温公始）」（『経義考』巻一五六、礼記一九）とあるように、司馬光の『大学広義』は、大学を単行させて注を附した端緒とされる。その他、彼の章奏類や文集には、『大学』に依拠した文章が散見する[13]。また、司馬光は「致知在格物論」を著して、「誠意以て之を行ない、正心以て之を処し、修身以て之を帥《ひき》いれば、則ち天下国家何為れぞ治らざらんかな（誠意以行之、正心以処之、修身以帥之、則天下国家何為而不治哉）」（『温国文正司馬公文集』巻七

一、「致知在格物論」）としており、司馬光において『大学』の「修身→斉家→治国→平天下」という段階説は、大きな位置を占めていたことが窺われる。

一見して、この『大学』の思想（「修身→斉家→治国→平天下」）は、先にあげた司馬光の、「孝」が「治家」を通して最終的に「天下定」につながるという段階説（「孝→治家→天下定」）とが類似した構造を持つことが見てとれる。

「治国」・「平天下」は、似たような概念であるから「天下定」に対応すると考えれば、『大学』の段階説と司馬光の段階説とには、「修身＝孝」→「斉家＝治家」→「治国・平天下＝天下定」という対応関係を想定することができよう。

では、「修身」と「孝」とは、司馬光においてどのような関係にあったのであろうか。

寺地遵氏が、「才に厚き者は或いは徳に薄く、徳に豊なる者は或いは才に殺り、之を鈞《ひと》しかること両全する能わず。寧ろ才を捨てて徳を取るべし（厚於才者或薄於徳、豊於徳者或殺於才、鈞之不能両全。寧捨才而取徳）」（『温国文正司馬公文集』巻七〇、「才徳論」）等を挙げ、「司馬光においては、人間の後天的努力はこうした才知、財産の拡大にあるのではなく、……道徳的側面に限定されていた[14]」とするように、司馬光において「修身」とは、「才」ではなく「徳」を修めるものであった。このことは、『指解』の記述からも読みとることができる。

司馬光曰く、人の修徳、必ず孝に始む。而して後仁義生ず。先王の教、亦孝より始む。而して後礼楽興る。（『指解』開宗明誼章相当部[15]）

このように、「修身」が「修徳」に限定され、その「修徳」が「必ず孝に始」まるものである以上、「修身」は即ち「孝」より始まることとなり、「孝」が「修身」の基であると考えることができる。であれば、司馬光の段階説は、

『大学』の段階説とほぼ重なり合うといってよい。つまり、司馬光は「修身＝孝」とみなし、「孝」を「平天下」につながる発達段階における第一歩と考えていたのである。

ただ、「孝」が「天下定」につながるという思想は、『孝経』経にも見られる。『孝経』経には、「子曰く、昔者、明王孝を以て天下を治む」（『孝経』孝治章）などとあり、「孝」をただ倫理道徳として説くのみならず、政治と絡めた「孝治」を主張している。(16) これは、「孝」が「孝治」という構造によって「平天下」とつながっていることを意味しよう。また『孝経』は、「五等の孝」を主張しているため、「孝治」は「平天下」だけではなく、それぞれの身分において、「治国」や「斉家」とも関連しているとしてよいだろう。これは司馬光においても同様である。

司馬光曰く、曾子始めは亦謂えらく、親を養うは孝たるのみ、と。孔子の立身治国の道、皆孝に本づくを言うを聞くに及び、乃ち其の大なるに驚歎す。（『指解』三才章相当部(17)）

司馬光曰く、国をして孝を以て其の国を治め、家をして孝を以て其の家を治めしめ、以て和平を致す。（『指解』孝治章相当部(18)）

これらの部分から、司馬光も「孝」が「治国」に必要なものであると認識していたことが分かる。『孝経』と同様司馬光においても、「孝」は「孝→修身」・「孝→斉家」・「孝→治国」・「孝→平天下」といった構造で、それぞれの徳目とむすびついていると考えられよう。

その上で司馬光にとって「孝」は、それぞれの徳目と個別に結びつくだけでなく、「孝→斉家→治国→平天下」という流れによって「平天下」とつながっている。この発達論的な視点をも併せ持っている点が『指解』の思想的特質だといえる（次図）。

そうして、この『指解』に見られる司馬光の「孝」観は、『大学』の段階説に基づいたものであったとしてよいであろう。

〔『孝経』経における「孝」と諸徳との関係〕

孝
＝斉家　＝治国　＝平天下

〔司馬光が併せ持つ「孝」と諸徳との関係〕

孝 → 治家 → 治国 → 天下定

このことはまた、「進古文孝経指解箚子」にいっそう明らかである。

所謂学とは、章句を誦し、筆札を習い、文辞を作《な》すに非ず。心を正し、身を修め、家を斉え、国を治め、明徳を天下に明らかにするに在り。……臣竊かに以えらく、聖人の徳、以て孝に加うる無く、天子より庶人に至るも、親に事うるに始まり、身を立つに終わり、名を後世に揚げざるなし。誠に学を為すは宜しく先にすべき所たり。

（『温国文正司馬公文集』巻四九）(19)

ここで司馬光は、『大学』と『孝経』とを踏まえて論を展開する。「学」とは「正心・修身・斉家・治国・明明徳于天下」にあるものであり、さらに、先ず学ぶべきは「孝」なのである。

こうして「孝」は、それぞれの徳目と直接結びつくだけでなく、段階的に発展する徳目の構造において、その最初の徳目でもあることとなる。司馬光において、『孝経』は『大学』の「修身→斉家→治国→平天下」という思想構造の中に位置を占める。また、『指解』・『家範』・『大学広義』といった著作は、所謂八条目を中心として、それぞれ相い補完しあうものとして位置づけられていたと考えられよう。

二　古文テキスト選択の理由とその影響

『指解』は、『古文孝経』に附された注釈である。では、なぜ司馬光はテキストとして当時流行していた『今文孝経』ではなく『古文孝経』を用いたのであろうか。

司馬光は、自身が古文テキストを選択した理由について、『指解』序に、「蓋し始め之を蔵す時、聖を去ること未だ遠からず。其の書最も真ならんか（蓋始蔵之時、去聖未遠。其書最真与）」（『指解』序）と述べている。これは、古文テキストを用いるものの、いわば常套句である。しかし、『指解』刊行以後、『孝経』研究において今古文論争が活発化するが、司馬光自身は特に古文派として活動していた訳ではない[20]。

ここで、司馬光の思想的特質である「治家」の重視より、『指解』のテキストとして古文経が選択された理由について考察する。『今文孝経』と『古文孝経』との最も大きな異同は、『古文孝経』に閨門章という『今文孝経』に見えない章立て及び文章が存在することである。『指解』は、その名が示す通り古文テキストに附された注釈ということになっているが、今古文（『孝経』経文テキスト）における閨門章以外の文意に関わる字句の異同箇所は、ほぼ今文に従っており[21]、『指解』の経文と『今文孝経』との大きな違いは、ほぼ閨門章の有無のみであるといってよい[22]。

司馬光は、『指解』閨門章相当部において、唐明皇の時、議者古文を排毀するに、閨門一章を以て鄙俗にして行なうべからずと為す。『易』に曰く、家を正して天下定まる、と。『詩』に曰く、寡妻に刑《のっと》り、兄弟に至り、以て家邦を御す、と。此の章の言う所と、何を以てか異ならんかな。（『指解』閨門章相当部(23)）

としている。『指解』において、他に古文テキストの優越を説く箇所は見あたらず、司馬光が古文テキストのみが有する閨門章の存在を重視していたことが窺える。また同章相当部に、

司馬光曰く、……礼は天下を治むる所以の法なり。閨門の内、其の治至狭にて然り。而して天下を治むるの法、挙げて是に在り。（『指解』閨門章相当部(24)）

とある。この、「閨門の内」の「妻子臣妾」について語る閨門章は、『孝経』経において最も直截に「治家」に言及している箇所だといえる。そうして、司馬光にとって、「天下を治むるの法」（平天下）は、「閨門の内」（治家）にあったのである。

また、『家範』序には、「『孝経』曰く」として、閨門章全文が引かれており、このことからも閨門章を「治家」の要諦として捉えていたことが窺える。つまり、八条目及び「治家」を重視する司馬光にとって、閨門章を欠く今文テキストよりも、古文テキストの方が、より自身の思想に合致するものであったのである。

以上のように、古文テキストを経文として採用した『指解』であったが、このことを含めて、この書物が以後の『孝経』解釈史に与えた影響は軽視できないものがある。

宋代の『孝経』解釈史において特徴的なことの一つに、『孝経』の撰者に対する新しい見解が提出されたことがあげられる。『孝経』の作者については諸説あり、現在においても結論を見るに至っていない。例えば蔡汝堃氏は、こ

れら諸論者の説を、①孔子説、②曾子説、③曾子門人説、④子思説、⑤七十子之徒説、⑥斉魯間儒者及漢儒説、⑦孟子門人説の七つに大別し、司馬光を⑤の論者として紹介している。[25]その際論拠となっているのは、『指解』序である。

聖人の言は則ち経たり。動は則ち法たり。故に孔子曾参と孝を論じて、門人之を書す。之を『孝経』と謂う。
（『指解』序）[26]

ここから、司馬光が門人説を採っていることが見てとれる。これは、『孝経』が孔子と曾子との問答の自撰であるとの伝承に反して、孔子・曾子以外を撰者とする主張の嚆矢である。楊世文氏が、「一些学者対《孝経》作者及成書時代提出了新的視点。如司馬光本人対伝統観点提出不同的看法（いくらかの学者が『孝経』の作者及び成書年代に対して新たな視点を示した。司馬光は伝統的な観点と異なる考えを提出した）[27]」とするように、宋代以降、『孝経』の撰者を孔子・曾子以外の人間とする論者が続出した。この見解の嚆矢が『指解』であることは、『孝経』研究史において大きな意味を持つであろう。

今ひとつ注目すべき点は、「宋以後の所説は、大抵古文を執りて以て今文を攻《せ》む。又、朱子『刊誤』を執りて以て古文を攻む（宋以後之所説、大抵執古文以攻今文。又、執朱子刊誤以攻古文）」（『四庫提要』巻三二、孝経類、「御注孝経集註」条）とされるように、それ以前は御注、つまり今文中心であった『孝経』研究において、古文家が興隆したことである。この、宋代における『古文孝経』の顕彰も、司馬光が『指解』の底本として古文を用いたことを以て嚆矢とする。また、朱子『孝経刊誤』の存在が、『古文孝経』の流行に大きな影響を与えたとされるが、この『刊誤』は、経文のテキストとして『指解』のそれを用いている。このように、『指解』は、間接的にも直接的にも、古文経の流行に大きな役割を果たしていたといえよう。[28]

『指解』テキストを用いた『刊誤』は、「南宋以後、註を作る者、多く此の本を用う（南宋以後、作註者、多用此本）」

(『四庫提要』巻三二、孝経類、「孝経刊誤」条)とされるように、以後隆盛を極めた。ただ、この書には注解が附されていないために、以後、『刊誤』を用いてそれに注解を附したものが多数撰された。陳鉄凡氏が、「一依「刊誤」原訂経伝次序，及其移易、刪削経文之原状，為之註釈、集解、闡発……皆祖朱子之学。作者倶朱門弟子，而董鼎最顕(『刊誤』が訂した経伝の順序、移し易えたり刪削したりした経文に依って、註釈・集解・闡発を作り……皆朱子の学を祖とする。作者は皆朱門の弟子で、董鼎が最も顕れている)(29)」とする、董鼎『孝経大義』(以下、『大義』と略称)が、その主要なものといえよう。そこで、『指解』の後世に及ぼした影響を見るに当たって、『大義』との比較を通して検討する。

以下、『大義』が『指解』独自の見解をふまえたと考えられる箇所について、両者を併記する。

先ず、ほぼ同様の解釈を施している箇所として、

【大義】身は親の枝なり。其の大を挙げて之を言えば、則ち一身四体。其の細を挙げて之を言えば、則ち毛髪肌膚。(『大義』開宗明誼章相当部)

【指解】身体とは、其の大を言う。髪膚とは、其の細を言う。(『指解』開宗明誼章相当部(30))

があげられる。これは、経の「身体髪膚云々」を解したものであるが、御注には、「父母全くして之を生むのみ。当に全くして之を帰すべし(父母全而生之已。当全而帰之)」とあるのみであり、邢疏にも「身体髪膚」を「大」と「細」とに分解する解説はみられない。ここから、『指解』と同様に「大」・「細」という概念を通して説を展開する『大義』は『指解』の流れを汲む解釈であるということができよう。

次に、『大義』が『指解』の文章を襲ったと考えられる箇所をあげる。

【大義】父は義を主とし、母は恩を主とするを以てが故なり。……君臣の際、義の恩に勝るを以てが故なり。(『大

義』士章相当部）

【指解】父は義を主とし、母は恩を主とするを以てが故なり。……君臣の際、義の恩に勝るを以てが故なり。（『指解』士章相当部）[31]

この箇所は、経の「父に事うるに資りて、以て母に事うるは、其の愛同じ（資於事父、以事母而愛同）」に対するものである。『指解』の解釈は、例えば御注が「愛」・「敬」との概念によって解説するのと異なり、経文にない「義」・「恩」といった概念を正面に据えるところに特徴がある。[32]この引用部においては、『大義』が『指解』に依拠して文章を撰していることが見てとれる。

【大義】膝下とは、孩幼にして父母の膝下に嬉戯するを謂う。（『大義』聖治章相当部）

【指解】膝下とは、孩幼にして父母の膝下に嬉戯するの時を謂う。（『指解』聖治章相当部）[33]

ここでは、例えば御注は、「膝下とは、孩幼の時を謂う（膝下、謂孩幼之時也）」としており、「嬉戯」という説明を用いていない。邢疏も御注を忠実に疏解しており、この説明は見られない。

【大義】苟も君子に非ざれば、進めば則ち面従し、退けば後言する有り。美有りて助けて成さしむる能わず、悪有りて救いて止むる能わざるなり。君に激《たかぶ》りて以て自ら高しとし、君を誹りて以て自ら潔しとす。諫、以て身の為にして君の為ならざるなり。是を以て、上下相疾みて、国家敗る。（『大義』事君章相当部）

【指解】凡そ人の上に事うるや、進めば則ち面従し、退けば後言する有り。上に美有りて助けて成さしむる能わず、悪有りて救いて止むる能わざるなり。君に激りて以て自ら高しとし、君を誹りて以て自ら潔しとす。諫、以て身の為にして君の為ならざるなり。是を以て、上下相疾みて、国家敗る。（『指解』事君章相

当部[34]

この箇所も、ほぼ同一の文章であり、『大義』が『指解』を襲ったものであると考えられよう。この「激君以自高、謗君以自潔」との一文は、いわば諫争が自己満足に陥ることを戒めたものである。これは、他の儒家系文献にもあまり見られない、司馬光の特徴的な主張であり、彼の諫争観をよく表したものといえよう。例示はこれに止めるが、以上の例と同様に、『大義』が『指解』を襲ったと考えられる箇所はかなりの数にのぼる。

畢竟するに、董鼎が『大義』を撰する際には、『指解』独自の特徴的な意見をかなり取り入れて立論しているといえよう。

『大義』は、江戸時代の本朝においても広く受容されていた[35]。その『大義』に『指解』の解釈が採り入れられているのであるから、漢土のみならず本朝の『孝経』理解においても、『指解』の果たした役割は大きなものがあったというべきであろう。

司馬光において、「孝」は「治家」と不可分のものであり、その「治家」は「天下定」につながるものであった。また、この思想は、『大学』の所謂八条目の思想と一致し、『指解』・『家範』・『大学広義』といった著作は、この八条目を軸として、思想的に密接に関連するといえる。

また、司馬光が古文テキストを選択した理由については、彼の閨門章に対する態度より窺える。司馬光はこの章を、「治家」、さらには「天下を治むるの法」に結びつけて解釈しており、古文テキストのみが有するこの章が重要な役割を果たしていたと考えられる。

高位の政治家として実際の政治に携わる司馬光にとって、「平天下」が最終的に目指すべきところであったことは疑いを容れない。そうして、そこに至る段階である「治家」とそれに付随する「孝」とも、重視せざるべからざるものであったといえよう。

また『指解』は、『孝経』の撰者を巡る論議に新たな主張を加えたこと、古文『孝経』の復興の端緒となったこと、朱子『刊誤』のテキストとして採用されたことなど、後の『孝経』研究史に大きな影響を与えた。また、董鼎『大義』を通して、解釈という点においても大きく寄与している。『指解』は、『孝経』研究史上に大きな意義を持つ注釈書であるといえよう。

注

（1）宋代の『孝経』研究史については、楊世文「宋代孝経学述論」（万本根等主編『中華孝道文化』、巴蜀書社、二〇〇一年）に詳しい。

（2）「七歳、男女不同席、不共食。始誦孝経論語。雖女子亦宜誦之。……女子亦為之講解論語孝経及列女伝女戒之類、略暁大意」

（3）「其子、年十五已上、能通孝経論語」

（4）麓保孝氏はこの書について、「温公の治家の道を得た、恰好の証拠」（「誠忠の献替——司馬温公」、『北宋に於ける儒学の展開』、書籍文物流通会、一九六七年）とする。

（5）「衛石磯諫曰、君義、臣行、父慈、子孝、兄愛、弟敬、所謂六順也。斉晏嬰曰、君令、臣共、父慈、子孝、兄愛、弟敬、夫和、妻柔、姑慈、婦聴、礼也」

（6）寺地遵氏は、「司馬光における天の権威の優位と人間の知的活動の限界づけとは、彼の人間観においての才知より徳を重視し、人間が結局において先天的人間関係に従属することと、まさに相応していたと推測しうるであろう」（「司馬光における自然観とその背景」、『東方学』第三二輯、一九六六年）とする。

（7）筆者の管見の及んだ限りでは、各々の人間関係に徳目を対応させる言説において、子の徳を「孝」以外に措定するのは、郭店楚簡『六徳』が、子の徳を「仁」とするのが唯一の例外である。なお、『六徳』の説については、湯浅邦弘「郭店楚簡『六徳』について　―全体構造と著作意図―」（『中国出土資料研究』第六号、二〇〇二年）に詳しい。

（8）「家以孝治其家」。『指解』については、底本として通志堂経解本を用いた。また、『指解』はもと分章していないが、検索の便利の為、相当する章名を示した。なお、本章で単に章名をあげた場合は、『古文孝経』の章分けに対応している。下に引く『孝経大義』もこれに準ずる。

（9）「孝道既行、則父父、子子、兄兄、弟弟。故民和睦」

（10）「司馬光曰、尊卑有序。各安其分、則上安而民治」

（11）「父父、子子、兄兄、弟弟、夫夫、婦婦、六親和睦、交相愛楽、而家道正。正家而天下定矣」

（12）「大学曰、古之欲明明徳於天下者、先治其国。欲治其国者、先斉其家。欲斉其家者、先修其身。欲修其身者、先正其心。欲正其心者、先誠其意。欲誠其意者、先致其知。致知在格物。物格而后知至。知至而后意誠。意誠而后心正。心正而后身修。身修而后家斉。家斉而后国治。国治而后天下平」

（13）司馬光と『大学』との関係については、麓保孝「大学を中心としたる宋代儒学」（『支那学研究』第三編、一九三三年）・同『北宋に於ける儒学の展開』（書籍文物流通会、一九六七年）・戸田豊三郎「宋代における大学篇表章の始末」（『東方学』第二一輯、一九六一年）など参照。

（14）寺地氏前掲論文

（15）「司馬光曰、人之修徳、必始於孝。而後仁義生。先王之教、亦始於孝。而後礼楽興」

（16）例えば、明の呂維祺『孝経或問』では、冒頭の「論孔子作孝経大意」において、「或ひと問えらく、孝経何為れぞ作るや（或問、孝経何為而作也）」との問いに、「曰く、明王の孝を以て天下を治めるの大経大法を闡発するが為に作る（曰、為闡発明王以孝治天下之大経大法而作也）」と答えている。

（17）「司馬光曰、曾子始者亦謂、養親為孝耳。及聞孔子之言立身治国之道、皆本於孝、乃驚嘆其大」

（18）「司馬光曰、使国以孝治其国、家以孝治其家、以致和平」

（19）「所謂学者、非誦章句、習筆札、作文辞也。在于正心、修身、斉家、治国、明明徳于天下也。……臣竊以、聖人之徳、無以加於孝、自天子至於庶人、莫不始於事親、終於立身、揚名於後世。誠為学所宜先也」

(20) このことについて、緒方賢一氏は、「司馬光や范祖禹も何らかの思想的な意図があって『古文』の顕彰に務めたわけではなく、「今文よりも古くて由緒正しい」という理由で『古文』の方を選んだにすぎない」（「『孝経刊誤』と朱子」、『集刊東洋学』第八一号、一九九九年）としている。

(21) 『指解』は古文経をテキストとして使用している。しかし、例えば聖治章の「生毓之」句（今文作「生之膝下」）、父母生績章の「績莫大焉」句（今文作「続莫大焉」）などの、文意に関わる今古文間の異同については、我が朝川鼎が、「此の二条、班固が藝文志已に、諸家の説安からず。古文、字読皆異る、と称す。而るに『指解』本刊する所、今文と異なること無し（此二条、班固藝文志已称、諸家之説不安。古文字読皆異。而指解本所刊、与今文無異）」（『古文孝経私記』「古文孝経考」）と指摘するように、今文に従っている。

(22) このことについて林秀一氏は、「指解のテキストは古文系とはいうものの、……厳密に言えば、今文でもなく古文でもなく、古今混淆のすこぶる不明瞭なテキストである」（「孝経刊誤の成立について」、『東方学会創立二十五周年記念・東方学論集』、財団法人東方学会、一九七二年、後に『孝経学論集』、明治書院、一九七六年）としている。

(23) 「唐明皇時、議者排毀古文、以閨門一章為鄙俗不可行。易曰、正家而天下定。詩曰、刑于寡妻、至于兄弟、以御于家邦。与此章所言、何以異哉」

(24) 「司馬光曰、……礼者所以治天下之法也。閨門之内、其治至狭然。而治天下之法、挙在是矣」

(25) 蔡汝堃『孝経通考』第二篇第一章「今文孝経之作者」（国学小叢書、商務印書館、一九三七年）

(26) 「聖人言則為経。動則為法。故孔子与曾参論孝、而門人書之。謂之孝経」

(27) 楊氏前掲論文

(28) 『刊誤』の流行については、朱明勛・温顕貴「試論朱熹《孝経刊誤》的影響」（『孔孟月刊』第三九巻第一一期、二〇〇一年）参照。

(29) 陳鉄凡『孝経学源流』（国立編訳館、一九八六年、二一六頁）

(30) 「身者親之枝也。挙其大而言之、則一身四体。挙其細而言之、則毛髪肌膚」「身体、言其大。髪膚、言其細」。なお『大義』については、通志堂経解本を用いる。

(31) 「以父主義、母主恩故也。……以君臣之際、義勝恩故也」「以父主義、母主恩故也。……以君臣之際、義勝恩故也」

（32）例えば邢疏は、経文にある「愛」・「敬」を中心とする解説であり、「恩」・「義」については「以て恩を割きて義に従うを明らかにす（以明割恩従義也）」との一文があるのみ。

（33）「膝下、謂孩幼嬉戯於父母之膝下也」「膝下、謂孩幼嬉戯父母膝下之時也」

（34）「苟非君子、進則面従、退有後言。有美不能助而成也、有悪不能救而止也。激君以自高、謗君以自潔。諫、以為身而不為君也。是以、上下相疾、而国家敗矣」「凡人事上、進則面従、退有後言。上有美不能助而成也、有悪不能救而止也。激君以自高、謗君以自潔。諫、以為身而不為君也。是以、上下相疾、而国家敗矣」

（35）このことについて、森川彰氏は、「享保期までの『孝経』出版界を独占した観があるのは、『孝経大義』であった。林鵞峯は、「近世董鼎大義世を挙げて皆之を読む」と言っているから、流行の程が想像できる」（「孝経の和刻」、水田紀久・頼惟勤編『日本漢学』、中国文化叢書九、大修館書店、一九六八年）としている。

第二部　「孝」と「不孝」との間

第二部では、孝思想を直接の対象とする分析として、無自覚的孝解釈に関する資料横断的な研究を行なう。

孝概念を明確にするためには、「孝を推奨する」という正統《オーソドックス》的な言説の検討と同時に、多角的に孝関連の言説を取扱うことが必要である。

ために、まず第一章では、正統的な言説として儒家系文献に表れた孝について、各種経解における孝の構造（「愛」・「敬」）に関する解説について調査し、孝観念の歴史的変遷について考察する。

第二章以降では、多角的な孝関連の言説に注目するため、「不孝」に焦点を当てて研究を進める。第二章では、親に対する「服従―不服従」という対立項を設定した上で親に対する「不服従」の容認要件について確認し、「養親」・「後嗣確保」・「服従」といった代表的な孝の要件における優先順位について考察を加える。また、第三章では、「逸脱的言説―拘束的言説」という対立項を設定し、これらと孝との関係について検討する。

第二・三章は、「不孝」を儒教的思惟という観点より検討するものだが、第四章では、儒家と異なる視点として墨家のそれを対置し、互いを「不孝」と認識する両者の関係を、「儒家―墨家」という孝思想上の対立構造ととらえた上で、両者それぞれの立場から見たそれぞれの孝について見てゆく。

さらに第五章では、「不孝」の最大のものといえる「親殺し」に着目し、本朝の人倫感覚上、親殺しを容認するような思考が存在し得るのかどうかについて考えたい。

第一章　「孝」における「愛」と「敬」との関係

漢土における実践道徳として、また、中国思想史を貫く思惟の骨子として、「孝」が重要な位置を占めることは言を待たない。それ故、「孝とは、畜なり（孝者、畜也）」（『礼記』祭統）・「民の本教をば孝と曰う（民之本教曰孝）」（『呂氏春秋』孝行覧）・「曾子曰く、孝に三有り。大孝は親を尊び、其の次は辱むる弗く、其の下は能く養う（曾子曰、孝有三。大孝尊親、其次弗辱、其下能養）」（『礼記』祭義）など、古典籍において「孝」に関する意味づけは様々に行なわれて来た。その中で、特に「孝」の思想的な構造を分析的に示しているのが『孝経』である。

『孝経』の説く孝について、渡辺信一郎氏は、鈴木柔嘉『孝経疏証』を引用しつつ、「『孝経』を貫く中核的思惟は愛敬である。『孝経』の特質は、孝の基礎に愛敬という普遍的心情を発見し、そこから孝を説くところにあると言ってよい[1]」としている。中国思想史上、『孝経』は「孝」に関する専論として、儒家による「孝」に関する思考の基底であり続けた。そうして、『孝経』が「孝」を「愛」・「敬」より成ると説いていることから、「孝」を考える上で、この両者の関係は無視し得ないものとされてきた[2]。

例えば、肖群忠氏は「孝道」について、「愛之情与敬之意是孝道最基本的倫理精神本質（愛の情と敬の意とは孝道の最も基本的な倫理精神の本質である[3]）」としており、また、加地伸行氏は、「孔子における愛と死と〈孝〉と　―中国における宗教思想の一前提―[4]」・「曾子と《曾子》学派[5]」という一連の論文において、『論語』より『孝経』に至るまでの儒家系文献をとりあげ、「孝」における「愛」と「敬」との関係についての考察を行なっている。ここで加地氏は、「孔子学団後期学派において、〈愛〉的立場に立つ一派があり、一次的孝思想の継承において、〈愛〉か〈敬〉か、という分裂と対立とが兆して」おり、「孝の哲学史的運動は、〈愛〉と〈敬〉との対立の過程ながら、主動的には、〈敬〉的立場の論理的深化と整正への方向に動いている(6)」とする。

以上の先学の説は、『孝経』の「孝」観や、中国思想史上における「孝」概念の展開について考察した近代的研究である。つまり、近代的研究においては、「孝」を構成する「愛」・「敬」は、いわば背反する傾向を持つと認識されているといえる。

しかし、経学的立場においては、「愛」と「敬」とに背反という性質を措定することは、「孝」思想の致命的な欠陥となりかねない。であるならば、経学的解釈においては、「愛」・「敬」を背反しないものとして措定するか、もしくは背反すると措定するのであれば、それが孝思想の欠陥となることを回避する措置を施すといったような、何らかの近代的研究とは異なった解釈がなされていると考えられる。では、経学上において、両者の関係はいかようなものとして措定されているのであろうか。

この点に関して、本章では「愛」・「敬」が両ら一人の親に向けられると設定された経文に附された諸注釈に対する検討を通じて、両者の関係に対して経学的見地に立つ諸注釈が如何なる解釈を加えてきたのか、また、その解釈の変遷について考察する。

一　宋代以前における「愛」・「敬」解釈

先ず、「孝」の構造を「愛」・「敬」と明言した代表的なものとして、『孝経』をとりあげる。『孝経』において、直

接親に向ける愛敬について語った部分としては、

子曰く、親を愛する者は敢えて人を悪まず。親を敬する者は敢て人を慢らず。愛敬親に事うるに尽くし、而して徳教百姓に加わり、四海に刑る。（天子章）[7]

子曰く、父に事うるに資りて以て母に事うるは、其の愛同じ。父に事うるに資りて以て君に事うるは、其の敬同じ。故に母には其の愛を取りて、君には其の敬を取る。之を兼ぬる者は父なり。（士章）[8]

是の故に、親之を生毓し、以て父母を養うこと日に厳にす。聖人厳に因りて以て敬を教え、親に因りて以て愛を教う。（聖治章）[9]

などがある。この『孝経』の愛敬説について、渡辺氏は、「この愛敬を媒介にして孝悌と忠順とが関連づけられている」・「『孝経』にあっては、孝悌―愛敬―忠順が一つの推論関係を構成して説かれている」[10]と説く。これを受けて池澤氏は、「渡辺信一郎氏はこの概念を統一的に「愛敬」と把握するが、加持《ママ》伸行氏のように「孝」を構成する対立する二要素と考える方が真に近いと思う」としながら、「ここで「愛」は親族間の自然な愛情であるのに対し、「敬」は権威に対する尊敬と従順を意味すると思われる。つまり「孝」を分析した場合、その中には親子間の愛情の側面以外に、親への権威への服従という側面があることを発見し、この権威への服従という点に於いて君臣関係に共通することから、「孝」であれば必然的に忠君であることを結論したのである」[11]としている。

筆者の意見もこれらの分析に外れるものではないが、ここで注目したいのは、『孝経』の愛敬説が、孝を忠に移行させるための理論として捉えられていることである。これらの見解は、士章が「母には其の愛を取りて、君には其の敬を取る」として、「愛」を母に「敬」を君に配当していることなどから、『孝経』の説く愛敬について、「親」と

「君」との関係に対する視点から解釈を施したものだといえる。

しかし『孝経』の説くところは、「愛敬親に事うるに尽くして」（天子章）・「親《あい》（＝愛）は之を膝下に生ずるも、父母に養《つか》うるに以《およ》べば、日に厳（＝敬）なり」（今文の聖治章）(12)とあるように、「愛」が母及び父、「敬」が君及び父に向くだけではない。「愛敬」が両ら「親」に向く、という論調も存在する。

このことについて、渡辺氏は、「この対概念（引用者注…「愛」・「敬」）は「天子章」と「士章」「聖治章」に見られるが、「天子章」では「愛」と「敬」は特に対立するものとしては扱われていない」(13)としており、池澤氏は、「但し、この二元論は天子章と士章とでは必ずしも同様に用いられている訳ではない。天子章では愛と敬が共に外に拡大されるべき要素であり、従って孝を構成する並立する二要素であるのに対し、士章では愛と敬が一種の相補的対立として、親子関係の中に対照的な性格を持つ二要素が存在するという洞察が存在している」(14)とする。つまり、『孝経』の説く「愛」・「敬」には、両者を、天子章のように「並立する二要素」と見る認識と、士章のように「相補的対立」と見る認識とという、異なった二つの認識が存在することになる。

このような差異の生じる要因としては、一つには、両章において孝の対象者に差異があることが考えられる。士章では、孝の向く対象者を「父」・「母」に分けて設定している。さらに、「愛敬」を「愛」と「敬」とに分け、それぞれ「愛―母（父）」・「敬―君（父）」という枠組みを設定する。このうち「君」は、親子関係には関連してこないため、「孝」に関しては「愛―母」・「敬―父」という枠組が強調される。このように、「愛」・「敬」が向かう対象者をそれぞれ別に設定すれば、「愛」・「敬」が「対立する二要素」であったとしても、特に両者に尖鋭な対立は発生しない(15)。

しかし、天子章では孝の向く対象者を「親」に一元化し、「愛」と「敬」とを区別せずに「愛敬」として「愛敬―親」という枠組みを設定するため、仮に両者が「対立する二要素」であるならば、その間に何らかの齟齬が発生する可能性がある。では、「愛敬―親」という枠組みにおける「愛」と「敬」との関係について『孝経』諸注釈はどのような解釈を施しているのであろうか。

先ず、『鄭氏注』[16]は「愛敬親に事うるに尽くして」（天子章）に対して、

> 愛を母に尽くし、敬を父に尽くす。（『鄭氏注』天子章）[17]

とする。また、「聖人厳に因りて、以て敬を教え、親に因りて、以て愛を教う」（聖治章）では、経では「愛」・「敬」の対象者が明示されないが、『鄭氏注』は、

> 人の其の父を尊厳するに因りて、之に敬を為すを教う。親しく其の母に近づくに因りて、之に愛を為すを教う。
> （『鄭氏注』聖治章）[18]

とする。これらは、経文が「愛敬―親」という枠組みを使用しているのに対して、『鄭氏注』は、その内容を「愛―母」・「敬―父」という、いわば士章型（相補的対立）の意味に解釈したものと考えることができる。

このことについて、皮錫瑞『孝経鄭注疏』は「鄭注……、敬を以て父に属せしめ、愛を以て母に属せしむ。義、士章に本づく（鄭注……、以敬属父、以愛属母。義、本士章）」（聖治章）とする。つまり、『鄭氏注』では、経文が「愛」・「敬」が両ら一人に向くと説く箇所にも、一貫して士章に沿った解釈を施すことにより、「愛」・「敬」間に齟齬が発生するのを防いでいるといえよう。

次に、『孔安国伝』（以下、『孔伝』と略称）は、経が父母を区別する士章では、「夫れ、至親なる者は則ち敬至らず、至尊なる者は則ち愛至らざるは、人の常情なり（夫、至親者則敬不至、至尊者則愛不至、人常情也）」として、経義通り「愛」・「敬」の向く対象を「至親＝母」・「至尊＝君」に分けて設定している。これに対して、経が父母を区別しない、

いわば天子章型の箇所では、「其の父母を愛養して、尊厳を致す（愛養其父母、而致尊厳焉）」（『孔伝』聖治章）・「愛敬の道を尽くして、以て其の親に事え（尽愛敬之道、以事其親）」（『孔伝』孝優劣章）などとする。ここでは「愛」と「敬」とを一括して「愛敬」と把握し、特に両者を区別してその間に何らかの関係や性質を設定するという方法を採らないといえる。

これは、『孔伝』を疏解した劉炫『孝経述議』において、さらに明快に示されている。士章においては、

故に母に於て父に事うるの道に取る。唯其の愛を取りて其の敬を取る能わず。君に於いては父に事うるの道に取る。唯其の敬を取りて其の愛を取る能わず。愛敬倶に之を兼ねしむる者は、唯父有るのみ。（『孝経述議』士章）(19)

として、経文と同様「愛―母（父）」・「敬―君（父）」という枠組みを採る。一方、天子章においては、

親《おや》とは、父母の惣名。惣じて父母を愛敬するを謂う。父を敬し母を愛し、而して母を先にし父を後にするを謂うに非ず。（『孝経述議』天子章）(20)

として、「父母―愛敬」という枠組みを強調し、「愛―母」という枠組みを「敬―父」という枠組みに優先させることを否定している。これを他の箇所で確認してみると、「孝たるの道は、其の父を尊厳にして以て天帝に配祭する者より大なるは無し」（『孔伝』聖治章）に対しては、

母、配せざると雖も厳を為すこと亦同じ。下章に云えらく、親《おや》を厳にし兄を厳にす、と。父に親しみ以て母を兼ぬべし。兄において尚厳なり。況や其の母をや。（『孝経述議』聖治章）(21)

とあり、父母生績章に対しては、

其の天性君義、母と父と同じ。但だ、既に父子を以て父に相対せば、母を容るるを得ず。母を天性に非ずと謂うに非ず。（『孝経述議』父母生績章）(22)

とある。ここでは、士章で「愛」に対応すると設定されていた「母」にも「厳（＝敬）」を対応させている。『孝経述議』は、経文が明確に「愛」・「敬」の対象者に「父」・「母」を区別して設定している士章を除き、それ以外の箇所では父母間で「孝」の内容に異同を設けることを否定しており、他所でも、

既に生育の恩を荷う。故に当に其の愛敬を尽くすべし。是を以て其の父母を愛養し、而して尊厳を致す。尊びて之を養う。故に之を名づけて厳と曰う。（『孝経述議』聖治章）(23)

といったように、天子章と同様「父母―愛敬」という枠組みを使用する傾向が見てとれる。(24)「愛」・「敬」に独立した性質を設定せず、「愛敬」という一つの実体として取り扱えば、その間に齟齬が発生する余地はない。そもそも愛敬間に対立する性質があるという意識を持たず、単純に両者を同質のものとして推奨しており、これは、いわば単純な愛敬観ということができるであろう。

天子章型の「親―愛敬」という枠組みを解釈する際、「愛」・「敬」を独立した要素と見なし「親―「愛」・「敬」」と設定すれば、「愛」と「敬」と間に齟齬が発生する可能性がある。そのため、『鄭氏注』は、常に「父―敬」・「母―愛」という二つの枠組みを用いて「愛」と「敬」との対応先をそれぞれ別にしており、『孔伝』・『孝経述議』では「親―「愛敬」」として「愛」と「敬」とを「愛敬」という一つの実体と解釈しているといえる。(25)

どちらの手段を採るにせよ、これらの設定では、「愛」・「敬」が独立しつつ一人に向かい、両者に先鋭な対立が発生する、という事態が回避されているといえよう。これら『孝経』の諸注釈を通して、「親」に向ける「愛」と

「敬」との相互の関係について考察した結果、事実上これらにおいては、「一人に向けられる際の「愛」・「敬」の対立」という視点は見受けられないことが分かる。

次に、他の儒家系文献における「愛」と「敬」との関係に目を転じると、『論語』に以下のようにある。

子游孝を問う。子曰く、今の孝は是れ能く養うを謂う。犬馬に至るまで皆能く養うこと有り。敬せざれば何を以てか別たんや、と。（『論語』為政(26)）

贅言するまでもないことであるが、ここは、孔子が「孝」の物質面よりも精神面を重視することを説いたとされる箇所であり、「養」と「敬」とが対比されている。「孝」におけるこの二要素の関係は、『礼記』にも見られる。

曾子曰く、孝に三有り。大孝は親を尊ぶ。其の次は辱めず、其の下は能く養う、と。（『礼記』祭義(27)）

曾子曰く、……養は能くすべきなり。敬は難しと為す、と。（『礼記』祭義(28)）

これらは「孝」を実行する際、「養」と「敬」とではその難易度に差異があることを述べたものである。加地氏はこれらを「愛」と「敬」との観点から見、先の孔子の言について、「孔子は、主体的な自覚を媒介に、未分化・未図式的であり、愛の比重がより大ではあるが、孝を、愛と敬との二要素で構造化している(29)」としている。では、この章に見られる孝の構造化に対して、経学的見地からはどのような解釈が施されているのであろうか(30)。何晏『論語集解』（以後、『集解』と略称）には、

包曰く、犬は以て禦を守り、馬は以て労を代う。皆人を養うは一なり。曰く、人の養う所は乃ち犬馬に至る。敬せざれば、則ち以て別つ無し。孟子曰く、食《やしな》いて愛せず、之を豕畜するなり。愛して敬せず、之を獣畜するな

り、と。（当条『集解』）[31]

とある。当条経文は「孝」の物質面である「養」と、精神面である「敬」との対比である。これに対して、『集解』は『孟子』を引用し、「孝」を「食（養）」・「愛」・「敬」の三要素で構造化しており[32]、「食（養）」が物質面に、「愛」・「敬」が精神面に相当している。経文が物質面と精神面との二要素による対比であったのに対して、『集解』では、精神面がさらに細分され、三要素となっているといえる。

先の『礼記』祭義では、「養は能くすべきなり。敬は難しと為す」とあり、物質面（＝養）が行ない易く、精神面（＝敬）が行ない難いと設定されていたが、『集解』では更に精神面の二要素にも難易度が設定され、「養─愛─敬」という、より複雑な難易度が設定されている。ただ、この両者の関係には、難易度が設定されているのみであり、相互に与える影響や対立といった関係性（後述）は設定されていない。

『集解』は、孔子の意識においてはいまだ「未分化・未図式的」であったとされる「愛」・「敬」の関係を、その後の（恐らくは『孝経』の）思惟を受けて、「孝」の精神面を「愛」と「敬」との関係として解釈し、難易度という概念を用いて構造化しているといえよう。

二　宋代における「愛」・「敬」解釈

では、さらに時代が下る宋代では、「愛」・「敬」の関係はどのように解釈されているであろうか。まず、『孟子集註』に、

生に事うるは固より当に愛敬すべし。然るに亦人道の常なるのみ。（『孟子集註』離婁下）[33]

などとあり、朱子学系の解釈においても「愛」・「敬」に特に個別の性質を設定しない単純な愛敬観が存在したことを示している。

では、当時の解釈においては、一人に向かう場合の「愛」・「敬」は一括して捉えられており、独立して相互に影響を与えるような性質は設定されてこなかったのであろうか。

「愛」・「敬」は、共に「孝」における当為であるから、両者を厳密に区別せずに一括して推奨することも当然可能である。しかし、「孝」の構造を「愛」・「敬」と措定する以上、「孝」自身について考察を進めてゆけば、両者の関係について考えざるを得なくなってゆくであろう。

この点について、邢昺『孝経正義』（以下、『邢疏』と略称）に、

> 而るに、此に敬・愛を教う、と言うは、『礼記』楽記に曰く、楽なる者は同を為し、礼なる者は異を為す。同なれば則ち相親しみ、異なれば則ち相敬う。楽勝れば則ち流なり、と。是れ、愛深くして敬薄きなり。又曰く、礼勝れば則ち離なり、と。是れ、厳多くして愛殺《おとろ》うなり。（『邢疏』聖治章）[34]

とある。ここで引用される『礼記』の「楽勝れば則ち流」・「礼勝れば則ち離」という状況が、それぞれ「愛深くして敬薄き」・「厳多くして愛殺う」に対応していることから、『邢疏』が『礼記』の「楽」を「愛」に、「厳」を「敬」に対応させていることが窺われる。[35] いわばここでは、「楽—同—親—愛」という愛系の枠組みと、「礼—異—敬—厳」という敬系の枠組みとが設定されているといえる。そうして、その枠組み間の不均衡によって発生する弊害として、愛系の枠組みの敬系の枠組みに対する過剰が「流」、敬系の枠組みの愛系の枠組みに対する過剰が「離」とされる。今、仮に敬的傾向を「規範化」、愛的傾向を「心情化」といえば、過剰な「規範化」と過剰な「心情化」とのどちらもが等しく起こりうると認めたものといえよう。これはいわば孝の傾向に可塑性を設定したものであり、常に「愛」

が「敬」より難易度が低いとする、『集解』のような恒常的な難易度設定とは異なっている。

また、一方のもう一方に対する過剰（＝不均衡）が弊害を生むとされていることから、ここでは「愛」・「敬」が、相補的でかつ対立する性質を持つと設定されているということができる。「一人に向かう孝」における「愛」・「敬」の性質設定は、前章で見た『集解』においては、恒常的な難易度の設定であったものが、宋代に至って相補対立という観点が加わっているといえよう。

この傾向は、新注系の注釈において、さらに顕著となる。先の『論語』為政篇子游問孝章に対する『論語集註』（以下、『集註』と略称）には、胡寅の説を引いて、

胡氏曰く、世俗の親に事うるは、能く養い足る。恩に狎れ愛を恃み、而して其の漸く不敬に流るるを知らず。（『集註』為政篇）(36)

とある。この「狎恩恃愛」の解釈として、当条『論語纂疏』に、

但だ能く養うを以て孝と為せば、則ち亦不敬に流れ易し。私愛或いは勝りて正理失す。礼法足らずして瀆嫚生ず。（当条『論語纂疏』）(37)

とある。ここで、「狎恩恃愛」に「私愛或勝」と解釈されていることから、「狎恩恃愛」の「愛」は子から親への愛であるとしてよいであろう。

つまり、『集註』の「狎恩恃愛」は、「〔親から与えられる〕恩〔恵〕に狎れ、〔己の親への〕愛を恃み」という意味であり、これは、「愛」が過剰になることが原因となって「敬」が減少する、という設定であるといえる。しかも、この反比例的な連動は「愛」・「敬」の本来的な性質による（人の選択や行動と無関係に起こる）というよりは、人が選

択可能であるところの行動によって引き起こされるとされているように思われる。であるならば、これは朱子学の所謂「道学的な性格」を表しているということができよう。

「愛」・「敬」の関係は、『邢疏』では両者が量的に不均衡であるという状態が問題とされるだけであったが、ここでは「愛を恃む」ことにより「不敬に流」れる、つまり愛の過剰が敬の不足を導くという因果関係が設定されており、先の『邢疏』において見られた相補対立的な性質が強調された形となっている。

とはいえ、ここで問題とされているのは「愛の過剰」のみであり、『邢疏』において問題視されていた「敬の過剰」という視点は見られず、この点は恒常的な難易度を設定する『集解』に似る。これは、胡寅及び引用者である朱子が、「世俗」は放っておけば「漸く不敬に流れる」、つまり、没規範化・心情化するような指向性を持つと考えており、さらにそのことに対する警戒感を有していたため、特に「愛の過剰」を問題としたと考えられよう[38]。

ただ、当該箇所が「敬の難しさ」を説く経文に対する注釈であるために「敬の不足」即ち「愛の過剰」にのみ言及している、という可能性は排除しきれない。

そこで、新注系の「敬の過剰」に対する態度を確認するため、他の箇所における解釈を参照する。新注の代表的な『孝経』注釈である『孝経大義』（以下、『大義』と略称）では以下のようにある。

> 聖人復た其の恩に狎れ愛を恃み、而して不敬に失い易からんことを恐る。是に於いて、厳に因りて敬を教うるは、愛して褻《な》るるに至らざらしむ。又、親に因りて愛を教うるは、敬して疎に至らざらしむ。（『孝経大義』聖治章相当部[39]）

これは、経文の「聖人因厳以教敬、因親以教愛」という「親—愛敬」の枠組みに対する解釈であり、先の『論語』のように、特に「敬」の難しさを強調する箇所ではない。

ここでの「愛」・「敬」の設定について見てみると、先ず、「愛敬」として一括するのではなく、それぞれ独立したものとして設定していることが見てとれる。さらに、「愛」を教えることによって「敬の過剰」による弊害を防ぎ、「敬」を教えることによって「愛の過剰」による弊害を防ぐとされていることから、「愛」・「敬」間に相補対立的な性質を設定することが認められる。

ただ、「愛」・「敬」双方の過剰を設定しつつも、明らかに『集註』に依拠する「狎恩恃愛云々」句を使用しており、「愛の過剰」に、より重点が置かれている。換言すれば、過剰は双方共に起こる可能性があるが、「聖人」が「恐れ」るのは、「愛の過剰＝不敬」という「失」である。つまり、ここでも『集註』と同様、孝の没規範化・心情化に対する警戒感を見てとることができる。

『孝経』士章においては、「愛」・「敬」はそれぞれが向かう対象を分けて設定されていたため、両者に異なった性質を設定しても問題は発生しなかった。しかし、これらを両ら一人の「親」に向くと設定するには、両者に独立した性質を設定せずに一括して扱うか、または「愛」・「敬」を独立した部分として扱うかの二種の方法が存在する。「孝」を構成する当為である「愛」・「敬」が「対立」するという解釈は、経学上においては採用し難いものであったと思われるが、後者の方法を選択すれば、異なった性格付けを施された「愛」・「敬」が対立してゆくのは自然な流れであろう。そうして朱子学は、「愛の過剰」に対する警戒から、この流れを大幅に押し進めたものといえよう。(40)

三　朱子学以降における「愛」・「敬」解釈

『集註』の「恩に狎れ愛を恃み、而して其の漸く不敬に流る」という句は、「対立」という性質設定と「愛の過剰」に対する警戒感とを表現する象徴的な言説である。この、「恩に狎れ愛を恃」むことが「不敬」につながるという理解は、後の注釈においても無視し得ない影響力を持ち、朱子学に限らず、以後の「愛」・「敬」解釈に一定の方向性を与えた。

例えば、明の呂維祺は、その学問傾向が「維祺の学、兼ねて程朱陸王有り（維祺之学、兼有程朱陸王）」[41]とされる人物であるが、その著『孝経或問』（以下、『或問』と略称）には、

> 蓋し言えらく、母を愛するの愛と父を愛するの愛と一と雖も、而れども母を愛するの愛、世よ或いは恩に狎れ愛を恃むに流れ、而して自覚せざる者有り。惟父に事うるの愛、便ち厳敬の意の愛中に存する有り。此に取りて以て母に事うれば、乃ち真愛至愛たるのみ。（『或問』「論士之孝」）[42]

とある。当該箇所は「論士之孝」という、士章を解説した部分であるから、士章において示される「愛―母」・「敬―父」という枠組みを踏襲している。ここで注目されるのは、母への愛が「恩に狎れ愛を恃」むとされていることである。経文自体が対象者を弁別するため、ここでは「愛」・「敬」が両ら一人に向いた上での対立関係は発生していないにも関わらず、「狎恩恃愛」句が使用されている。

「恩に狎れ愛を恃」むことが「不敬」につながるという理解は、『集註』・『大義』においては、「愛」・「敬」が両ら一人に向く際（「親―「愛」・「敬」」）に表れる性質であった。それが『或問』では、母への愛に限定された性質とされており、同じ句を用いておりながらその内容に異同がみられる。つまり、『集註』では、「父母への愛」が有する心情化の過剰（「狎恩恃愛」）が没規範化（「不敬」）を引き起こすこと警戒する、という論調であったものが、『或問』では、「母への愛」のみが心情化指向性（「狎恩恃愛」）を持ち、そのことによる弊害を規範化指向性（「厳敬之意」）を有する「父への愛」によって是正する、という論調となっている。この異同は、経による「愛」・「敬」の対象者の弁別と、『集註』による「恩に狎れ愛を恃」むことが「不敬」につながるという解釈とを両立させるために生じたものであろ

う。

　また、本朝の注釈に目を転じると、「愛」・「敬」についての解説として、例えば中江藤樹『孝経啓蒙』（以下、『啓蒙』と略称）には、

　　愛の極、敬と為す。（『啓蒙』天子章相当部[43]）

　　愛敬、本と相表裏を為す。敬无きの愛、天性の愛に非ず。愛无きの敬、天性の敬に非ず。故に曰く、愛は則ち敬其の中に在り。敬は則ち愛其の中に在り、と。（『啓蒙』士章相当部[44]）

といった記述がみられる。ここでは「愛」・「敬」は、それぞれ明らかに独立したものとされていながら、「表裏」と表現されており、「対立」といった性質は全く考慮されていない。この限りでは、両者に異なった性質を設定せず一括して捉える、単純な愛敬観を持つように見える。

　しかし一方で、経の「聖人は厳に因りて以て敬を教え、親に因りて以て愛を教う」（聖治章相当部）に対しては、

　　厳や、親や、敬や、愛や、二つ有るに非ず。但だ大小精粗の異有るのみ。人の常情は、恩を挟み愛を恃みて不敬に失し易し。故に敬を先にし愛を後にす。（『啓蒙』聖治章相当部[45]）

とある。これは、聖治章のいう「教」の順序が、「敬」が先で「愛」が後となっている理由を解説したものである。この、「恩を挟み愛を恃みて不敬に失し易し」句は、『集註』に依拠したものであろう。また、経の文意から、愛敬が一人に向かう際の設定であると考えられるため、ここでは少なくとも人（凡人）の情においては、「愛」と「敬」とが対立する性質を持ち、「愛」が「敬」に対して、より難易度が低いと設定されているといえる。

この設定は、先の「表裏」という表現と一見矛盾するように思われるが、「表裏」について山田命氏は、「「敬を先にし愛を後にする」こと、即ち敬を「表」となし愛を「裏」となすことは、「政教」の立場に立っての立論であると見るのである。そうすると、敬を後にし裏とし、愛を先とし表とみる立場は、政教と区別さるべき本来の積極的な為己の儒学の立場であると解してよいと、私は考える」[46]としている。ここで用いられている「表裏」という表現は、「一体」という意味合いと共に、「表」と「裏」との「区別」を持つという意味合いを指摘したものであると考えれば、藤樹の「愛敬」とは、両者をただ渾然一体として捉えたものとはいえなくなる。藤樹にとって愛敬とは、あたかもコインのように表裏という「区別」を持ちながらも、その本体は「一体」であり、「区別」された二つの面を同時に推奨することが可能なものであったといえよう。

以上のように、『或問』や『啓蒙』では、朱子学の「恩に狎れ愛を恃」むことが「不敬」につながるという設定を採用しつつも、朱子学的な愛敬観を全て踏襲するということはせず、それを母への愛に限定したり、「愛」・「敬」が「表裏」であるとの設定を加えるといった独自の展開を見せている。

このように宋代以後の愛敬観は、「狎恩恃愛」という表現を軸に各々展開が見られるが、この愛敬観に反対する意見もあらわれる。

中井履軒『論語逢原』には、

凡そ人の親に事うるや、愛足らざるの失有るのみ。未だ愛踰ゆるの失を見ざるなり。学者に在りては、尤も愛の足らざるを以て通病と為す。胡氏の愛踰の説、恐るらくは、後世の為に病を生ずること少なからず。慎みて主張する勿かれ。(『論語逢原』為政篇子游問孝章[47])

とあり、先にあげた胡寅の「愛踰の説」を名指しで批判している。『論語』為政篇子游問孝章は敬の不足に関する言説であることもあり、本章で見てきた当条の諸注釈は、「敬」の不足を戒めるもの、即ち孝の没規範化・心情化を警戒するものばかりであった。それに対して、履軒は「愛足らざるの失有るのみ。未だ愛踰ゆの失を見ざるなり」として、「愛」の不足即ち孝の没心情化・規範化を戒めている。この「愛」の強調は、履軒の「孝」観が動機主義的なものであったことを示していよう。

加地氏は、「《曾子》以後、《孝経》に至るまでの孝哲学史が、〈敬〉的立場の深化（と〈愛〉的傾向の収縮）への内的論理の展開の様相を呈して(48)（括弧内ママ）」きたとする。

『孝経』が成立して以後も、経解上で「愛」・「敬」を扱う際には、両者間の性質設定は「対立」に向かう傾向にあった。それは、「孝」が、規範化よりも心情化する方が容易であるとの認識に基づいているのであろう。

だが朱子学以後、単に「愛」・「敬」の対立を強調する流れとは違う様々な立場がみられた。とりわけ、「愛の不足」つまり孝の没心情化を戒めるという『論語逢原』の主張は、管見の及ぶ限りでは他に類を見ないものであり、「敬的立場の深化」の進む孝の解釈史において、いわば「愛的立場」に立っていたということができるであろう。

「愛」・「敬」は、互いに「孝」を構成する要素でありながら、異なった性質を持つとされる。『孝経』士章のように、対象者として「父」と「母」とを別々に設定し、それぞれに「愛」・「敬」の一方を対応させるという設定（「愛―母」・「敬―父」）においては、経解上「愛」・「敬」間に特に齟齬は生じない。しかし、「愛」・「敬」が両ら一人の「親」に向かうという設定においては、何らかの解釈を施さざるをえない。「愛敬」に何ら個別の性格設定をせずに一括して取り扱うのか（「親―「愛敬」」）、各々に性格付けを行なった上で、相互関係を設定するのか（「親―「愛」・「敬」」）、どちらかが要求されよう。そうして、経学的解釈においては、二者の性格設定は、徐々に「親―「愛」・「敬」」型に傾き、「愛」は行ない易いが「敬」は行ない難い、という難易度の措定がなされた。さらに、両者は「相補」かつ「対立」するとされながらも、徐々に「対立」という性格が強調されてゆき、その傾向の到達点として、朱子学の「狎恩恃愛云々」という認識に至った。

ただ、こういった流れも、決して一様であった訳ではない。宋以後成立した諸注釈においては、朱子学的な愛敬観を利用しつつも、「対立」とは異なる様々な解釈が見られる。また、中井履軒は、経解においてもただ愛の不足を憂う動機主義的な孝観を展開した。これらは、「愛」・「敬」間の性質を「対立」と解釈し、「孝」の没規範化・心情化のみを警戒する流れに対する、一つの反動であったといえるであろう。

注

（1）渡辺信一郎「孝経の制作とその背景」（『史林』第六九巻第一号、一九八七年、後に『中国古代国家の思想構造』、校倉書房、一九九四年）

（2）道徳概念上に「愛」・「敬」を対概念として想定する思考は『孟子』や『礼記』等の他の儒家系文献にも見られるが、「孝」の構造として明言する点で、やはり『孝経』が特徴的な文献だといえる。

（3）肖群忠『孝与中国文化』（人民出版社、二〇〇一年、二五四頁）

（4）加地伸行「孔子における愛と死と〈孝〉と　―中国における宗教思想の一前提―」（『東方宗教』第二四号、一九六四年、後に『孝研究―儒教基礎論―』、加地伸行著作集Ⅲ、研文出版、二〇一〇年）。以下、「加地氏前掲論文一」と略称。

（5）加地伸行「曾子と《曾子》学派」（『懐徳』三五号、一九六四年、後に『孝研究―儒教基礎論―』）以下、「加地氏前掲論文二」と略称。

（6）加地氏前掲論文二

（7）「子曰、愛親者不敢悪於人。敬親者不敢慢於人。愛敬尽於事親、而徳教加於百姓、刑于四海」。本章で『孝経』経を引用する際には、特に言及しない場合は『古文孝経』の章名を用いる。

（8）「子曰、資於事父以事母、其愛同。資於事父以事君、其敬同。故母取其愛、而君取其敬。兼之者父也」

（9）「是故、親生毓之、以養父母日厳。聖人因厳以教敬、因親以教愛」
（10）渡辺氏前掲論文
（11）池澤優「中国古代の「孝」思想の思想的意味　―孝の宗教学・その五―」（『社会文化史学』第三一号、一九九三年、後に『「孝」思想の宗教学的研究』、東京大学出版会、二〇〇二年）
（12）今文経による。御注に「親とは、猶愛のごときなり。……則ち日に尊厳を加え、能く敬を父母に致す」とある。
（13）渡辺氏前掲論文
（14）池澤氏前掲書（二一七―二一八頁）
（15）勿論、士章においても原理的には、「父」には「愛」・「敬」が両ら向けられることになり、天子章と同様の齟齬が発生する余地はある。しかし、士章では「愛」・「敬」の対象を「母」・「君」に分けることに説明の重点がおかれているため、先鋭な問題とならない。
（16）『鄭氏注』については、陳鉄凡氏による佚集本（『孝経鄭注校証』国立編訳館、一九八七年）を用いた。
（17）「尽愛於母、尽敬於父」
（18）「因人尊厳其父、教之為敬。因親近於其母、教之為愛」
（19）「故於母取事父之道。唯取其愛不能取其敬。於君取事父之道。唯取其敬不能取其愛。使愛敬倶兼之者、唯有父也」
（20）「親者、父母惣名。惣謂愛敬父母。非謂敬父愛母、而先母後父也」
（21）「母、雖不配為厳亦同。下章云、厳親厳兄。親父可以兼母。於兄尚厳。況其母乎」
（22）「其天性君義、母与父同。但、既以父子相対於父、不得容母。非謂母非天性也」
（23）「既荷生育之恩。故当尽其愛敬。是以愛養其父母、而致尊厳焉。尊而養之。故名之曰厳」
（24）ただ、「愛は心より発し、内より出づ。敬は教より生じ、外より入る（愛発於心、自内。敬生於教、自外而入）」（天子章）などとあり、「愛」・「敬」を発生から一体として扱うわけではない。
（25）以上を図に表わすと次のようになる。

親
→ 愛……敬　※「……」間に背反の可能性

『鄭氏注』の解決策
母 → 愛
父 → 敬

『孔伝』・『述議』の解決策
親（父母） → 愛敬

(26)「子游問孝。子曰、今之孝者是謂能養。至於犬馬皆能有養。不敬何以別」
(27)「曾子曰、孝有三。大孝尊親。其次弗辱、其下能養」
(28)「曾子曰、……養可能也。敬為難」
(29)加地氏前掲論文一
(30)「犬馬云々」の解釈には様々な説があるが、本節の論旨と直接関係しないため、この問題は措く。
(31)「包曰、犬以守禦、馬以代労。皆養人者一。曰、人之所養乃至於犬馬。不敬則無以別。孟子曰、食而不愛、豕畜之。愛而不敬、獣畜之」
(32)『孟子』の当該箇所は、「人の交接」に関する言説であり、原義は直接親子関係について述べたものではない。
(33)「事生固当愛敬。然亦人道之常耳」
(34)「而、此言教敬愛者、礼記楽記曰、楽者為同、礼者為異。同則相親、異則相敬。楽勝則流。是、愛深而敬薄也。又曰、礼勝則離。是、厳多而愛殺也」

(35)『礼記』の当該箇所は、先王の制定する「楽」と「礼」とに関する言説であり、原義は直接親子関係について述べたものではない。

(36)「胡氏曰、世俗事親、能養足矣。狎恩恃愛、而不知其漸流於不敬」

(37)「但以能養為孝、則亦易流於不敬。私愛或勝而正理失。礼法不足而瀆嫚生」

(38)田尻祐一郎氏は、朱子に「心情としての孝にすべてをゆだねることへの朱熹の警戒感」（「宋明学の受容と変容——孝をめぐって」、源了圓・厳紹璗編『思想』、日中文化交流史叢書第三巻、大修館書店、一九九五年）があったとして、朱子の孝観が主知的な孝のみではなかったと指摘している。

(39)「聖人復恐其狎恩恃愛、而易失於不敬。於是、因厳教敬、使愛而不至於褻。又、因親教愛、使敬而不至於疎」

(40)「孝」と「愛」・「敬」との関係については、別の解釈も存在し、この解釈だけに限るものではない。「然れども、仁は愛を主とす。愛は親を愛するするより大なるは莫し（然、仁主於愛。愛莫大於愛親）」（『論語集註』学而篇有子曰章引「程子曰」）・「仁は愛を主とし、而して愛は親に事うるより切なるは莫し。義は敬を主とし、而して敬は兄に従うより先んずるは莫し（仁主於愛、而愛莫切於事親。義主於敬、而敬莫先於従兄）」（『孟子集註』離婁上仁之実章）などは、「親への愛」を「仁」に結びつけており、「孝」を「愛」・「敬」より成るとはしていない。

(41)倫明「孝経大全二十八巻孝経或問三巻附孝経翼一巻」（『続修四庫提要』経部孝経類、中国科学院図書館、中華書局、一九九三年）

(42)「蓋言、愛母之愛与愛父之愛雖一、而愛母之愛、世或有流于狎恩恃愛、而不自覚者。惟事父之愛、便有厳敬之意存于愛中。取此以事母、乃為真愛至愛耳」

(43)「愛之極、為敬」

(44)「愛敬、本相為表裏。无敬之愛、非天性之愛。无愛之敬、非天性之敬。故曰、愛則敬在其中矣。敬則愛在其中矣」

(45)「厳也、親也、敬也、愛也、非有二。但有大小精粗之異而已。人之常情、挟恩恃愛而易失于不敬。故先敬而後愛」

(46)山田命『中江藤樹の儒学』（風間書房、一九七七年、五七〇頁）

(47)「凡人之事親、有愛不足之失而已矣。未見愛踰之失也。在学者、尤以愛不足為通病矣。胡氏愛踰之説、恐為後世生病不少。

慎勿主張」

(48) 加地氏前掲論文二

第二章　「孝」と「不服従」との関係

「孝」は儒家の最も重視する徳目の一つであり、その内容についても古来よりさまざまに解説されている。そのうち、「今の孝なる者は、是れ能く養うと謂うのみ。犬馬に至るまで、皆能く養う有り。敬せざれば何を以てか別たんや（今之孝者、是謂能養。至於犬馬、皆能有養。不敬、何以別乎）」（『論語』為政）とあるように、最も基本的な孝の姿は「養親」である。また、このことについて津田左右吉氏は、「儒家の説によると、孝の根本は父母に事へることと父母を養ふこととであるやうに見える」(1)として、「父母を養ふこと」と「父母に事へること」とを「孝の根本」としている。

父母を養い、事える際において採るべき態度を考えるに、『礼記』に「子婦の孝ある者、敬ある者は、父母舅姑の命に逆らうこと勿く、怠ること勿し（子婦孝者、敬者、父母舅姑之命、勿逆勿怠）」（内則）とあり、董仲舒が河間献王の「『孝経』曰く、夫れ孝、天の経、地の義、と。何の謂ぞや（孝経曰、夫孝、天之経、地之義。何謂也）」との下問に対して、「敢えて父の意の如きを致さざるは、人たるの道を尽くすなり（不敢不致如父之意、尽為人之道也）」（『春秋繁露』五行対章）と、父の意に従うことを五行の一つとして答えているように、「父母への服従」は、孝の内容として最も基本的なものであろう。このことについて、桑原隲蔵氏は、「子はいかなる場合でも、父母に絶対的服従を要する。これが中国人の孝道である」(2)としている。

以上のように、「父母への服従」は儒家の推奨する「孝」のあり方として普遍的なものと考えられていた。しかし、どうしても親の命に従うことが出来ない状況というものを想定することは可能である。そこで本章では、父母の命に服従しえない状況について、儒家系文献がどのように「孝」の枠内において論理的な整合性を与えているのか、また、その論理がどのように受け止められていたのかについて、儒家的「孝」の形成・発展期にあたる先秦より漢代における儒家系文献を中心に考察する。

一　諫争の目的

「親に対する服従」は孝の重要な一部であるが、この服従も無制限なものではありえない。親の命に従うことが出来ない場合、対応は「不服従」にならざるをえない。そのうち、先ず、「不服従」に相当する行為のうちでも積極的な対応として、子が父母を諫争する場合について考察する。諫争に関する記述は、『論語』をはじめとする先秦から漢代にかけての儒家系文献に頻出し、孝をその名に冠する唯一の経書である『孝経』には、「諫争章」として一章が立てられている。そうして、この諫争は明らかに父母に対する「不服従」を指向するものである。

後に取り上げる『孝経』・『荀子』・『礼記』などは、諫争について言及する際、諫争を「孝」の部分であると規定する。しかし、この「不服従」を「孝」とする微妙な論理からか、諫争について論じ、理論上は実行を容認する文献に比して、実際に行なわれた諫争についての記述は、管見の及ぶ限りでは非常に稀である。数少ない例の一つとして、次のようなものがある。

『孝子伝』曰く、原穀は、何許《いづく》の人なるかを知らず。祖年老い、父母之を厭患し、意之を棄てんと欲す。穀年十五。涕泣して苦諫す。父母従わず。乃ち輿を作りて舁《か》き之を棄つ。穀乃ち随い、輿を収めて帰る。父之に謂いて曰く、爾、焉んぞ此の凶具を用いん、と。穀云えらく、後、父老えば、更に作りて得る能わず。是を以て之を取るのみ、と。父感悟愧懼し、乃ち祖を載せて帰り侍養す。剋己して自ら責め、更に純孝と成る。穀純孫たり。（『太平御覧』巻五一九）(3)

これは、祖父を棄てようとした父に対して、その子が父を改心させたという説話である。その際の原穀の言は、己の父を棄てることを匂わせた、いわば恫喝ともいえるものであり、無制限な「服従」を孝と考える見地からは容認されるものではない。しかし、このエピソードが『孝子伝』(4)に採られていることから、この『孝子伝』は、この恫喝を「孝」を構成する要素として認めているといえる。そうして、父の意に従わず、反ってその意と反することを勧めるこの苦言は、諫争の一種と考えてよいであろう。

では、この本来なら許されない行為であるはずの「諫争」とは、どの様な状況下において容認されるのであろうか。以下、儒家系文献において、理論上「諫争すべき」状況を設定している文章について考察する。

その一つは、父母が過ちを犯した場合である。

父母に過ち有れば、諫めて逆らわず。（『大戴礼記』曾子大孝・『礼記』祭義(5)）

父母に過ち有れば、気を下し色を怡《やわら》げ、声を柔らかにし以て諫む。（『礼記』内則(6)）

このように、「父母有過」という状況は、諫争すべき状況を説明する語句として定型化されたものの一つであるといえる。

本章冒頭部にあげた『論語』（犬馬云々の条）においては、「養親」よりも「敬親」を上位の孝として規定しており、津田氏は、「親に対する殆ど絶対的な服従が子に対して要求せられ親が子に対して大なる権威を有するものとせられること」は「親が年齢、能力、知識に於いて優れて(7)」いるという事実が基礎となっているとする。しかし、「父母有過」という状況設定において、父母の行為が「過ち」であると判断しているのは子である。であるならば、ここで子は、親を盲目的に敬してはおらず、少なくともその状況下においては父母の判断力よりも己の判断力が勝っていると判断したこととなる。そうして、これら儒家系文献もこのような状況の存在する可能性を認め、「不服従」を容認しているといえよう。

では、この「過ち」とはどのような行為を指すのであろうか。先の『礼記』の古注や王聘珍『大戴礼記解詁』には特に「過」に対する語釈は見られないのだが、『孝経』諫争章における御注の、「父に失あれば則ち諫む。故に不義に陥るを免る（父失則諫。故免陥於不義）」を疏解した邢疏は、ここで引用した『礼記』内則篇の「父母に過ち有れば、気を下し色を怡げ、声を柔らかにし以て諫む」や曲礼篇の「子の親に事うるや、三たび諫めて聴かざれば、則ち号泣して之に随う（子之事親也、三諫而不聴、則号泣而随之）」を引き、「言うこころは、父に非有れば、故《もと》より須く之を諫むるに正道を以てし、不義に陥るを免れんことを庶うべし、と（言、父有非、故須諫之以正道、庶免陥於不義也）」とする。邢疏に依れば、「過ち」は、放っておけば「不義に陥る」ようなもの、もしくは「義に背く」という「過ち」であるということになる。つまり、「過ち」は、その結果「不義」に陥るがために是正されるべきものであり、諫争の目的は不義の是正にあると考えられる(8)。

また、「義」なる語自体を諫争の条件として直接挙げるものには、以下のようなものがある(9)。

義に従いて父に従わざるは、人の大行なり。（『荀子』子道(10)）

故に不義に当たれば、則ち子以て父に争わざるべからず。（『孝経』諫争章(11)）

ここでは、「義」が「父命」よりも優先されるべき対象として挙げられている(12)。「義」について、津田氏は、「理論的には、これは父母の命の外に、或いは其の上に、孝子の守るべき道徳的規範があることを示すものである(13)」とし、玉置重俊氏は、「「道義」を尊重する精神のほうが、親と子の間の情愛に勝ってきた(14)」とし、森熊男氏は、儒家の諫争論は、「自らが「道」・「義」の実践者であるとの「士（知識人）としての意識」によって支えられていた（括弧内ママ）(15)」とする。また、池澤優氏は、「『論語』や『孟子』と比較するなら、『孝経』の諫言についての思想は、はるかに社会正義の方に重点を置いていることがわかる」とし、諫争章と事君章とのテーマを、「孝とは父母に従うよりも社会正義に従うものであり、君主の諫言もこの上に正当化される(16)」とする。

これらはいずれも、「義」を、ある社会正義（所謂「道義」）と考え、それが親の命より優先される、という点を重視したものである。これらの意見からは、「道義」が親子という近親関係の理論に優越する当為である、という結論が導き出されよう(17)。

また、康学偉氏は、「那麼，《孝経》強調諫諍，主張従義不従父，其意義何在呢？当然是従維護君権利益出発的，這裏所謂的「義」，無疑指的是符合於君主統治的観念（『孝経』が諫争を強調し、義に従って父に従わないことを主張する、その意義はどこにあるのか。当然君権の利益を守ることより出たもので、ここで言う「義」は、指し示すものが君主統治の観念に符合することは疑いない）(18)」とし、君臣関係との相同性を指摘する。

これに対して、曹方林氏は、当条の「不義」について、「可見危害他人利益，有損個人栄誉，統称不義（他人の利益に危害を加え、本人の栄誉を損うものを不義と総称することが分かる）(19)」とし、「親の栄誉を損う」という、親に対する指向性を指摘している。

このように、儒家において諫争の根拠となる「義」については、これまで様々な解釈がなされている。では、この「義」とは、父子間の情愛とは無関係かつ独立した道徳的規範であり、近親関係と対立し、ある意味で優越するものであると考えてよいであろうか。

ここで、先にあげた『荀子』の一段に続く一段を用いて考察を加える。

孝子の命に従わざる所以のもの三有り。命に従えば則ち親危うく、命に従わざれば則ち親安ければ、孝子の命に従わざるは乃ち衷なり。命に従えば則ち親辱しめられ、命に従わざれば則ち親栄なれば、孝子の命に従わざるは乃ち義なり。命に従えば則ち禽獣たり、命に従わざれば則ち脩飾すれば、孝子の命に従わざるは乃ち敬なり。（『荀子』子道）(20)

ここで、『荀子』は「命に従った場合」と「命に従わなかった場合」とをそれぞれ三例あげ、命に従って、親が「危」・「辱」・「禽獣」となる場合は従うべきではないとしている。また、後に「父に争子有れば無礼を行なわず（父有争子不行無礼）」（『荀子』子道）などとあることから、「不服従」の場合は諫争へとつながることが予想される。

「父母の不義」に対して諫争が行なわれるとすれば、その、諫争すべき「「父母」の「不義」」は、「その行為者が父母であること」と「その行為が不義であること」とに分解し得る。では諫争の理由として、この二者のどちらに重点が置かれているのであろうか。「その行為が不義であること」が行為者の如何を問わず諫争の原因となるなら、「義」は父子間の情愛とは無関係かつ独立した道徳的規範であろうし、「行為者が父母であること」が諫争の原因となるなら、「義」が、「道義」として父子関係より独立しているとはいえないであろう。

このことについて考えるには、ある「不義」の行為者が「他人」であるか「父母」であるかの対応の違いを確認する必要があろう。管見の及ぶ限りでは、『孝経』・『荀子』にそのような事例は発見し得なかったため、同じ儒家系文献である『孟子』を参考に考察する。

此に人有り。越人弓を関《ひ》きて之を射らんとすれば、則ち己談笑して之を道わん。他無し。之を疏んずればなり。其の兄弓を関《ひ》きて之を射らんとすれば、則ち己涕泣を垂れて之を道わん。他無し。之を戚《いた》めばなり。（『孟子』告子下）(21)

ここで孟子は、越人と兄とが同じ行為（「射之」）を為す例をあげ、親疎の別によって対応を変えることを述べる。当条の『孟子正義』に「「之を道う」とは、其の射るべからざるを戒むを謂う。然るに疏なれば則ち之を和に言う。故に談笑す。親なれば則ち之を迫に言う。故に号泣す。号泣するは、則ち其の之を言いて必ず受くを欲すればなり（道之、謂戒其不可射也。然疏則言之和。故談笑。親則言之迫。故号泣。号泣、則欲其言之必受也）」とあり、この「道う」は、ほぼ諫争と重なると捉えてよいであろう。この「射之」は、ここで「不義」と注釈されている訳ではないが、同一の行為に対しても、親疎によって諫争するかどうかが区別されていことは見てとれる。つまり、ここでは「諫争の理由」として、「射之」という行為が「道義」に反していること自体よりも、「行為者が兄である」という点が重視されているといえる。

この例から鑑みて、「不義」を諫争せねばならない理由も、その「不義」が「道義」に反しているためというよりは、「その行為者が父母であること」に重点がおかれていると考えられる。つまり、行為者の如何を問わない「不義」なる行為全般を否定するのではなく、不義を行なう、または不義の命令を発する行為者が父母であるために不義の否定（諫争）が行なわれると考えられる。不義が実行されると、親が不義に陥る・親が禽獣となる等、親に不利益が及ぶ。そのために、「親の不義」は諫争すべきものなのである。親の不利益を防止することは、当然「孝」の一部といえる。つまり、「義」が、父子関係より独立し「父命」に優越する「道義」であるという認識が先にあり、その「道義」に反するが為に諫争が行なわれるというよりも、単に「父母の不利益を減少させる」といった基本的な

「孝」を全うすることが最重要視されていると考えられる。「義」とは「父母がそれに反すると不利益が及ぶもの」を名付けた、いわば後付けの理屈であるといえよう。そうして、「父母の不利益を減少させる」ことは、「養親」の部分をなすといってよい[22]。

後世、儒家の家族愛が「別愛」なる語をもって揶揄されたように、伝統的に儒家の道徳論では、愛は近親者から疎遠者に及ぼすものであるとされる。ここで述べられる「義」も、近親関係の論理に対立し、さらに優越するような普遍的な当為として機能しているわけではなく、「養親」といった伝統的な儒家的思考の内にある「諫争」のための題目であると考えられよう。

次に『孝経』諫争章の「不義」について考察する。『孝経』では、「故に不義に当たりては、則ち之を争う。父の令に従う、又焉んぞ孝たるを得んや（故当不義、則争之。従父之令、又焉得為孝乎）」としてこの章を終えているため、『荀子』のように続く文章を参考にすることが出来ない。このため、この章に附された諸注釈の「不義」の解釈を検討する。

たとえば『御注』が、「争わざるは則ち忠孝に非ず（不争則非忠孝）」とのみ注し、『孔安国伝』が「父に不誼の事有るに値《あた》れば、子以て諫争せざるべからず（値父有不誼之事、子不可以不諫争也）」とするように、経文の「不義」が具体的に何を指すかについて定義される例は少ないが、管見の及ぶ限りでは、『鄭氏注[23]』・『古文孝経指解』の范祖禹『説』に「不義」についての解釈が見られる。そこで、これら二者の「故に不誼に当たれば、則ち子以て父に争わざるべからず」（『孝経』諫争章）に対する注解の内、「不義」を行なった結果について述べていると考えられる部分を取り上げる。

君父に不義有りて、臣子諫諍せざるは、則ち亡国破家の道なり。（『臣軌』匡諫章自注引「鄭玄曰[24]」）

子争わざれば、則ち父を不義に陥れ、身を亡ぼすに至らしむ。（『古文孝経説』[25]）

ここでは、諫争せずに「不義」を実行させた場合、「破家」・「亡身」という結果に及ぶとされる。「亡身」は勿論、「破家」になれば父母にとっても不利益であろうから、これらの解釈に共通するのは、「父母に不利益が及ぶ」ということであり、いずれも「義」を近親関係の論理より独立し、さらに優越するような普遍的な原理（＝「道義」）として措定している訳ではない。

諫争の根拠として「義」を設定することは、一見「父命」の地位を低くするといえる。また、そもそも諫争の根拠として「義」が用いられるのであるから、理念としては、「義」が「道義」として「父命」に優越するものと意識されていたと考えられる。しかしその実、実際には「義」は「父母の命」に優越してする「道義」として独立で働いている訳ではなく、「孝」の枠組みの内で諫争の理由として働く概念であったといってよい。つまり、諫争の理由は、「道義」の全うではなく、あくまでも孝の基本である「養親」にあるといえよう。

二　諫争不成功時の対応

諫争は、つきつめれば「親の利益」のため為すべき行為である。しかし、目的は「親」にあるが、実行者は「子」となる。そのため「諫争」の成功とは、「子が諫争する」というプロセスと、「その諫争に父母が従う」というプロセスとに分解し得る。子の意志によって完全に決定し得るのは前段までであるから、理論上、「諫争はしたが父母が従わない」といった状況を設定し得る。ここで、儒家系文献ではこういった状況にどう対応すべきさであると述べているかについて考察する。

先ず、聞き入れられなくともとにかく諫争を続けることが重要視される。

子曰く、父母に事えて幾諫す。志の従わざるを見ては、又敬して違わず、労して怨みず。(『論語』里仁[26])

微諫して倦まず、聴従して怠らず、忠信を懽欣して、咎故生ぜず。孝と謂うべし。(『大戴礼記』曾子立孝[27])

諫め若し入れられざれば、敬を起こし孝を起こす。説べば則ち復た諫む。説ばざれば、其の罪を郷党州閭に得んよりは、寧ろ熟諫す。父母怒り説ばずして、之を撻《むちう》ち血を流すも、敢て疾怨せず、敬に起き孝に起く。(『礼記』内則[28])

子云えらく、命に従いて忿らず、微諫して倦まず、労して怨みず、孝と謂うべきか。(『礼記』坊記[29])

これらは、父母が諫争に従わなければ、強要することなく諫争を続ける、という趣旨にまとめられる[30]。しかし、これは「諫争はしたが父母が従わない」といった状況を解決するものではなく、同じ状況が反復するに過ぎない。『孝経』諸注でも、例えば『孝経大義』が「聴かざれば則ち止めず」(諫争章相当部)としているが、これも、「止めずに諫争を続け、さらに従わなかった場合」に問題を先送りすることになる。

永久に諫争を続けることは出来ないため、「強要しない」ことを前提とするなら、これらの箇所から想定される結果は、最終的に「諫めて逆らわない」というものだと予想される。

父母之を愛すれば、喜びて忘れず。父母之を悪めば、懼れて怨むることなし。父母に過ち有れば、諫めて逆らわず。(『大戴礼記』曾子大孝[31])

三諫して聴かざれば、則ち号泣して之に随う。(『礼記』曲礼下(32))

父母に過ち有れば、諫めて逆わず。(『礼記』祭義(33))

これらの例では、最終的には父母に逆らわない。勿論、それは孟子のいう、「父子の善を責むるは、恩を賊うの大なる者なり(父子責善、賊恩之大者)」(離婁下)という思想からではあろう。ただ、右の曲礼下篇の例では、「号泣」の解釈として、例えば鄭注には「至親去る無し。志之を感動するに在り(至親無去。志在感動之。)」とあり、孔疏には、「悟りて之を改むる有るを冀う(冀有悟而改之)」とある。これらの解釈では、ただ悲しさから泣くのではなく、親の心を動かすことにその目的があると考えられるが(34)、親がそれでも行ないを改めず、なおかつ、子が逆らわなければ、結局は父母は「不義」に陥ることとなる。

以上の例では、たとい「不義」の防止が目的であっても、親に強制することは認められておらず、諫争によっては親の意志を変更し得ない。よって、子の採り得る対策としては、「不義」が実現した結果に操作を加えるというもののみとなる。

子曰く、(引用者注…諫争の)入るべきや、吾れ其の過に任ず。入るべからざるや、吾れ其の罪を辞す。(『大戴礼記』曾子立孝(35))

ここで、「吾任其過」については、当条に対する『大戴礼記解詁』に「過に任ず、とは、過てば則ち己に帰すなり(任過者、過則帰己也)」とあり、「吾辞其罪」については、「其の罪を辞す、とは、内に自ら訟《せ》むるを謂う(辞其罪、謂内自訟也)」とある。また、続けて『尚書』大禹謨を引用し、「書に曰く、父母を于《よ》び、罪を負い慝《あく》を引く、と(書曰、于父母、負罪引慝)」としている。[36]

さらに、

諫めて用いられざれば、之を行なうに己に由るが如くす。(『大戴礼記』曾子事父母[37])

の「如由己」についても、王注に「過てば則ち己に帰す」とある。これらは、過ちを行なうという道義的な罪や、その結果発生する不利益（法律上の罰を含むであろう）を引き受けると捉えてよいであろう。

このように、『大戴礼記』に収録される『曾子』とされる部分[38]では「不義」が行なわれたという過ちや罪を、「己に帰す」という解決策を提示する。明確に、「諫争が最後まで入れられなかった」という状況を設定する視点と、それに対する解決策を提示することは、これら曾子学派所産とされる篇の特徴といえる。だが、この解決策においても、罪を引き受けるとはいえ「不義」は既に発生しており、「不義の防止」という観点からいえば諫争の失敗であるといえる。

しかし、「不義」を子の自発的な意思によって行なったと装い、過ちや罪を「己に帰」せば、表面上は父母に過ちや罪は及ばず、「父母の不利益を除く」こととなる。つまり、父母の「不義」が実現しても、その結果発生する「不利益」が父母に帰すことは防止される。これにより、「不利益を除く」ことが、親が諫争を容れるかどうかに関わらず達成される。これは、先にあげた他の諸文献が諫争を「子が諫争する」というプロセスのみと捉えているのに対して、『曾子』が「その結果親の利益が増大する」ことまでを諫争と捉えているためであると考えられる。

父母がどうしても諫争に従わない場合は、子は父母に「過」が及ばないようにできるのみであり、諫争は父母の行為を改めさせる強制力を持たない。これが諫争の限界であるが、子が「己に帰す」ことによって、諫争が不成功に終わり「不義」が実現したとしても、「親の不利益」は回避されうる。これは、諫争の理由が「道義」にあるのではなく、「養親（＝親の不利益を除く）」にあることを示しているといえよう。

三　親の命に対する不服従

儒家系文献では、諫争という父母の命に反する行為は、畢竟「養親」のために行なうものであった。それは、「義」を題目とすることによって理論化されていたといえる。では、「孝」と「不服従」との関係は、一般的にはどのように認識されていたのであろうか。この点について、孝子といわれる人物の、諫争しても聞き入れられず「不服従」を行なったことを記す逸話から考察する。

諫争は強制力を持たず、父母に聞き入れられなければ機能しない。父母が諫争を聞き入れない理由として、親の意見の方が「義」である、という可能性は、そもそも子の判断力が勝っているとの仮定の上に諫争論が成り立っているため排除される。よって、「義」に則した諫争が聞き入れられないことが前提となる。こうして、諫争が聞き入れられない理由は、父母が正しい諫争を聞き入れないような人間である、というものに収斂する。諫争をテーマとする孝行譚は、子の孝行によって親が改心する、という孝行の成功譚でなければ啓蒙の意味をなさないであろうから、最後まで諫争を聞き入れないような父母の登場する説話や伝記は非常に稀である。ただ、これに類する例としては、舜の父母の例をあげることが出来る。

孟子曰く、不孝に三有り。後無しを大と為す。舜告げずして娶るは、後無きが為なり。君子以て猶告ぐるがごときと為す。（『孟子』離婁上）(39)

ここで、舜は父母に告げずに結婚したとされている。『毛詩』に、「麻を蓺うるは之を如何にす、其の畝を衡従にす。妻を取るは之を如何にす、必ず父母に告ぐ（蓺麻如之何、衡従其畝。取妻如之何、必告父母）」（『毛詩』斉風、南山）とあるように、結婚の際は必ず父母に告げねばならない。しかし、舜の父母は、「父頑、母嚚」（『尚書』堯典）とされる、いわば不徳者の代名詞であり、諫争を聞き入れない人物として描かれる。ために、結婚を報告すると必ず反対されることが前提とされている。ここで舜は、結婚せず後嗣が無いという父母の不利益を回避せねばならない。そのために、本来なら子である舜が、己の結婚を許可するようにと諫争すべき状況である。(40)しかし、父母の性格設定から、諫争によって父母の考えを改めさせることが出来ないことが明白である以上、後嗣を得るために採りうる手段は、父母に告げずに結婚するというものしかない。ここには「以為猶告也」とあるが、実際には告げていないのであるから、これは詭弁にすぎない。ここでは、もし舜が結婚を父母に告げれば、父母は必ず反対し、そこで舜が「後無」を理由に諫争したとしてもその諫争を聞き入れないであろうことが前提となっている。よって、この「不告」は、「結婚を許さない」という、想定される父母の命への「不服従」であるといってよい。

孟子の解釈では、舜は、「諫争は聞き入れられない」と予測し、それが「不孝」な結果をもたらすと判断して、「不告（＝不服従）」という手段を採ったのだといえよう。ここから、「不服従」を容認する根拠として、父命に服従すると「不孝」となる、というものがあり、なおかつその場合には、諫争をせずに「不告」という手段を採ることが容認されていると考えられる。

では、「不告」は、諫争が聞き入れられない場合には誰でも使用が容認される手段なのであろうか。もしくは舜（聖人）という特殊な人間にのみに認められる手段なのであろうか。

ここで当条の諸注釈を参照すると、当条『孟子集註』は「范氏曰く、……若し父瞽瞍に非ず、子大舜に非ずして、告げずして娶らんと欲せば、則ち天下の罪人なり（范氏曰……若父非瞽瞍、子非大舜、而欲不告而娶、則天下之罪人也）」とする。これは、瞽瞍という不徳者の親と舜という聖人である子との間であるからこそ是認されるという立場である。

この意見は、二者の人格設定から考えて、説得力を感じさせはする。しかし、瞽瞍と舜とという甚だしい倫理性の差は現実には殆ど存在しないものであるから、この范祖禹の説は他の事例に演繹することが出来ず、類似の状況が舜以外の人間に発生した場合には、「不服従」を抑止する方向に働くこととなる。

当条趙注は、「娶らずして子無く、先祖の祀を絶つ」ことを指して、「三者の中、後無きを大と為す」とする。また、万章上篇では、万章の「舜の告げずして娶るは何ぞや」との問いに、孟子は「如し告ぐれば則ち人の大倫を廃し、以て父母に懟《うら》みらる（如告則廃人之大倫、以懟父母）[41]」と答えており、趙注には「是れ人の大倫を廃せば、以て父母に怨懟せらるるなり（是廃人之大倫、以怨懟於父母也）」とあり、偽孫疏は当条を解して「惟先祖に以て後を承く無く、卅にして以て継ぐ無し。不孝の大なる者たり（惟先祖無以承後、卅無以継。為不孝之大者）」とする。これら古注系の解釈に従えば、「無後」は先祖の祭祀を絶つがために不孝であるといえる。また、それがために、「無後」を避けるためには「不服従」もやむを得ないこととなる。これは、「父母の命」より「後嗣」を上位に置くという考えであり、これが「不告」を許容する条件であるといえよう。この考えに従えば、たとい舜以外の人間であっても「後嗣」のためならば「不服従」であってよいと考えられる。

先に、諫争が「養親」を目的としたものであることを確認した。しかし、この舜の事例では、「不告」の理由は「後嗣」を得るためであり、これは直接「養親」には関わらない。つまり、「不告」や諫争といった「不服従」が容認される根拠には、「養親」と「後嗣」とがあることとなる[42]。では、「養親」と「後嗣」とが背反する場合には、どちらが優先されるのであろうか。ここまで、主として儒家系文献を用いて考察してきたが、管見の及ぶ限りでは、「養親」と「後嗣」との関係について論じたものは見当たらなかった。そこで以下では、よく知られた孝行譚である郭巨埋子譚を用いて考察する。

郭巨埋子譚は、人口に膾炙した説話であり、そのバリエーションが多くの資料に散見する。これらは、それぞれ細かな点で記述に異同が見られるが、大筋は、「郭巨の家は貧しく食に事欠くため、郭巨の母親は己の食を減らして孫に与える（または、子を生かしておくと母親の食事を減らさざるを得ない）。これを案じた郭巨が妻と謀って我が子を埋めようとする。穴を掘った際に金を掘り出し、子は埋められるのを免れる」というものである。(43) なお、この説話は『太平御覧』には「劉向孝子図曰」として引かれており、この記述に従えば前漢末期には成立していたこととなる。

郭巨とその妻とが母を養うために殺そうとする子が唯一の「後嗣」であるとの明言は無いが、「劉向孝子図」・「宋躬孝子伝」・『捜神記』・『法苑珠林』・舟橋本『孝子伝』・陽明本『孝子伝』所収の説話では孫を男児であるとしている。例えば、「其の婦忽然として一男子を生む（其婦忽然生一男）」（陽明本『孝子伝』）とあり、また話の趣意からも、子は一人と考えてよいであろう。(44) 男児が一人で、それを埋めてしまうとすれば、将来はともかくこの時点での後嗣の確保は放棄していることとなる。換言すれば、経済的な事情により「養親」と「後嗣」とが両立しないジレンマ状況が設定されているといえる。また、己の食を分け与えるほど可愛がっている孫であるなら、当然郭巨が子を埋めることを母に告げれば反対したであろうから、母には「不告」であったことは容易に想像がつく。

つまり、ここで母に「不告」である理由は「無後」のためではない。それどころか、「後嗣」を担うべき男児を殺して「無後」となっても、母の食を増加することを選択しており、郭巨夫妻は「後嗣」よりも「養親」を優先しているといえる。(45)

また、予想される母の命令は「孫の殺害の禁止」であり、普遍的な道徳規範（道義）に反するものとはいえない。そうであるにもかかわらず、郭巨夫妻は「不告」という手段を採る。無論、これは説話であって儒家の思想的文献ではないが、所謂『孝子伝』に収録され、さらに『二十四孝』にも収録されているように、一般的にこの行為は孝行譚として認識されているといえる。以上より、この説話においては、「後嗣」の確保よりも「養親」が優先されていること、「告」げることにより父母が下すと予想される命が「養親」に背反するものであれば「不告」という手段を採りうると認識されていたことなどが見てとれる。

つまり、舜の逸話では、「服従」よりも、「後嗣」の確保が上位の当為とされており、郭巨の場合は、「後嗣」よりも、「養親」が上位の当為とされていると考えられるのである。

また、『明史』には、江伯児の話として、次のようなものがある。

二十七年九月に至り、山東の守臣言えらく、日照の民江伯児、母疾み、脇肉を割きて以て療すも愈えず。岱嶽の神に母の疾瘳えんことを禱り、子を殺して以て祀るを願う。已に瘳ゆるを果たし、竟に其の三歳の児を殺す、と。(『明史』巻二九六、孝義伝)(46)

これは、母の病が平癒すれば己の三歳の子を殺して祀ると岱嶽の神に祈り、母の病が癒えたため、子を殺して供え物とした、という話である。この話でも、「養親」のために「後嗣」を担うべき男児を殺していることとなる。『明史』では、このことを聞いた時の皇帝が怒ったと続くが、この話が記載されているのが「孝義伝」であることからも、一般的には孝行として認識されていたと考えられる。

このような尊属のために卑属を犠牲となすがごとき行為には、当然のことながら否定的な見解も存在する。(47)しかし、『明史』にもあるように、時の朝廷が割股などを禁止しても、以後も割股の風習は衰えなかった。当然、「養親」のために「後嗣」を犠牲とする行為も行なわれていたことは想像に難くない。(48)これは、民衆にとっては、直接の「養親」が「後嗣」よりも優先される当為として受け止められていたことを示していよう。

先に、「後嗣」が「服従」に優先する当為であると確認した。これを考え合わせると、親に対する当為の優先順位は「養親」・「後嗣」・「服従」の順であるとの認識が、かなり一般的であったと考えられる。そうして、父母の命に従うことによってこれらの順位に齟齬をきたす場合には、その命が「道義」に反するかどうかに関わらず、そのような命が下ることを未然に防ぐため、「不告」即ち「不服従」といった手段を採ることが認められているのである。

父母への「服従」は孝の主要な部分である。しかし、これに反する諫争もまた孝とされる。これは、父母の命が「不義」であった場合に限って容認される。ここで、諫争の根拠となるのは「義」であるとされるが、この「義」は、理念上はともかく、実際には「道義」として機能していた訳ではなく、畢竟「養親」の為の題目といってよい。これは、諫争が聞き入れられない場合に顕著に現れる。諫争は父母に対する強制力を持たないため、諫争を続けても入れられない場合、結果的には父母の行為を改めさせることは出来ない。この際にも、曾子学派の解釈では、諫争の失敗により「不義」の抑止が叶わずとも、「己に帰す」という解決策が提示され「養親」は達成される。つまり、「道義」の全うよりも「養親」の達成が優先されるといえる。

また、服従すると「不孝」となると子が予想した場合、現実に行為や命令を改めさせるという効力を持たない諫争を行なわず、「不告」という手段を用いることも是認される。そうして、「不告」を用いることが容認される理由には、「養親」・「後嗣」という序列がある。また、「不告」は、親の命が「道義」に反するかどうかには拘束されず、「養親」を全う出来るかどうかがその根拠となる。

このように、一見「父母への服従」即ち孝より逸脱しているかのように見える諫争や「不告」も、結局は「養親」という「存命中の親の利益を最大化する」行為の部分であり、その目的も「道義」の完遂というよりは、あくまで「養親」にあったといえるであろう。

注

（1）　津田左右吉『儒家の実践道徳』（岩波書店、一九三八年、一一頁、後に『津田左右吉全集』第一八巻、岩波書店、一九六

五年）

（2）桑原隲蔵「支那の孝道殊に法律上より観たる支那の孝道」（『狩野教授還暦記念支那学論叢』、弘文堂書房、一九二八年、後に『中国の孝道』、講談社、一九七七年、二〇頁）

（3）「孝子伝曰、原穀者、不知何許人。祖年老、父母厭患之、意欲棄之。穀年十五。涕泣苦諫。父母不従。乃作輿舁棄之。穀乃随、収輿帰。父謂之曰、爾、焉用此凶具。穀云、後、父老、不能更作得。是以取之耳。父感悟愧懼、乃載祖帰侍養。剋己自責、更成純孝。穀為純孫」。なお、幼学の会『孝子伝注解』（汲古書院、二〇〇三年）にこのエピソードに関する詳しい解説を載す。

（4）作者未詳。諸家の『孝子伝』を逸集した茆泮林『古孝子伝』は、「『隋唐志』を案ずるに、諸家『孝子伝』の外、又雑『孝子伝』有り（案隋唐志、諸家孝子伝外、又有雑孝子伝）」（自注）としている。

（5）「父母有過、諫而不逆」

（6）「父母有過、下気怡色、柔声以諫」

（7）津田氏前掲書（二一〇頁）

（8）『説苑』建本篇にも、「身を殺して以て父を不義に陥《おとしい》る。不孝、孰れか是より大ならんや（殺身以陥父不義。不孝、孰是大乎）」とあり、親が「不義」に陥ることは防止されるべきとされる。なお、『孔子家語』六本篇にも同意の文章が存在する。

（9）この他、諫争の根拠を「義」以外とするものとしては、「道」とする「若し道に中れば、則ち従う。若し道に中らざれば、則ち諫む（若中道則従、若不中道則諫）」（『大戴礼記』曾子事父母）、「正」とする「君子の孝や、正を以て諫を致す（君子之孝也、以正致諫）」（『大戴礼記』曾子本孝）、「善」とする「善なれば則ち之に従い、善ならざれば則ち之を止む（善則従之、不善則止之）」（上博楚簡『内礼』）などがある。

（10）「従義不従父、人之大行也」

（11）「故当不義、則子不可以不争於父」

（12）「不義」を諫争の条件とする、この『荀子』子道篇の一部と『孝経』諫争章とは、周知の通り文意・文字共にほぼ共通しており、同一の学派の所産と考えられる。このことから、この二者の指す「不義」は同義であるとしてよいであろう。

(13)　津田氏前掲書（一一八頁）
(14)　玉置重俊「中国古代における「孝」について」（『北海道情報大学紀要』第六巻第二号、一九九五年）
(15)　森熊男「儒家の諫争論　—その変化の背景—」（『岡山大学教育学部）研究集録』第四〇号、一九七四年）
(16)　池澤優「『孝経』の思想　—孝の宗教学・その六—」（『筑波大学地域研究』一二、一九九四年、後に『「孝」思想の宗教学的研究』東京大学出版会、二〇〇二年）
(17)　以下、親子という近親関係の理論より独立し、さらに優越する当為を「道義」と表記する。
(18)　康学偉『先秦孝道研究』（文津出版社、一九九一年、二〇五頁）
(19)　曹方林『孝道研究』（巴蜀書社、二〇〇〇年、七一頁）
(20)　「孝子所以不従命有三。従命則親危、不従命則親安、孝子不従命乃衷。従命則親辱、不従命則親栄、孝子不従命乃義。従命則禽獣、不従命則脩飾、孝子不従命乃敬」
(21)　「有人於此。越人関弓而射之、則己談笑而道之。無他。疏之也。其兄関弓而射之、則己垂涕泣而道之。無他。戚之也」
(22)　以下本章では、存命中の父母の利益（効用）を増大させる、または不利益を減少させるような子の行為を「養親」と表記する。
(23)　『臣軌』匡諫章の自注には、「孝経曰、子不可以不諍於父……」に続いて「鄭玄曰、君父有不義、臣子不諫諍、則亡国破家之道也」とあり、皮錫瑞『孝経鄭注疏』などはこれを『鄭氏注』の引用と認定している。なお、林秀一氏が指摘するように（「敦煌遺書孝経鄭注復原に関する研究」、『岡山大学法文学部学術紀要』第七号、一九五六年、後に『孝経学論集』、明治書院、一九七六年）、この注は敦煌遺書孝経鄭注（P二六七四・P三四二八）には見えないのだが、本章では「不義」の解釈として考察するに止め、この問題は措く。
(24)　「君父有不義、臣子不諫諍、則亡国破家之道也」
(25)　「子不争、則陥父於不義、至於亡身」
(26)　「子曰、事父母幾諫。見志不従、又敬不違、労而不怨」
(27)　「微諫不倦、聴従而不怠、懽欣忠信、咎故不生。可謂孝矣」
(28)　「諫若不入、起敬起孝。説則復諫。不説、与其得罪於郷党州閭、寧孰諫。父母怒不説、而撻之流血、不敢疾怨、起敬起孝」

(29)「子云、従命不忿、微諫不倦、労而不怨、可謂孝矣」

(30)『礼記』坊記篇「微諫不倦」の『鄭注』に、ここであげた内則篇の「父母有過、下気怡色、柔声以諫。諫若不入、起敬起孝、説則復諫」が引かれており、「微諫不倦」は、諫争を続けることと解してよいであろう。

(31)「父母愛之、喜而不忘。父母悪之、懼而無怨。父母有過、諫而不逆」

(32)「三諫而不聴、則号泣而随之」

(33)「父母有過、諫而不逆」

(34)呉澄『孝経定本』や、陳選『小学句読』なども同様の解釈を採る。ただ、本朝の中井履軒は、『小学雕題』において「号泣とは、情の切にして自ら已む能わざる者なり。……親の心を感動せんと欲して号泣するに非ざるなり（号泣、情之切而不能自已者。……非欲感動親心而号泣）」（『小学雕題』明倫第二）と別解を提出している。

(35)「子曰、可入也、吾任其過。不可入也、吾辞其罪」

(36)この『尚書』大禹謨の邢疏には、「自ら其の罪を負い悪を引き、己に帰す（自負其罪引悪、帰己）」とあり、「（引用者注：舜が父母の）罪を己に帰す」の意となる。

(37)「諫而不用、行之如由己」

(38)『四庫全書総目提要』に「又『藝文志』、『曾子』十八篇久しう逸す。是の書猶其の十篇を存す。立事より天円に至る篇、題上悉く冠するに曾子を以てする者、是なり（又藝文志、曾子十八篇久逸。是書猶存其十篇。自立事至天円篇、題上悉冠以曾子者、是也）」（巻二一、経部二一、礼類三）とあるように、『大戴礼記』の曾子立事より曾子天円までの十篇は『曾子』よりの採録だとされる。

(39)「孟子曰、不孝有三。無後為大。舜不告而娶、為無後也。君子以為猶告也」

(40)ただし、この「無後」は『孟子』の説であり、異論もある。例えば、中井履軒は、「兄弟に子有り、以て奉祀すべし。……何となれば則ち舜に弟象有り。象即ち多子有り。乏祀の憂無し（兄弟有子、可以奉祀。……何則舜有弟象。象即有多子。無乏祀之憂）」（『孟子逢原』）として、この状況を「無後」ではないと解釈している。当該章の解釈については、拙稿「懐徳堂の「不孝有三無後為大」解釈」（『懐徳堂研究』第五号、二〇一四年）参照。

(41) この「懟」は諸注釈においてさまざまに解釈されているが、本章では趙注・朱注の「うらむ」という解釈に従う。

(42) ただ、司馬光が「(引用者注…諫争して父母が従わなかった場合に)苟も事に于て大害無き者は、亦当に曲従すべし。若し父母の命を以て非と為して、直ちに己の志を行なえば、執る所皆是なりと雖も、猶不順の子たり(苟于事無大害者、亦当曲従。若以父母之命為非、而直行己志、雖所執皆是、猶為不順之子)」(『涑水家儀』)とするように、「不告」を認めない立場もある。

(43) 中島和歌子「四系統の孝子伝・郭巨説話をめぐって」(『語学文学』第三九号、二〇〇一年)によれば、『捜神記』・『藝文類聚』・『古注蒙求』・『三教指帰敦光注』・『廿四孝詩選』・『孝行録』・『御伽草子』・『謡曲郭巨』所収の「郭巨埋子」譚が明確に祖母が孫に己の食事を与えることを示すという。

(44) ただ、このうち「宋躬孝子伝」のみ、子を埋める理由を「不得営業、妨於供養」としており、母の為かどうかは明示されない。なお、古孝子伝の逸文については、黒田彰『孝子伝の研究』(思文閣出版、二〇〇一年)に詳しい。

(45) 親の食を確保するために我が子(親にとっては孫)を売る明達売子譚なども「養親」を優先したものといえる。

(46) 「至二十七年九月、山東守臣言、日照民江伯児、母疾、割脇肉以療不愈。禱岱嶽神母疾瘳、願殺子以祀。已果瘳、竟殺其三歳児」

(47) 『明史』には続いて、「礼臣議して曰く、……倘《も》し父母に止だ一子有るのみなれば、或いは肝を割きて生を喪い、或いは氷に臥して死を致せば、父母をして依る無さしめ、宗祀永に絶ち、反って不孝の大と為る(礼臣議曰、……倘父母止有一子、或割肝而喪生、或臥氷而致死、使父母無依、宗祀永絶、反為不孝之大)」とある。これは、郭巨や江伯児のような行為が「後嗣」の確保と背反するという点を指摘したものであり、これらの行為が全面的に認められていた訳ではないことを示している。

(48) 孝行のための子殺しに関しては、本書第四部第二章参照。

第三章　後漢孝批判の系譜と孝の規範性

後漢は、孝道徳が称揚された時代であったとされる。前漢後漢を通じて、殆どの皇帝の諡号には孝字が附されており、「孝廉」・「至孝」といった選挙が行なわれた。また、「朝門羽林介冑の士、悉く孝経に通ず（朝門羽林介冑之士、悉通孝経）」（『後漢書』樊宏伝）、「期門羽林の士より、悉く孝経章句に通ぜしむ（自期門羽林之士、悉令通孝経章句）」（『後漢書』儒林伝）、「光武虎賁の士をして、皆孝経を習わしむ（光武令虎賁之士、皆習孝経）」（『旧唐書』薛戎伝）などとあるように、『孝経』の読者層がかなり広範なものとなっていた。

その一方で後漢は、加地伸行氏が、「後漢末に至ると、社会を指導する原理としての孝の地位が揺いでいたことを思わせる(1)」とするように、孝批判を展開する者を輩出した時代でもあった。日原利国氏は「批判の哲学(2)」において、「従来の孝」に対する批判者として、王充・仲長統・孔融をあげている。また、串田久治氏も、「後漢になるとこの孝概念を覆そうとする人々が現れた(3)」として、同様の名をあげる。何を以て「孝批判」と認定するかについては、なお慎重な手続きを必要とするであろうが、ここに共通してあげられた三名は、一般的に所謂「孝概念を覆そうとする人々」と考えられているとしてよいであろう。

では、この三者の唱えた「孝批判」とはどのようなもので、その論のどういった点が問題とされたのであろうか。本章では、三者の「孝批判」の内容について確認し、さらに批判対象である「従来の孝」の規範性の根拠について考察する。また、その結果を踏まえ、思想的系譜という面より、『荀子』との関係についても考えたい。

一　後漢の孝批判

先ず、王充の説から確認する。王充が「孝概念を覆そうと」するとされる言は、次のようなものである。

夫れ天地の気を合わせ、人偶たま自《おのづか》ら生ずるは、猶夫婦の気を合わせ、子則ち自ら生るるがごとし。夫婦の気を合わするは、当時生子を得んと欲するに非ず。情欲動きて合い、合いて子を生むなり。且つ夫婦は故《ことさら》に子を生まんとせず、以て天地の故に人を生ぜざるを知るなり。（『論衡』物勢(4)）

また、類似の主張として、

由《な》お人の気を動かすや、体動きて気乃ち出で、子亦生るるなり。夫れ人の気を施すや、以て子を生むを欲するに非ず。気施されて子自ら生るるなり。（『論衡』自然(5)）

物は自《おのずか》ら生じ、子は自ら成る。天地父母、何ぞ与り知らんや。（『論衡』自然(6)）

などとある。

これらにおいて示されているのは、情合と誕生との関係が、その間に子を誕生させんとする意図を欠く、単なる因果関係だという考えである。「情欲動きて合い、合いて子を生む」において、親の「生む」という行為は、「行為の結果」（＝子の利得）を目的とした行為ではなく、「情欲の満足」（＝親の利得）を目的としたものであると措定される。

さらに、「当時生子を得んと欲するに非ず」・「夫婦は故に子を生まんとせず」において、明確に「(生もうという)意志」が否定される。尤も、ここで否定されているのは「(生もうという)意志」のみであって、「(生んで貰ったという)結果」ではない。結果的に子は、「生んで貰う」という利得を得ていることには違いがない。

しかし、例えば『論語』に、「子游孝を問う。子曰く、今の孝は是れ能く養うを謂う。犬馬に至るまで皆能く養うこと有り。敬せざれば何を以てか別たんや、と(子游問孝。子曰、今之孝者是謂能養。至於犬馬皆能有養。不敬何以別乎)」(『論語』為政)などとあるように、一般的に儒教的思惟においては、ある道徳的行為の価値や道徳性の根拠を「(善意志」の有無におき、その行為のもたらす「結果(=利得)」から独立したものと見なす傾向が強い。この観点に立てば、王充の主張である「(生もうという)意志」の否定は、「(生んでもらったという)結果」の価値を全否定することに繋がる。つまり、「(生んでもらったという)結果」に対する負債の存在を否定することとなるのである。王充の「孝批判」といわれるものは、換言すれば、孝における「恩」の否定を意味するものであったといえよう。(7)

ただ、この発言は人間誕生のシステムについて述べたのみであり、「情」や「愛」といった概念に関しては言及されていない。王充が孝概念自体に否定的であったかどうかについては、なお慎重な検討を要するであろう。また、この言の目的については、日原氏が、「王充の主張は――意志なき天が万物を生ずる比喩として説かれたものであるが――父子関係を中核とする家族道徳の破壊につらなろう(8)」としているように、この説が孝について述べたものとは全く異なる文脈上のものであることに留意が必要である。そこで、『論衡』の他の箇所を参照すると、

　子に過有りて父怒り、之を笞ちて死を致す。而して母哭せざらんや。(『論衡』雷虚)(9)

といった記述がみられ、親子間の情愛の存在を否定している訳ではないことが分かる。また、

慈父の子に於ける、孝子の親に於ける、病むを知りて神を祀り、疾痛して薬を和す。（『論衡』明雩(10)）

其の家を舍《お》きて他人の室を観、其の父を忽にして異人の翁を称するは、未だ得たりと為さざるなり。（『論衡』須頌(11)）

などとある。王充が孝における「恩」を否定しつつも、『論衡』が全体として孝に否定的という訳ではないことが見てとれよう。

次に、孔融の説について確認する。問題とされる孔融の発言は次のようなものである(12)。

父の子に於ける、当に何の親か有るべけんや。其の本意を論ずれば、実に情欲の為に発せしのみ。子の母に於けるも、亦復た奚為れぞ。譬えば物を缻中に寄するが如し。出づれば則ち離る。（『後漢書』列伝六〇、孔融伝(13)）

以為らく、父母と人とに親《しん》無し。譬えば缻器の寄せて其の中に盛るが若し。又言えらく、若し饑饉に遭いて、父不肖ならば、寧ろ餘人を贍活せよ。（『三国志』『魏書』巻一二、崔琰伝裴注引『魏氏春秋』(14)）

これは、親子関係を瓶と内容物との関係に準えたものであるが、このうち、「其の本意を論ずれば、実は情欲の為に発せしのみ」は、王充の「情欲動きて合い、合いて子を生む」と類似しており、「（生もうという）意志」の欠如という点でその内容が一致する(15)。

また、「若し饑饉に遭うも、父不肖ならば、寧ろ餘人を贍活せよ」とあるのに関連して、『論衡』には、

夫れ父子の恩は信なり。饑餓すれば信を棄て、子を以て食と為す。（『論衡』問孔(16)）

という主張が見られる。両者は、「饑餓」という極限状況を設定して、そこにおける親子間に存在する情愛（「親《しん》」「信」）の絶対性を否定するという点で一致している。上の孔融の（ものとされる）発言には、『論衡』の影響を見てとることができよう。

更には、親子間に存在する情愛は、一般的に生得的なものだとされるが、ここでは、「父の子に於ける、当た何の親《しん》か有るべし。……子の母に於けるも、亦復た奚為れぞ」・「以為らく、父母と人とに親無《しん》し」などとして、子が親に対して生得的に「親《しん》」を持っていることが否定される。ここから、孔融の「孝批判」といわれるものは、孝における「恩」及び親子間の情愛の「生得性」の否定を意味するものであったといえよう。

ただ、『後漢書』所載の言は、路粋による孔融に対する弾劾文に載すものであり、『魏氏春秋』所載の言も、曹操の布告中、孔融を処刑するために孔融が有罪である証拠として引用されたものである。ためにこの発言は、孔融を陥れるために捏造された可能性があり、真に孔融のものであったかには疑問が残る。(17) そこで、孔融の事蹟を確認してみると、

年十三、父を喪う。哀悴過毀、扶けて後起く。州里其の孝に帰す。（『後漢書』孔融伝(18)）

郡人甄子然、孝行もて名を知らる。早に卒す。融之に及ばざるを恨み、乃ち県社に配食せしむ。（『三国志』『魏書』崔琰伝裴注引『続漢書』(19)）

などとあり、本人が州里を感化させる程の孝行者であり、任地においても孝を推奨するような政策を採っていたとの記述が見られる。発言の真偽はともかく、孔融が全面的に孝を否定する考えを持っていた訳ではないと考えてよいであろう。

次に、仲長統の説について考察する。問題とされる説は、以下のようなものである。

父母人を怨咎するに正を以てせず、已に其の然らざるを審らかにするも、違いて報ぜざるべきなり。父母人に与《くみ》するに官位爵禄を以てせんと欲して、才実は可ならずとするも、違いて従わざるべきなり。父母奢泰侈靡を為すを欲し、心を適《かな》え意を快くするを以てするも、違いて許さざるべきなり。父母学問を好まず、子孫の之を為すを疾《にく》むも、違いて学ぶべきなり。父母善士を好まず、子孫の之と交わるを悪むも、違いて友とすべきなり。士友に患故有り、己を待ちて済《すく》わるるに、父母其の行くを欲せざるも、違いて往くべきなり。故に違うべからずして違う、孝に非ざるなり。違うべくして違わず、亦孝に非ざるなり。違わざるを好む、孝に非ざるなり。違うを好む、亦孝に非ざるなり。其れ義を得るのみ。（『群書治要』巻四五載『昌言』）[20]

ここでは、父母の命令に盲従することが否定されている。例えば、「子婦の孝ある者、敬ある者は、父母舅姑の命に逆らうこと勿く、怠ること勿し（子婦孝者、敬者、父母舅姑之命、勿逆勿怠）」（『礼記』内則）・「敢えて父の意の如きを致さざらざるは、人たるの道を尽くすなり（不敢不致如父之意、尽為人之道也）」（『春秋繁露』五行対章）など、儒教には一般的に、父母に対する服従が孝の主要な部分であるという認識が存在する。そうして、上の仲長統の言は、この認識を否定するものといえる。鈴木茂氏が、「古典道徳の主要徳目たる孝の価値概念が、このように大きく変様」[21]したとし、堀池信夫氏が、「以上のごとき孝の思想は、漢代を通じて把持されていたそれを、大きく更新するものだった」[22]とする所以である。

ただ、「子曰く、父母に事えて幾諫す。志の従わざるを見ては、又敬して違わず、労して怨みず（子曰、事父母幾諫。見志不従、又敬不違、労而不怨）」（『論語』里仁）や、「父母に過ち有れば、気を下し色を怡《やわら》げ、声を柔らかにして以て諫む（父母有過、下気怡色、柔声以諫）」（『礼記』内則）・「子曰く、命に従いて忿らず、微諫して倦まず、労して怨みず、孝と謂うべきか（子云、従命不忿、微諫不倦、労而不怨、可謂孝矣）」（『礼記』坊記）などとあるように、孝を構成する部分として「諫争」を容認する考えもまた、儒教的思惟として一般的なものである。そもそも、伝統的な儒教理論の内部に、服従一辺倒の所謂「愚孝」に陥らないための論理が備わっていたと考えてよいであろう。

また、「其れ義を得るのみ」とあるのに関連しても、

父母の行ない若し道に中れば、則ち従う。若し道に中らざれば、則ち諫む。……従いて諫めざるは、孝に非ざるなり。諫めて従わざるは、亦孝に非ざるなり。（『大戴礼記』曾子事父母）(23)

故に不義に当れば、則ち子以て父に争わざるべからず。（『孝経』諫争章）(24)

などとあるように、儒家系文献において諫争が推奨される際には、その根拠は主として「義」や「道」におかれるのが一般的である。(25)

串田氏が、「仲長統は……孝道徳を全否定することもない」(26)とするように、仲長統の説は孝を否定したものではない。寧ろ孝の部分として「諫争」を推奨する儒家の孝理論と流れを同じくするものと考えるのが適当であろう。

二　孝の規範性の根拠

この三者は、決して孝概念自体を否定して、不孝を推奨した訳ではない。だが、孔融などは本伝の記述によれば特に不孝者として認識されていたようには見えないにも関わらず、先にあげた言の存在のみで誅殺の根拠としては充分であった。(27)このことからも窺えるように、これらの言は、当時の標準的道徳観念に照らして、決して看過し得るもの

ではなかった。では、何故これらの主張が「不孝」とされ問題視されるのであろうか。このことについて考察するにあたっては、まず「孝の規範性の根拠（孝を行なわねばならないのは何故か）」について考えることが有効であろう。[28]

このことについては、津田左右吉氏が、「全体に儒家は、孝の何ごとであるかをさま〴〵に説きながら、何故に孝をしなければならぬかを多く考へなかつたやうに見えるが、これは一つが孝が古くからの社会的通念として一般に承認せられてゐたものだからであらう[29]」とするように、管見の及ぶ限りで、古典中国においてこのことについて意識的に思索したものは見受けられない。これは、津田氏の言うように、中国において、孝が規範性を有することは、思索や立証を必要としない自明のことであったことを示していよう。ただ、意識的な思索が行なわれなかったにせよ、孝に関する記述から、その構造を解読することは可能であろう。

その、「孝の規範性の根拠」を示したものとして、

夫れ孝は、天の経なり。地の義なり。民の行ないなり。（『孝経』三才章[30]）

父子の道は、天性なり。（『孝経』聖治章[31]）

夫れ孝は、天下の大経なり。（『大戴礼記』曾子大孝[32]）

などがあげられる。これは、孝を「天」及び「天性」と結びつけるものである。萩原擴氏はここであげた『孝経』三才章について、「孝経の作者は、その孝至極説に形而上学的根拠を与へんと試みてをる」・「然らば孝道の天経地義とは何を指すか。形而上学的の名辞を使用して孝を神秘化した外何等意義あるものでないやうに思ふ[33]」としている。

ただ、この「天性」を用いた根拠づけには、その解釈によって二つのパターンが考えうる。つまり、「孝」を即ち「天性」として両者を同一視する際には、「天性」に対して、「人が従うべき天の理法」・「人が持つ天と同じ性質」の

二方向の意味内容が比定され得るのである。

例えば内田俊彦氏は、「『孝経』は、「家」を「徳の本」「教之所由生」として最も重視し、さらにこれを、「天之経」「地之義」「民之行」すなわち天地宇宙（人間を含む）のあり方を規定する理法として意味づけている。……そして、「天地之性、人為貴、人之行、莫大於孝」のごとく、人の善性はこの「孝」を実践しうるものであり、「父子之道、天性也」のごとく、生得の「性」のなかにそれを行う道徳的要素が存する、と説く（括弧内ママ）[34]」としており、池澤優氏は、「孔子は孝を「天の経」「地の誼」「民の行」として、天地間の法則であり「民是れこれに則」るもの、つまり人間固有の性として規定する[35]」とする。これは、「天の経」（三才章）と「天性」（聖治章）とという語感の違いに由来するものであろう[36]。そうして、特に孝を「人が従うべき天の理法」であるとする考えは、「天」の有する規範性をそのまま孝に移植したものであるということができよう。

ただ、この「孝＝天性」という説は、津田氏が、「天地に法をとつたものとするにしても人の性に具はるものとするにしても、それは主として思惟の上のことであり、実際にはさしたる意味の無い話である[37]」とするように、あくまで「思惟の上のこと」であって、民衆にとってはさして実感を伴うものではなかったと考えられる。

そこで、民衆にとってより実感を伴う説について考えてみる。津田氏は「これはさほど重要視せられた思想ではないやうである[38]」・「儒家の一般の思想であるかどうかは疑問である[39]」などとしながらも、もう二点「何故に孝をせねばならぬかの理由」となり得るものを挙げている。その一つが、「孝は父母の鞠育の恩に報ずる所以であるといふ考[40]」であり、もう一つが、「孝は子が親に対して有する自然の情愛の現はれであるといふ考[41]」である。これら「恩」・「自然の情愛」は、孝が「天性」であるという説に比して、より感情に即したものであり、情緒的に納得のいくものであるといえよう[42]。

そこで、津田氏の挙げるこの二つの「何故に孝をせねばならぬかの理由」について検討してみる。

先ず「恩」についてだが、孝における「恩」について論じたものとして、魯迅「我們現在怎様做父親」がある。(43)ここで魯迅は、「以為父子関係，只須『父兮生我』一件事，……是因此責望報償，以為幼者的全部，理該做長者的犠牲（父子の関係とは、ただ「父や我を生む」という一事だけであり、……これを理由に報償を無理強いし、幼いものすべては、親の犠牲となるのが当然だと考えている）」・「倘如旧説，抹煞了『愛』，一味説『恩』，又因此責望報償（もしも旧説のように、「愛」を抹殺し、ひたすら「恩」ばかりを説いているとすれば、またここから報償を無理強いする心がおきてくる）(44)」とし、孝が「理該做長者的犠牲」である原因として「恩」をあげている。(45)

儒家系文献において恩に触れたものとしては、例えば『毛詩』に、

父や我を生み、母や我を鞠《やしな》う。我を拊し我を畜い、我を長じ我を育て、我を顧み我を復し、出入我を腹《いだ》く。之が徳に報いんと欲するも、昊天極まり罔し。（『毛詩』小雅、蓼莪(46)）

とある。ここでは「恩」という語は用いられていないが、「生み……鞠う」ことに対して「報いんと欲する」とは、「恩」に相当する概念について述べたものとしてよいであろう。これについて、例えば孔疏には、

毛以為らく、此れ父母の生養の恩を言う、と。（当条孔疏(47)）

とあり、朱注でも、

言うこころは、父母の恩、此の如し。之に報うるに徳を以てせんと欲するも、其の恩の大なること、天の窮まり無きが如し。報いを為す所以を知らざるなり。（当条『詩集伝』(48)）

として「恩」語を用いて注解している。(49)また、『古文孝経孔安国伝』に「之を育つる者は父母なり。故に其の父母を

敬するの心は、育の恩より生ず（育之者父母也。故其敬父母之心、生於育之恩）」（『古文孝経孔安国伝』聖治章）とあり、表現の苛烈さはともかくとして、魯迅が批判している通り、中国において「恩」が孝が当為であることの根拠の一つと考えられていたことは疑い得ない。[50] また、中国仏教では、さらに孝と「恩」との関係を積極的に説いている。[51]

これに対して、王充の「情欲動きて合い、合いて子を生む」や、孔融の「情欲の為に発せしのみ」といった考えは、「恩」つまり孝の規範性そのものを否定することに繋がるため、看過しえない暴言と考えられたのであろう。

次に、もう一つの根拠「孝は子が親に対して有する自然の情愛の現はれであるといふ考」について考察する。これに関しては、例えば『孟子』尽心上に、

孟子曰く、人の学ばずして能くする所の者は、其の良能なり。慮らずして知る所の者は、其の良知なり。孩提の童も、其の親を愛することを知らざる者無し。其の長ずるに及びてや、其の兄を敬することを知らざる者無し。（『孟子』尽心上[52]）

とあり、また『孝経』聖治章に次のようにある。

故に親《あい》は之を膝下に生ずるも、父母に養《つか》うるに以《およ》べば、日に厳なり。（『孝経』聖治章[53]）

これを解して御注は、

親は猶愛のごとし。膝下は孩幼の時を謂うなり。言うこころは、親愛の心孩幼に生じ、年の長ずるに及ぶ比《ころ》、漸く義方を識れば、則ち日に尊厳を加え、能く敬を父母に致すなり。（当条御注[54]）

とする。漢土の思想史上において、一般的に孝は「愛」・「敬」の二要素より構成されると考えられてきた。[55] そうし

て、上の二条は、「敬」が「長」じて後に生じる獲得的な性質であるのに対し、「愛」が「孩提」・「孩幼」より持っている性質であると論じている。御注は上にあげた『孟子』尽心上の一節を踏まえたものと考えられ、これを参照する限り、上にあげた両者は「愛」・「敬」の発生に関して、ほぼ同様の解釈を施していると考えてよいであろう。そうして、この「孩提」・「孩幼」なる語は、「愛」が学習や文化によらない生得的なものであるということを示したものであり、津田氏のいう「自然の情愛」とは、この生得的「愛」を指しているとしてよいであろう。

これらの記述は、人が「自然の情愛」を生得的に「持つ」ことから、それを以後も「持つべき」という倫理的要請を導出することにより、「自然の情愛」を規範性の根拠としたものであるといえる。[56] そうして孔融の「父母と人とに親《しん》無し」なる言は、情愛つまり孝の生得面である「愛」を否定するものであり、そのことは、この「自然の情愛」に基づく規範性を否定することに繋がるといえるであろう。

こういった思考に対して、「自然の情愛」の持つ「生得性」という性質に注目し、この「生得性」と「天性」とを結びつける思考が存在する。「生得性」と「天性」とは元来は異なる概念だが、ある性質が学習や文化によらない生得的なものであるということは、その性質が「天に起源を持つ」という考えと親和性が高い。

こういった思考は、宋代以降の注釈に多く散見する。先にあげた『孟子』尽心上（「程子曰、良知良能、皆無所由。乃出於天、不繫於人」）に附された『孟子集註』には、

程子曰く、良知良能、皆由る所無し。乃ち天より出で、人に繫らず。（当条『孟子集註』）[57]

とあり、「無所由」つまり「生得性」が「出於天」と結びつけられている。そうして、「天に起源を持つ」とはまた、それが「人間の持つ天と同じ性質＝天性」であるという考えと結びつきやすいものであろう。

朱子学における代表的な『孝経』の注釈書である『孝経大義』には、先の聖治章相当部に、

然も一体にして分つ。則ち自然に親愛の已むを容れざるの情有り。天の性なり。親昵《ちか》しと曰うと雖も、而れども其の尊卑、已に自ら一定易うべからざるの序有りて存す。天の分なり。……此れ皆人心固有の理なり。（『孝経大義』聖治章相当部）(58)

とあり、「天之性（人が持つ天と同じ性質）」と「天之分（人が従うべき天の理法）」とが、「人心固有（生得性）」であるとされる。つまり、これらの記述は、「自然の情愛＝生得性」かつ「生得性＝天性」と比定することにより、「自然の情愛」に「天性」の持つ規範性を与えたものであるといえる。宋代には、「天理」や「人性」についての思索が深まり、それに応じて、「生得性」と「出於天」とを等価とする思考も盛んとなったものであろう。つまり、古注系の解釈においては、「持つ」から直接「持つべき」が導出されていたのに対して、新注系の解釈においては、「生得的に持つ」が「天性として持つ」と等価とされ、「天性」の有する規範性を利用して、「（天性であるが故に）持つべき」が導出されているのである。(59)

この二方向の思考については、例えば津田氏が、「孟子は人の性を説いたりれども、それと天地の自然との関係をば問題にせず、従つて其の性には自然の理法といふやうな意義は含まれてゐなかつた」(60)として、「天性」と「孟子の性善説」との関係については慎重な扱いをしているのに対して、林安弘氏は、『孝経』聖治章の「天地の性、人を貴しと為す。人の行ない、孝より大なるは莫し（天地之性、人為貴。人之行、莫大於孝）」と「父子の道、天性なり（父子之道、天性也）」との二句をあげ、「這両句話已明白地説出孝是出自於天性（この両句は、明らかに孝が天性より出ているものであると説く）」として、「孝＝天性」と比定しつつ、続けて「所謂「情」，是指天賦予生物的情感而言，此即孟子所謂「孩提之童，無不知愛其親也，及其長也，無不知敬其兄也」（尽心篇上）的愛敬之情（所謂「情」は、天が生物に賦与した情感を指して言う。これはつまり孟子の言うところの「孩提の童も、其の親を愛することを知らざる者無し。其の長ずるに及びてや、其の兄を敬することを知らざる無し」の愛敬の情である(61)」と「情」の生得性に論及している。

さて、王充説は「恩」を否定し、孔融説は「恩」と「自然の情愛」即ち愛の「生得性」との両方を否定するものであった。この「恩」・「生得性」の否定は、そのまま実感可能な孝の規範性の根拠を揺るがすものであるといえる。また、管見の及ぶ限りでは、後漢までの文献に「生得性」と「天性」とを同一視するような記述は見られなかったが、たとい宋学に代表されるような「生得性」を「天性」と同一視する解釈をとったとせよ、「生得性」の否定はそのまま「天性」の否定に繋がる。つまり孔融説は、「孝」における「恩」と「生得性」との規範性を否定する。この「生得性」の否定は、「天性」即ち「孝至極説の形而上学的根拠」をも揺るがす可能性を持ったものだったということができよう。

三　『荀子』の孝観と後漢孝批判との関係

ではこれらの意見は、後漢期の社会状況にのみ適合した特異な思想だったのであろうか。本章冒頭であげたように、後漢期は特に儒家道徳が称揚された時代であり、その一つの特徴として、特に孝が重んじられた。このことについて金谷氏は、「それは一定の政策のもとで一般風俗が経学的理念によって統一づけられた時代であったといえよう(62)」とする。

だがその一方で、道徳の形骸化が進んだ時代でもあったとされる。その様子を森三樹三郎氏は、「漢代は道徳思想の昂揚された時代でもあって、……この意味では、漢代は忠孝道徳の時代でもある。しかしその反面において、偽善の風もまた盛んとならざるを得なかった。漢代には特に不自然な孝行譚が多い。後漢の桓帝の崩後に、その山陵に多数の市民が押しかけ、いずれも孝子と称して山陵に閉じ籠もり、中には十年近くも頑張りつづけた者もあった。もちろんこれは褒美目当てのことである。……かような偽善的行為を偽善として意識しないまでに、漢代人の道徳意識は鈍っていたのである」と描写している。(63)

王充・孔融・仲長統の言説や行動は、それぞれ当時の社会や風俗に対する批判精神に溢れたものとして知られる。このうち、三者の所謂「孝批判」は、こういった当時の形骸化した孝に対する一つのアンチテーゼであったと考えられる。特に仲長統の「義」の重視にはそういった意味が強いといえよう。

ただ、三者の説が当時の標準的な思考とは一線を画した独創的なものであるのは事実だが、その発想や観点の全てが独創にかかるものなのであろうか。

先に、『孟子』・『孝経』では孝における「情愛」が「生得性」を持つとされ、そのことが孝の規範性の根拠として大きな役割を有していたことを確認した。そこで以下において、『孟子』と対照的に取上げられることの多い『荀子』に注目し、その孝観と三者の「孝批判」との関係について検討する。勿論、『荀子』も父子間の情愛を否定する訳ではない。ただ、『荀子』においては、

君子無ければ、則ち天地理まらず、礼義統無く、上に君師無く、下に父子無し。夫れ是れを之至乱と謂う。(『荀子』王制)(64)

少頃《しばらく》も礼儀を舎《す》つべからざるの謂なり。能く以て親に事うる、之を孝と謂い、能く以て兄に事うる、之を弟と謂い、能く以て上に事うる、之を順と謂い、能く以て下を使う、之を君と謂う。(『荀子』王制)(65)

故に曰く、君子は徳を以てし、小人は力を以てす。……父子も得ざれば親しまず、兄弟も得ざれば順ならず、男女も得ざれば歓ならず。(『荀子』富国)(66)

君臣も得ざれば尊からず、父子も得ざれば親しまず、兄弟も得ざれば順ならず、夫婦も得ざれば驩ならず。（『荀子』大略[67]）

などとあり、生得的な情のあり方が、そのまま健全な父子関係として肯定されることはない。ここでは、健全な父子関係には「君子」の制定する「礼儀」による矯正が必要であり、それを得なければ、たとい父子といえども「親しまない」とされる。「親しむ」とは、「情愛」による紐帯と考えてよいであろうから、孝の感情面である「情愛」を全て生得的なものであると措定する『孟子』・『孝経』とは異なり、『荀子』では、「父子の親（情愛）」という感情面も後天的な矯正を必要とすると考えられているのである。こうして『荀子』においては、「父子の親」つまり「情愛」の「生得性」は否定され、そのままでは「孝の規範性の根拠」として機能できないこととなる。

このことは『荀子』の考える人間観が影響していると考えられる。

礼は何に起くるや。曰く、人生れながらにして欲有り。欲して得ざれば、則ち求むこと無き能わず。（『荀子』礼論[68]）

欲の得べきを待たざるは、天に受くる所なればなり。……性は天の就《な》るなり。情は性の質なり。欲は情の応なり。……故に守門たると雖も、欲は去るべからず。性の具なればなり。天子たると雖も、欲は尽くすべからず。（『荀子』正名[69]）

ここでは、「欲」が、「情の応」であり「生まれながらにして」有しているものであるとされる。『荀子』における「性」・「情」の位置づけに関しては、現在でもさまざまな説が提唱されており、俄に決定することは出来ない。ただ、これらの箇所においては、少なくとも「欲」が「生得性」を有するとされているといってよい。つまり、「父子の親」が獲得的（矯正が必要）であるのに対して、「欲」は生得的なものと措定されているのである。

　そうして、この「欲」を恣にすると、

　夫れ利を好みて得るを欲するは、此れ人の情性なり。之を仮《たと》うるに、人に弟兄の財を資りて分つ者有るに、且に情性に順い利を好みて得るを欲せんとす。是の若ければ則ち兄弟相い払奪す。……故に情性に順えば、則ち弟兄も争い、礼義に化すれば、則ち国人にも譲る。（『荀子』性悪（70））

といった事態を引き起すとされる。『荀子』によれば、人は、その情性に従えば、兄弟同士で争うような存在なのである。これは、父子関係においても大差ない。さらに性悪篇には、

　今、人の性は、飢えて飽くを欲し、寒《こご》えて煖を欲し、労して休むを欲す。此れ人の情性なり。……夫れ子の父に譲り、弟の兄に譲り、子の父に代わり、弟の兄に代わる、此の二行なる者は、皆性に反して情に悖るなり。然《しか》而して孝子の道、礼義の文理なり。（『荀子』性悪（71））

とある。『荀子』においては、この「子之譲乎父」・「子之代乎父」といったある種の情愛関係は、生得的な「性」・「情」に反したあり方なのである。またこれは、先にあげた「夫れ父子の恩は信なり。饑餓すれば信を棄て、子を以て食と為す」（『論衡』問孔）などといった『論衡』の人間観にも通じるものであろう。

　孝を「愛」・「敬」の複合とする視点からいえば、『孟子』・『孝経』は「愛（情愛）」を重視し、それを「生得的」なものと措定することに孝の規範性の根拠の一つを見出していた。これに対して、『荀子』は孝を当為と見なしつつも、「愛（情愛）」ではなく「欲」を「生得的」として措定した。そのため「愛（情愛）」の「生得性」より規範性を導

出することは不可能となり、むしろ礼に従うといった獲得的な「敬」に重点を置き、外的規範である礼の有する規範性を利用する方向に進んだのであろう。このことは、『荀子』において親子関係に言及する際には、「親子」・「母子」に比して「父子」という表現が多用されていることからも窺えよう。(72)

王充・孔融の「愛（情愛）」の「生得性」の否定は、こういった『荀子』の視点と軌を一にしたものといえる。両者の説が不孝であると批判されるのは、『孟子』・『孝経』といった「愛」の「生得性」を孝の規範の根拠と見なす立場からの判断であり、王充・孔融の「孝批判」は、『荀子』型の孝観の一つの発展形と考えることが可能であろう。

また、『荀子』の孝観の大きな特徴として、

請い問う、人の父たるを。曰く、寛恵にして礼有り。請い問う、人の子たるを。曰く、敬愛して文を致す。……此の道や、偏立すれば乱れ、倶立すれば治まる。其れ以て稽《かんがう》るに足る。（『荀子』君道）(73)

などといったように、子が親に一方的に服従することのみを推奨するのではないことがあげられる。ここでは、「子」に「敬愛」・「文」を要請するのに対して、「父」には「寛恵」・「礼」を要請している。これは、父に無条件で上位者であることを認めず、資格を求めるものであるといえる。また、

孔子曰く、君子に三恕有り。……親有りて報ゆる能わず、子有りて其の孝を求む。恕に非ざるなり。（『荀子』法行）(74)

とあるのも、親に（己の親に孝であるという）資格を求めたものとしてよいであろう。また、周知に属することだが、『荀子』子道篇では「諫争」が孝の部分として大きく扱われている。

義に従いて父に従わざるは、人の大行なり。（『荀子』子道[75]）

故に以て従うべくして従わざるは、是れ不子なり。未だ以て従うべからずして従うは、是れ不衷なり。従不従の義に明らかにして、能く恭敬・忠信・端愨を致し、以て之を慎行すれば、則ち大孝と謂うべし。（『荀子』子道[76]）

故に子の父に従うは、奚ぞ子の孝ならん。……其の之に従う所以を審にす。之を孝と謂い、之を貞と謂う。（『荀子』子道[77]）

先にもあげた通り、『論語』・『礼記』などの儒家系文献にも諫争を推奨する言説は散見する。しかし、『荀子』子道篇の記述は、ほぼ同じい文章を用いる『孝経』諫争章と共に、諫争について意識的に論じ、諫争をその孝説の要件としたものであり、その点が思想的特質の一つであるといえる。

同様に仲長統の言説も、親の「命」より「義」への服従を優先すべきことを規定しており、こういった『荀子』の主張とほぼ重なるものだといえるであろう。

以上のように、『荀子』は「情愛」の生得性を否定する。また、「義」を題目として、親の意に反する諫争を推奨している。後漢の所謂「孝批判」を主張した三者の説は、こういった『荀子』の孝説と重なり合うものだったといえよう。

では、「孝の規範性」の源泉とされた「天」についてはどうであろうか。

『荀子』の天観について、例えば重沢俊郎氏は、「意志も感覚も有しない単なる自然以上の何物でもない[78]」とする。これは、「天」を没価値的な自然と見なし、道徳的価値の根源としての性質を認めない解釈である。これに対して、王充の天観については佐藤匡玄氏が、「もしその思想的系譜を辿るのならば、むしろ荀子（殊にその天論）に求むべきであろう」[79]としており、仲長統のそれについては、内山氏が、「仲長統が「天」についていう所、また彼の祥瑞災異説に対する態度や呪術への批判は、かって荀子が「天」を自然として捉えて「天人之分」を説き、呪術や占トを「文」（装飾）であるとしたこと（「荀子」天論）……ことと共通する、合理主義的思想を示すものであり」[80]としており、それぞれ『荀子』との関係が指摘されている。これらの指摘どおり、両者の天観は『荀子』の天観と同様、当時における他の儒家系文献に比して、天を没価値的な自然として捉える傾向が強いといえる[81]。そうして、「天」が三者の主張するような没価値的な「自然」に過ぎないのであれば、「天性」が即ち善性であるとの前提は成立しないこととなる。この前提の崩壊は、天の持つ善性に依存する、所謂「孝至極説の形而上学的根拠」を揺るがすことにつながるといえよう[82]。

そもそも、『孝経』などとは異なり、『荀子』においては、孝を推奨することにその言説の主眼がおかれている訳ではない。よって従来、『荀子』の孝観の後世への影響については、その礼や社会性の重視から、所謂「忠孝一致」的観点が注目されてきた。ここで、その孝観の土台となる『荀子』の人間観及び父子関係の把握に注目すると、こうした『荀子』の孝観は、『孟子』・『孝経』といった孝の生得的な「情愛」を重視する立場とは異なる、文化的矯正を重視する立場より成るものであったといえる。勿論このことは、三者の「孝批判」が、必ずしも『荀子』に直接の影響を受けたことを意味する訳ではない[83]。ただ、三者の「孝批判」は、この時期にのみ発生した特異な思想ではなく、もともと儒家内の思考の一つとして孝（「情愛」）の生得性を否定する孝観が存在し、これが後漢期という時代性に触発されて表出したものといえるであろう。

所謂「孝批判」を唱えたといわれる後漢末の思想家のうち、王充・孔融は親子間における「恩」・「情愛の生得性」を否定した。

これに対して、『孟子』・『孝経』などの儒家系文献によって主張される「孝の規範性の根拠」は、「天」の有する規範性をその「形而上学的根拠」とし、さらに「恩」・「情愛の生得性」などに支えられたものであった。王充・孔融の主張は、これら「孝の規範性の根拠」を揺るがしかねないものであり、そのことが過剰な反応を引き起す原因でもあったといえよう。

また仲長統の論は、親に対する無条件の従属を否定したものであり、これ自体は儒家の教説である「諫争」の伝統に従ったものである。ただ、当時の形骸化の進行する孝観に慣れた者にとって、大きな否定と受け止められたものと考えられよう。

これらの説は、「情愛の生得性」に大きな意味を置く孝説からは、所謂「不孝」として捉えられるものであったが、もともと儒家系の孝観として、『荀子』のように孝の規範性をそこに見出さないものも存在した。三者の「孝批判」は『荀子』を始めとする孝の文化的矯正を重視する立場の、一つの発展型といえるであろう。

注

（1）加地伸行「『孝経』の漢代における思想的位置　―宗教性から礼教性へ―」（『日本中国学会報』第四二集、一九九〇年、後に『孝研究　―儒教基礎論―』、加地伸行著作集Ⅲ、研文出版、二〇一〇年）

（2）日原利国「批判の哲学」（赤塚忠他編『思想史』、中国文化叢書三、大修館書店、一九六七年）

（3）串田久治『儒教の知恵』（中央公論新社、二〇〇三年、四三頁）

（4）「夫天地合気、人偶自生也、猶夫婦合気、子則自生也。夫婦合気、非当時欲得生子。情欲動而合、合而生子矣。且夫婦不故生子、以知天地不故生人也」

（5）「由人動気也、体動気乃出、子亦生也。夫人之施気也、非欲以生子。気施而子自生矣」

（6）「物自生、子自成。天地父母、何与知哉」

（7）この他に、王充自身を不孝者とする意見もある。劉知幾は、『論衡』の自紀篇に王充が己の先祖の不名誉を記していることを取りあげ、王充を「至若《しかのみならず》、盛んに己を矜りて、厚く其の先を辱む。此れ何ぞ父の羊を攘むを証し子の母を名よぶを学ぶに異ならん。必ず責むるに名教を以てせば、実に三千の罪人なり（至若、盛矜於己、而厚辱其先。此何異証父攘羊学子名母。必責以名教、実三千之罪人也）」（『史通』序伝）と評している。

（8）日原氏前掲論文

（9）「子有過父怒、笞之致死。而母不哭乎」

（10）「慈父之於子、孝子之於親、知病而祀神、疾痛而和薬」

（11）「舎其家而観他人之室、忽其父而称異人之翁、未為得也」

（12）以下にあげた孔融の言についての専論として、岡村繁「父の子に於ける、実は情欲の為に発せしのみ」（『小尾博士古稀記念中国学論集』、汲古書院、一九八三年）・同「孝道与情欲　―後漢末期儒教的苦悩―」（『中国文哲研究通訊』第六巻第四期（総二四）、一九九六年）がある。

（13）「父之於子、当有何親。論其本意、実為情欲発耳。子之於母、亦復奚為。譬如寄物缻中。出則離矣」

（14）「以為、父母与人無親。譬若缻器寄盛其中。又言、若遭饑饉、而父不肖、寧贍活餘人」

（15）黄暉は『後漢書』の孔融の説を引き、「今、文挙の放言を考うるに、殆ど諸を仲任の斯の論に本づくか（今、考文挙之放言、殆本諸仲任斯論歟）」（『論衡校釈』物勢）とする。

（16）「夫父子之恩信矣。饑餓棄信、以子為食」

（17）岡村繁氏は、後漢末期の混乱において「見も知らぬ父の「情欲」によって生み付けられ、母の意志とは全く無関係に生み落とされた、因果な生命」が多く誕生していたことを指摘し、「このように考えてくると、あの非情に割り切った孔融の親子無親論は、実は彼が当時の事態の深刻さを直視し、考えに考えた末、万人平等に当て嵌まる真理として、ついに彼が考え及んだ、苦悩に満ちた現実認識の結論ではなかっただろうか」（岡村氏前掲論文）として、孔融の言であるという考えを支持している。

（18）「年十三、喪父。哀悴過毀、扶而後起。州里帰其孝」

（19）「郡人甄子然、孝行知名。早卒。融恨不及之、乃令配食県社」

(20)「父母怨咎人不以正、已審其不然、可違而不報也。父母欲与人以官位爵禄、而才実不可、可違而不従也。父母欲為奢泰侈靡、以適心快意、可違而不許也。父母不好学問、疾子孫為之、可違而学也。父母不好善士、悪子孫交之、可違而友也。士友有患故、待己而済、父母不欲其行、可違而往也。故不可違而違、非孝也。可違而不違、亦非孝也。好不違、非孝也。好違、亦非孝也。其得義而已也」
(21) 鈴木茂「仲長統の歴史的批判主義について」(『東洋の文化と社会』第七輯、一九五八年)
(22) 堀池信夫「仲長統論」(『漢魏思想史研究』第二章—五、明治書院、一九八八年、四一三頁)
(23)「父母之行若中道、則従。若不中道、則諫。……従而不諫、非孝也。諫而不従、亦非孝也」
(24)「故当不義、則子不可以不争於父」
(25) 本書第二部第二章参照。
(26) 串田氏前掲書(四五頁)
(27) 曹操の布告には続いて、「融、天に違い道に反し、倫を敗り理を乱す。市朝に肆《さら》すと雖も、猶其の晩きを恨む(融、違天反道、敗倫乱理。雖肆市朝、猶恨其晩)」(『三国志』『魏書』崔琰伝裴注引『魏氏春秋』)とある。
(28) 本章で考察するのは、「孝を行なわねばならない理由(規範性の根拠)」であって「孝を行なう理由(存在の由来)」ではない。本書においては、この両者は区別して用いている。
(29) 津田左右吉『儒教の実践道徳』(岩波書店、一九三八年、六二頁、後に『津田左右吉全集』第一八巻、岩波書店、一九六五年)
(30)「夫孝、天之経也。地之義也。民之行也」
(31)「父子之道、天性也」
(32)「夫孝者、天下之大経也」
(33) 萩原擴「孝経思想の倫理的批判」(服部先生古稀祝賀記念論文集刊行会編『服部先生古稀祝賀記念論文集』、冨山房、一九三六年)
(34) 内田俊彦『中国古代思想史における自然認識』(創文社、一九八七年、一八二頁)
(35) 池澤優「『孝経』の思想—孝の宗教学・その六—」(『筑波大学地域研究』一二、一九九四年、後に『「孝」思想の宗教

学的研究』、東京大学出版会、二〇〇二年）
(36) 津田氏は「何故に孝をしなければならぬかの理由を自然の理法であり人の性であるところに求めたものと見なされる」（津田氏前掲書、六二頁）として両者を認めるが、「いはゆる自然に存在するものは、人の心の情愛ではなくして宇宙の秩序であり、それが人にも存在するといふのである。もし孝経に一貫した思想があるとするならば、天性とは主として此の意味に於いていはれたのであらう」（津田氏前掲書、六〇頁）ともしており、やや「理法」に重点があるといえる。
(37) 津田氏前掲書（六四頁）
(38) 津田氏前掲書（六三頁）
(39) 津田氏前掲書（五八頁）
(40) 津田氏前掲書（六二頁）
(41) 津田氏前掲書（五八頁）
(42) 例えばルース・ベネディクト氏は、「恩」について、「すべての人間は生まれて落ちるとともに自動的に大きな債務を受ける」とし、「債務に対する無限の返済は、〝ギム〟〔義務〕と呼ばれ、それに関して日本人は、「受けた恩の万分の一も返せない」と言う。「義務」は、両親に対する恩返し、すなわち、〝コー〟〔孝〕と、天皇に対する恩返し、すなわち、〝チュー〟〔忠〕と、二種類の義務を一括した名称である」（『菊と刀』、社会思想社、長谷川松治訳、一九七二年、一三四―一三五頁）とする。氏はこの考えを本朝独得のものとするが、「孝」が「恩」という「責務」に対する返済義務という側面を持つという点は、漢土にも当てはまるものであろう。
(43) 『墳』所収。その他、「孝」と「恩」との関係を説いたものとして、川島武宜「イデオロギーとしての「孝」」（『イデオロギーとしての家族制度』、岩波書店、一九五七年）がある。また、その反論として、加地伸行「中江藤樹の孝―川島武宜・守本順一郎両氏の解釈について―」（『史学雑誌』第八五篇六号、一九七六年、後に『中国思想からみた日本思想史研究』、吉川弘文館、一九八五年、また『孝研究―儒教基礎論―』、加地伸行著作集Ⅲ、研文出版、二〇一〇年）・下見隆雄「孝と恩との問題」（『孝と母性のメカニズム―中国女性史の視座―』、研文出版、一九九七年）などがある。
(44) 「我們現在怎様做父親」の和訳は、松枝茂夫氏の和訳（『魯迅選集』第五巻、岩波書店、一九五六年）に拠った。
(45) なお、津田氏もあげているように、儒家系文献に親の「慈」を説いたものは多数存在する。ただ、本章は「恩」が

「孝」の規範性の根拠とされるかどうかについて考察しており、このことは親から子への「慈」が当為であるかどうかとは直接関係がない。発現した親の「慈」の行為が、子からみて「恩」に相当するとしても、親に「慈」が当為として課されることと、子が「恩」を受けていることとは、区別して考えられねばならない。実際に、「恩」が説かれる際には、大抵「慈」が当為として親に課されるか否かにかかわらず、子が生存している事実が即ち「生育の恩」などとされる。

(46)「父兮生我、母兮鞠我。拊我畜我、長我育我、顧我復我、出入腹我。欲報之徳、昊天罔極」

(47)「毛以為、此言父母生養之恩」

(48)「言、父母之恩、如此。欲報之以徳、而其恩之大、如天無窮。不知所以為報也」

(49)ただ、「徳」に対する解釈には異同があり、朱注が「之に報うるに徳を以てせんと欲する（欲報之以徳）」とするのに対して、鄭注は「欲とは、父母の是の徳に報いんと欲す（欲、欲報父母是徳）」（当条鄭箋）としている。

(50)「恩」が規範性を生む理由について、魯迅は「愛」を内的自発、「恩」を外的強制と見、内外という点からまったく相容れないものとしているようだが、儒家系文献では、「恩」の存在が自発的孝行を誘発すると捉える傾向がある。そもそも、「恩」が元来は外的強制であったとしても、外部に起源を持つ観念の内在化を全く認めないのであれば、すべての内的観念が成立しないこととなろう。

(51)このことは、中国仏教の代表的な孝に関する言説の一つが、『父母恩重経』と名付けられていることからも見てとれよう。なお、このことに関しては『唐代仏教史の研究』（法蔵館、一九五七年）など、道端良秀氏の一連の論考に詳しい。また、道教側にも『太上老君説報父母恩重経』などの経典で、親の「恩」を強調している。このことに関しては、秋月観暎「道教と仏教の父母恩重経――両経の成立をめぐる諸問題――」（『宗教研究』一八七号、一九六六年）・同「中国宗教史上における「孝道」の展開――『太上老君説報父母恩重経』を中心に――」（『（東北大学）東洋史論集』第九輯、二〇〇三年）などに詳しい。

(52)「孟子曰、人之所不学而能者、其良能也。所不慮而知者、其良知也。孩提之童、無不知愛其親者。及其長也、無不知敬其兄也」

(53)「故親生之膝下、以養父母、日厳」

(54)「親猶愛也。膝下謂孩幼之時也。言、親愛之心生於孩幼、比及年長、漸識義方、則日加尊厳、能致敬於父母也」

(55) 本書第二部第一章参照。
(56) この考えは、事実の前提（記述命題）から義務（規範命題）を演繹することになるが、論理的にはともかく、感覚的には違和感はなかったと思われる。
(57) 「程子曰、良知良能、皆無所由。乃出於天、不繫於人」
(58) 「然一体而分。則自然有親愛不容已之情。天之性也。雖曰親昵、而其尊卑、已自有一定不可易之序存焉。天之分。……此皆人心固有理」
(59) 管見の限り、鄭注・孔伝・邢疏といった古注系の注釈に、「親生之膝下」を「天性」と結びつける解釈は見あたらない。これは『孟子』尽心上においても同様である。
(60) 津田氏前掲書（五五頁）
(61) 林安弘『儒家孝道思想研究』（文津出版社、一九九二年、二六九―二七〇頁）
(62) 金谷治「後漢末の思想家たち　―特に王符と仲長統―」（福井博士頌寿記念論文集刊行会編『福井博士頌寿記念東洋文化論集』、早稲田大学出版部、一九六九年）
(63) 森三樹三郎『六朝士大夫の精神』（同朋出版、一九八六年、一九五頁）
(64) 「無君子、則天地不理、礼義無統、上無君師、下無父子。夫是之謂至乱」
(65) 「不可少頃舎礼義之謂也。能以事親、謂之孝、能以事兄、謂之弟、能以事上、謂之順、能以使下、謂之君」。楊注に「「能以」、皆謂うこころは「能く礼義を以て」なり（能以、皆謂能以礼義也）」（当条楊注）とある。
(66) 「故曰、君子以徳、小人以力。……父子不得不親、兄弟不得不順、男女不得不歓」。楊注に「「不得」、謂うこころは「聖人の礼法を得ざれば」なり（不得、謂不得聖人之礼法）」（当条楊注）とある。
(67) 「君臣不得不尊、父子不得不親、兄弟不得不順、夫婦不得不驩」
(68) 「礼起於何也。曰、人生而有欲。欲而不得、則不能無求」
(69) 「欲不待可得、所受乎天也。……性者天之就也。情者性之質也。欲者情之応也。……故雖為守門、欲不可去。性之具也。雖為天子、欲不可尽」
(70) 「夫好利而欲得者、此人之情性也。仮之、人有弟兄資財而分者、且順情性好利而欲得。若是則兄弟相払奪矣。……故順情性、則弟兄争矣、化礼義、則譲乎国人矣」

(71)「今、人之性、飢而欲飽、寒而欲煖、労而欲休。此人之情性也。……夫子之譲乎父、弟之譲乎兄、子之代乎父、弟之代乎兄、此二行者、皆反於性而悖於情也。然而孝子之道、礼義之文理也」

(72)一般的に、孝において「愛」は母に、「敬」は父に対応するとされる。本書第二部第一章参照。

(73)「請問、為人父。曰、寛恵而有礼。請問、為人子。曰、敬愛而致文。……此道也、偏立而乱、倶立而治。其足以稽矣」

(74)「孔子曰、君子有三恕。……有親不能報、有子而求其孝。非恕也」

(75)「従義不従父、人之大行也」

(76)「故可以従而不従、是不子也。未可以従而従、是不衷也。明於従不従之義、而能致恭敬忠信端愨、以慎行之、則可謂大孝矣」

(77)故子従父、奚子孝。……審其所以従之。之謂孝、之謂貞也」

(78)重沢俊郎『中国哲学史研究』（法律文化社、一九六四年、二一五頁）

(79)佐藤匡玄『論衡の研究』（創文社、一九八一年、一八頁）

(80)内山俊彦「仲長統　―後漢末一知識人の思想と行動―」（『日本中国学会報』第三六集、一九八四年）

(81)なお、三者の天観については、例えば、滝野邦雄氏は、「王充にとって人間が善の行為を行うときは、統一者としての天道（自然無為）に合致しているかどうかが、道徳的な価値判断の基準となる」（「王充における道徳の実践」、『待兼山論叢』第十九号、一九八五年）とし、渡部東一郎氏は、「仲長統は、そもそも、天を自然現象に限定して捉えてはいない」（「仲長統の天人観について」、『集刊東洋学』第八九号、二〇〇三年）としている。また、板野長八氏は、「荀子に於ても天は自然ではなくして主宰者であり、神明であったのである」（『中国古代における人間観の展開』、岩波書店、一九七二年、一八〇頁）としており、さまざまな見解が存在する。

(82)図式化すると、「天性」が「道徳規範の根源」であることを前提とするなら（天性＝規範）、「孝」は「愛」・「敬」より成り（孝＝敬＋愛）、「愛」は「生得的」であり（愛＝生得性）、「生得性」は「天性」である（生得性＝天性）との認識から、「孝」が「規範性」を持つ（孝＝敬＋規範）ことを導くことができる。

(83)例えば、『論衡』には、「孫卿の人性を悪と言う者は、中人以下の者なり。……経に反するが若さも道に合すれば、則ち以て教えと為すべきも、性の理を尽くすは、則ち未しきなり（孫卿言人性悪者、中人以下者也……若反経合道、則可以為教。尽性之理、則未也）」（『論衡』本性）など、直截『荀子』に否定的な意見を示す箇所もある。

第四章　墨家の孝説とその批判

『呂氏春秋』に「孔墨の後学、天下に顕栄する者衆し。数うるに勝えず（孔墨之後学、顕栄於天下者衆矣。不可勝数）」（仲春紀、当染）とあり、『韓非子』に「世の顕学、儒墨なり（世之顕学、儒墨也）」（顕学）とあり、また孟子が「楊朱墨翟の言、天下に盈つ（楊朱墨翟之言、盈天下）」（『孟子』滕文公下）と嘆いたように、墨家は先秦の思想界における一大勢力であった。また続けて、孟子は楊墨を以下のように非難する。

> 楊氏我が為にす、是れ君を無みするなり。墨氏兼愛す、是れ父を無みするなり。無父無君、是れ禽獣なり。（『孟子』滕文公下）[1]

この「無父」は「不孝」を表す表現であるとしてよいであろうから、儒家である孟子からは、墨家の主張は「不孝」なものを含んでいると見なされたことが分かる。一方で墨家による儒家に対する非難に目を転ずると、『墨子』非儒下に以下のようにある。

> 妻を取るに身ら迎え、祇褍して僕と為り、轡を乗り綏を授くるは、厳親を仰ぐが如く、昏礼の威儀は、祭祀を承くるが如し。上下を顚覆し、父母に悖逆す。下りて妻子に則り、妻子上りて事親を侵す。此の若きは孝と謂うべ

けんや。(『墨子』非儒下)(2)

ここで墨家は、儒家の定めた婚礼が祖先祭祀なみに丁重であることを取り上げ、儒家の礼が「上下を顛覆し、父母に悖逆する」ものであるとして非難している。つまり、先の『孟子』は、墨家を非難する論拠として、墨家が「無父」であることを挙げていたが、墨家が儒家を非難する際にも、親疎の別を紊乱することが論拠とされており、双方共に相手を「不孝」と罵っているのである。また、このことから、互いに相手の「孝」と自派の「孝」とは異なるものだと認識しており、それが両家の論争の大きな争点になっていたことが分かる。しかしながら、管見の及ぶ限りでは、墨家の孝説についての専論は見あたらず、「孝」を論じる上で墨家の主張に説き及んだものも数少ない。(3)

例えば康学偉氏は、孝と墨家思想との関係について、「孝道在墨家思想体系中並不占有怎麽重要的地位，它作為社会的普通倫理之一，只不過是在「兼愛」之下的一個小的徳目(孝道は墨家の思想体系の中ではどのような重要な地位も占めなかった。それは社会の普通の倫理の一つとされ、「兼愛」の下の一つの小さな徳目に過ぎなかった)(4)」とするように、現在では墨家思想と「孝」とは深い関係を有しないというイメージが醸成されている嫌いがある。しかしこれは、渡邊卓氏が「孟子の批評は後代の歴史を通じ扇動・宣伝としてこそ功奏したが(5)……」とするような、『孟子』を初めとする儒家の「扇動・宣伝」が、近代的研究においてもその影響の余波を保っているとは考えられないであろうか。

墨家思想は先秦における一大勢力であり、当時の思想状況を考える上で無視し得ないものである。墨家の「孝」観を明かにすることは、中国における孝思想を考える上で、一定の意味を有するであろう。

そこで本章では、儒家による墨家批判の妥当性にも検討を加えつつ、儒墨両家の孝説の異同について考察する。その上で、儒家的見地を廃した立場から墨家の孝説について考えてみたい。(6)

一　利と孝との関係

まず、『墨子』の記述を確認すると、『墨子』には、経篇に「孝」の定義ともいえる記述が存在する。

孝とは、親を利するなり。（『墨子』経上）(7)

孝とは、親を以て芬《あい》と為して、能く親を利するを能くするも、必ずしも得られず。（『墨子』経説上）(8)

当条について、梁啓超は、

言うこころは、忠孝皆な利を以て標準と為す。是れ墨家功利主義の根本精神。大取篇云えらく、親の一利を知る。未だ孝と為さざるなり、と。（当条『墨子校釈』）(9)

と注し、山田琢氏は右『墨子校釈』を引きつつ、「忠孝を利によって説くところに墨家の実利本位を見る」(10)とする。これは、例えば板野長八氏が、「要するに、墨子・墨家に於ては仁も義も利することであった。そこでは、利が最高の価値であったのである。……そして、孔孟の仁義は孝悌を本とするもの、又は孝悌その物であった」(11)とし、曹氏が、「但儒家与墨家的分水領，前者的愛是由愛父母為起点為基礎，后者是以利作為前提（しかし儒家と墨家との分水嶺は、前者の愛が父母を愛することを起点・基礎としており、後者は利を以て前提とする）」(12)とするように、墨家の根本思想に「利」があり、墨家的孝がその上に成り立っていたことによる。また、そこが儒家との本質的な違いでもあったとしてよいであろう。(13)

ただ、儒家的孝に「利」という概念が全く関係しない訳ではない。例えば、孫詒譲『墨子閒詁』は、先にあげた経上の「孝、利親也」に注して、儒家系文献である『新書』の一節を引用している。

子親を愛利す。之を孝と謂い、孝に反するを孽と為す。（『新書』道術）(14)

もとより、閻振益・鍾夏『新書校注』が当条において『漢書』翟方進伝注を引き、「愛利とは、仁愛にして人を安利するを欲するを謂うなり（愛利、謂仁愛而欲安利人也）」とするように、ここで用いられている「利」が墨家の「利」と全く同じい概念である訳ではないが、少なくとも「孝」と「利」とが全く相容れない概念同士と考えられている訳ではないことは見てとることができる。(15)

とはいえ、儒家的孝観では孝を物質面と精神面との二方面より成るものと考え、精神面をより高い価値を持つものとして捉える傾向があった。例えば『論語』に、

子游孝を問う。子曰く、今の孝は是れ能く養うを謂う。犬馬に至るまで皆能く養うこと有り。敬せざれば何を以てか別たんや、と。（『論語』為政）(16)

とある。これは、「敬（＝精神的孝）」を欠く「養（＝物質的孝）」のみの孝は不十分であるとの儒家の認識に基づいている。(17) 非難の対象である「今の孝」ですら、「能く養う」という物質的孝は既に完遂されており、儒家にとって、「利」を中心とする孝は、論じるまでもない当然のことであったといえよう。

また、『塩鉄論』孝養篇の文学の言には、右の『論語』を引きつつ、

故に匹夫も労に勤め、猶以て礼に順うに足る。菽を歠り水を飲むも、以て其の敬を致すに足る。……親に事えて

孝とは、鮮肴を謂うに非ず。亦た顔色を和らげ、意を承け礼義を尽くすのみ。（『塩鉄論』孝養）(18)

とある。ここには、物質的孝よりも精神的孝を重視する儒教的な孝観が表れているといえる。こういった立場から墨家的孝を見れば、墨家の言う「利」を前提とした孝観は、物質面のみを重視し精神面を軽視した、不十分なものと捉えられたであろう。

ただ、墨家のいう孝とは、親を養うことだけを指すものではない。節葬下には、

意《そも》そも亦其の言に法り其の謀を用いしめば、厚葬久喪、実に以て貧を富まし寡を衆くし、危を定め乱を理むべからざるか。此れ仁に非ず義に非ず、孝子の事に非ざるなり。（『墨子』節葬下）(19)

とあり、富・衆・治に役立つことが、仁であり義であり孝子の行なうべきことだとされる。なお、当条に対して張純一は、「孝不孝は、天下を利するか天下を利せざるかを以て断と為す（孝不孝、以利天下不利天下為断）」（当条『墨子集解』）と注しており、胡韞玉も当条を引き、「墨子の謂う所の孝は、父母に対して其の葬喪の礼を尽くすに非ず。当に社会に対して其の輔助の能を尽くすべし（墨子所謂孝、非対於父母尽其葬喪之礼。当対於社会尽其輔助之能）」（『墨子学説』「節葬短葬説」）とする。両者の説には些か極端のきらいはあるが、墨家的孝における「利」が、単に親を利するだけのものではなく、広く天下をも視点にいれたものであったとする点で一致する。さらに、兼愛下には、「兼を非とする（非兼）」立場からの墨家に対する非難として、

然《しか》而して天下の兼を非とする者の言、猶未だ止まず。曰く、意そも親の利に忠《あた》らずして、孝を為すを害せんや、と。（『墨子』兼愛下）(20)

との言が記載されている。兼愛は、親の利益に中《あた》らず孝を実行するのに害になる、というのである。これに対する墨子の反論は、「即ち必ず吾先ず人の親を愛利するに従事し、然る後に人我に報ずるに吾が親を愛利することを以てせん（即必吾先従事乎愛利人之親、然後人報我以愛利吾親也）」というものである。「孝」を「利」だと措定すれば、天下の孝子らが「交《こも》ごも相利」（兼愛中篇）することによって他者への愛利が巡って己の親への愛利となって返ってくるため、兼愛によって己の親も「利」を受けることが可能となるのである。この「兼を非とする」者（恐らくは儒者）が、孝を親子関係という場のみから捉えているのに対して、墨子が孝を考えるにあたって、社会全体（＝天下）という場から意識していることが窺われる。

これに関して吉永慎二郎氏は、「これに対する答えは、中篇と同様の〈応報の法則〉（引用者注…「双務と応報の相互扶助の観念」を指す）によってなされる。……しかし〈応報の法則〉は「親の利に忠ならず」には答え得るが、「孝を為すを害する」という批難には答え得るものではない。批難は孝を原理とする血縁共同体の道徳からなされているのに対し、〈応報の法則〉は天下的共同体という全体秩序の論理であるからである。したがって結局は「孝」も「利」だとして有機的全体秩序における利他の交換の問題として説かれるのである(21)」とする。

孟子が、「墨子は兼愛す。頂より摩りて踵に放《いた》るも、天下を利せばこれを為す（墨子兼愛。摩頂放踵、利天下為之）」（『孟子』尽心上）と評したように、そもそも墨家の視線は「天下的共同体という全体秩序」に注がれており、儒家の主張する「孝を原理とする血縁共同体の道徳」は、その理論の中心ではなかった。こういった点も、儒家的孝と齟齬が生じる一因であったといえるであろう。

二　儒家の墨家的孝批判

『墨子』に見られる孝に関する記述を確認してみると、特に儒家の説と齟齬するようなものとなっている訳ではない。

人の君と為りて必ず恵、人の臣と為りて必ず忠、人の父と為りて必ず慈、人の子と為りて必ず孝、人の兄と為りて必ず友、人の弟と為りて必ず悌。故に君子若し恵君・忠臣・慈父・孝子・友兄・悌弟たらんと欲せば、兼の行なわざるべからざるが当若《ごと》きは、此れ聖王の道にして、万民の大利なり。（『墨子』兼愛下）(22)

ここでは、君・臣・父・子・兄・弟に、それぞれ徳目が設定されており、子に対応する徳目は「孝」となっている。

また、

又、人君たる者の不恵なる、臣たる者の不忠なる、父たる者の不慈なる、子たる者の不孝なるが与《ごと》きは、此れ又天下の害なり。（『墨子』兼愛下）(23)

とあるのは、先と同様のことを裏から言った形になっており、儒家と同様「孝」が望ましいものとされていることは疑いを容れない。また、こういった人間関係の立場毎に徳目を設定することは、例えば「父慈・子孝・兄良・弟弟・夫義・婦聴・長恵・幼順・君仁・臣忠也。十者、謂之人義」（『礼記』礼運）などのように儒家系文献においてもよく見られる手法である。

また、『漢書』藝文志は墨家を、

墨家者流、蓋し清廟の守に出ず。茅屋采椽、是を以て倹を貴ぶ。三老五更を養い、是を以て兼愛す。士を選びて大射し、是を以て賢を上ぶ。厳父を宗祀し、是を以て鬼を右《たっと》ぶ。四時に順いて行ない、是を以て命を非とす。孝を以て天下に視《しめ》し、是を以て上同す。此れ其の長ずる所なり。蔽者之を為すに及びては、倹の利を見、因りて以て礼を非り、兼愛の意を推し、而して親疎を別つを知らず。（『漢書』藝文志）[24]

と評価する。ここに示された墨家像は、当条の顧実『漢書藝文志講疏』に、

其の餘、「三老五更を養う」・「士を選びて大射す」・「厳父を宗祀す」・「四時に順いて行なう」・「孝を以て天下に視す」、一も『孝経』・『三礼』に附会して之が辞を為るべからざる無し。（当条『漢書藝文志講疏』）[25]

とあるように、一般的に想定される儒家像と似通ったものであり、『孟子』の記述から想定されるような墨家像とは大きく異なっている。特に、「宗祀厳父」・「以孝視天下」といったくだりは、章太炎も、「若し墨氏の本指に由りて、以て禹道を推せば、則ち正に『孝経』と相い合すこと符契の如きなり（若由墨氏本指、以推禹道、則正与孝経相合如符契也）」（『膏蘭室札記』巻三「孝経本夏法説」）としているように、これが儒家系文献に対する評価であったとしても全く違和感を覚えさせないであろう。では、具体的に墨家的孝と儒家的孝とにはどういった点に違いがあったのであろうか。

贅言するまでもないことだが、『墨子』の主要な主張の一つに、「兼愛」がある。兼愛下篇には、「兼士」の言として、

曰く、吾聞く、天下に高士たる者、必ず其の友の身の為にすること、其の身の為にするが若く、身友の親の為に

すること、其の親の為にするが若し。然る後に以て天下に高士たるべし、と。（『墨子』兼愛下）[26]

とある。墨家の兼愛説の本意が如何様なものであったにせよ、この一文が儒家に親疎の別を否定するものと捉えられたのは自然なことであろう。[27]

そこで、こういった墨家の主張に対して、『孟子』を始めとして、儒家的孝の観点から激しい攻撃が加えられた。『孝経』には、

故に其の親を愛せずして他人を愛する者、之を悖徳と謂う。其の親を敬せずして他人を敬する者、之を悖礼と謂う。（『孝経』孝優劣章）[28]

とある。これは、直截墨家を名指しした言ではないが、親疎の別を軽んじる者に対する非難となっており、墨家的孝が念頭にあったとしてよいであろう。

さらに時代は下っても、儒家による兼愛説への非難がそのまま墨家的孝への非難とされ、その論旨に大きな変化はみられない。朱子は先にあげた『孟子』について、

墨子は愛に差等なくして、其の至親を視ること衆人に異なるなし。故に父を無みす。父を無みし君を無みせば、則ち人道滅絶す。是れ亦禽獣なるのみ。（『孟子集註』滕文公下）[29]

と注し、また、兼愛説に対しては、

問う、墨氏兼愛、何遽《なん》ぞ無父に至らん。曰く、……蓋し他既に兼愛を欲せば、則ち其の父母を愛するや必ず疏。其の孝や周く至らず。無父に非ずして何ぞや、と。（『朱子語類』巻第五五、『孟子五、滕文公下）[30]

とする。これは、金谷治氏が「その墨子理解は全面的に孟子の批判を踏襲している(31)」とするように、孟子の言とほぼ同義といえる。さらに王陽明は、

問う、程子云えらく、仁は天地万物を以て一体と為す、と。何すれぞ墨氏の兼愛、反って之を仁と謂うを得ざるや、と。先生曰く、……父子兄弟の愛は、便ち是れ人心の生意発端の処、……墨氏の兼愛に差等無し。将に自家の父子兄弟と途人とを一般に看て、便ち自ら発端の処を没し了る、と。（『伝習録』上巻(32)）

としている(33)。以上のように、「藝文志」の記述からは両家の孝観に大きな違いは見いだせないが、己を儒家と自己規定する者にとって、墨家の孝は、その兼愛説が親疎の別を無みするものと感じられたのである(34)。

三　節葬論と「親疎の別」との関係

儒家からの墨家的孝への批判の論拠には、「親疎の別を無みする」こと以外にもあり、康氏が「与上述対孝道的総体認識相連繫、墨子強烈反対厚葬久喪（上述の孝道に対する総体的な認識と関連して、墨子は強烈に厚葬久喪に反対した）(35)」とする、墨家の節葬論に対しても同様の批判がなされている。

刑餘の罪人の喪は、族党を合することを得ず、独り妻子のみを属し、棺槨三寸、衣衾三領、棺を飾るを得ず、昼行くを得ず。昏殣を以て凡縁にして往きて之を埋め、反りて哭泣の節無く、衰麻の服無く、親疏月数の等無く、各おの其の平に反り、各おの其の始めに復り、已に葬埋すれば、喪無き者の若くして止む。夫れ是を之至辱と謂う。（『荀子』礼論(36)）

これは、「刑餘罪人之喪」について述べた部分であるが、ここで示される「棺槨三寸」・「衣衾三領」は、後述するように『墨子』の記述と一致する上に、「無哭泣之節」・「無衰麻之服」なども墨家の主張そのままである。ここから、楊注は当条を、「此れ蓋し墨子の薄葬を論ず。是れ至辱の道を以て君父に奉ずるなり（此蓋論墨子薄葬。是以至辱之道奉君父也）」として、墨子に対する非難を込めた文章であるとする。『荀子』の礼論篇は、「故に儒者は将に人をして之を両得せしめんとする者なり。墨者は将に人をして之を両喪せしめんとする者なり。是れ儒墨の分なり（故儒者将使人両得之者也。墨者将使人両喪之者也。是儒墨之分也）」という、墨家に対する儒家の優位性を説く言説より始まっており、礼論篇が墨家を念頭において記されたものであることは疑いを容れない。このように、荀子にとって墨家の喪制は、「親疏月数之等」を無みするものであり、「刑餘罪人之喪」にも等しいものであると認識されていた。

では、『荀子』が非難する墨家の葬喪とはどのようなものだったのであろうか。『墨子』の葬喪に関する記述を確認する。

故に子墨子言いて曰く、今、天下の士君子、……故《もと》より節葬の政を為すが当若きは、此を祭せざるべからざる者なり、と。（『墨子』節葬下(37)）

聖人の法、死すれば親を亡《わす》るるは、天下の為にするなり。親に厚くするは分なり。以て死すれば之を亡る。（『墨子』大取(38)）

このように、墨家の主張は「厚葬久喪」を否定し、いわば「薄葬短喪」を推奨するものである。墨家が節葬を主張する理由の一つとして、夙にその節用論とのつながりが指摘されており、早くは『莊子』に、

墨翟・禽滑釐……非楽を作為し、之を命《なづ》けて節用と曰う。生きて歌わず、死して服無し。（『莊子』天下(39)）

とある。この見解は後世においても学界の定説となっており、例えば胡韞玉も「墨子節葬短喪を主張す。亦是れ節用の義を承けて来る（墨子主張節葬短喪。亦是承節用之義而来）」（『墨子学説』「節葬短喪説」）としている[40]。

『墨子』の否定する「厚葬久喪」とは、「子墨子程子に謂いて曰く、儒の道の以て天下を喪うに足る者、四政あり。……又厚葬久喪、重ねて棺槨を為り、多く衣衾を為り、死を送ること徙るが若く、三年哭泣し、扶けて後起ち、杖つきて後行き、耳に聞く無く、目に見るなし、此れ以て天下を喪うに足る（子墨子謂程子曰、儒之道足以喪天下者、四政焉。……又厚葬久喪、重為棺槨、多為衣衾、送死若徙、三年哭泣、扶後起、杖後行、耳無聞、目無見、此足以喪天下）」（『墨子』公孟）とあることからも分かるように、儒家の所謂「三年の喪」を指すとしてよい。つまりこの節葬論は儒家の葬礼と真っ向から対立するものであった。

この両家の意見が両立しないことは、早くから認識されており、『韓非子』ははっきりとそのことを指摘している。

墨者の葬や、……世主以て倹と為して之を礼す。儒者家を破りて葬す。……世主以て孝と為して之を礼す。夫れ墨子の倹を是とせば、将に孔子の侈を非とすべし。孔子の孝を是とせば、将に墨子の戻を非とすべし。（『韓非子』顕学[41]）

では、両家の葬礼はどのように異なっていたのであろうか。このことに関して考えるため、墨家の薄葬短喪が具体的にどういったものであり、儒家がそれをどう認識していたのかについて確認する。現存する『墨子』に見える節葬論の中心をなすのは節葬下篇であるが、渡邊氏が、「節葬とは死者を埋蔵する儀式に節度あらしめることをいうが、この篇自体の内容はそれだけでなく、埋葬のあとに続く服喪に対しても同様な要請を含んでいる[42]」とするように、その内容には、儒家の厚葬久喪の逆、つまり、「薄葬」と「短喪」との二つの意味がある。これに関して、曹輝湘『墨子箋』に、「吾墨子を攷うるに、世を譏る所以は二端。一に曰く、厚葬。一に曰く、久喪。二者、当に分けて之を論ずべし」（節葬下）とある。暫くこの意見に従い、葬と喪との二方面より考察する。

先ず葬について見てみると、墨家の推奨する薄葬短喪について具体的に示す記述は、節用篇や節葬篇に見られる。そのうち、節用中篇の記述は、

古者、聖王節葬の法を制為して曰く、衣は三領、以て肉を朽ちしむるに足る。棺は三寸、以て骸を朽ちしむるに足る。堀穴は深さ泉流に通ぜず、発洩せざれば則ち止む。死者既に葬らるれば、生者久喪して哀を用うる毋し。（『墨子』節用中(43)）

というものであるが、衣が三領であること、棺が三寸であること、等の具体的な点は各篇に違いはみられない。これに対して儒家の葬礼では、一例として、

故に天子は棺槨七重、諸侯は五重、大夫は三重、士は再重、然る後、皆衣衾に多少厚薄の数有り。（『荀子』礼論(44)）

天子の棺は四重。（『礼記』檀弓上(45)）

君は大棺八寸、属六寸、椑四寸。上大夫は大棺八寸、属六寸。下大夫は大棺六寸、属四寸。士は棺六寸。（『礼記』喪大記(46)）

などとあり、その身分によって細かに礼に差別があったことが分かる。儒家の葬は文献により異同があるが、いずれにせよ儒家と比べ、墨家の説が薄葬であることに違いはない。

墨家の主張する「薄葬」には、棺槨の質素さと副葬品の撤廃との二要素が含まれる。一般的に、儒家系文献に記さ

れる葬礼では棺・槨の厚さや数に差別をつけることによって貴賤の別を示すが(47)、墨家の葬礼ではこれらについてどのように定めていたのであろうか。棺槨の差別について、『墨子』に明言は見られない。が、節葬下に、

禹は東して九夷に教え、道に死し会稽山に葬らる。衣衾三領、桐棺三寸、葛以て之を緘す。(『墨子』節葬下(48))

とあり、「聖王」である禹自身が「桐棺三寸」を用いて葬られたとする。これを、先にあげた節用中で「聖王」が、「節葬の法を制為して」、「棺三寸」を民に示していたことと考えあわせれば、墨家の主張する葬制では、棺の厚さは民にせよ聖王にせよ身分を問わず三寸であり、身分による差別はなかったと推定される。また、『荘子』に、

墨子……古の礼楽を毀つ。……古の喪礼、貴賤に儀有り、上下に等有り。天子棺槨七重、諸侯五重、大夫三重、士再重。今墨子独り生きて歌わず、死して服無し。桐棺三寸にして槨無く、以て法式と為す。(『荘子』天下(49))

と、「古之喪礼」を身分による差別を有するものとして墨家の「桐棺三寸」・「無槨」と対比してあることからも、このことが裏付けられよう。

ここで、「古之喪礼」と墨家の葬礼とが比較されているが、では、儒家は墨家の主張する「聖王制為節葬」との説をどのように考えていたのであろうか。『礼記』は先王時代に用いられた棺槨について以下のように記す。

有虞氏は瓦棺、夏后氏は堲周、殷人は棺槨、周人は牆して翣を置く。(『礼記』檀弓上(50))

「堲周」とは、当条の鄭注に、「始め薪を用いず。有虞氏陶を上ぶ。火熟、堲と曰う。土を焼き治し、以て棺に周らすなり。或いは之を土周と謂うは是れに由る(始不用薪也。有虞氏上陶。火熟、曰堲。焼土冶、以周於棺也。或謂之土周由是也)」とあり、「土を焼き治し、以て棺に周ら」せたものを指す。ここから、『礼記』は夏制では土製の「堲」を用い

て埋葬していたと主張することとなり、墨家の推奨する「無槨」かつ「三寸の棺」という葬制が「聖王為制」であるとの主張は、全く肯んじ得ないものとなる(51)。

次に、先王時代の副葬品はどのようなものであったのかについて、『荀子』に、

世俗の説を為す者曰く、太古は薄葬す。棺厚三寸、衣衾三領、葬るに田を妨げず、故に掘らざるなり。乱今は厚葬して棺を飾る、故に掘るなり、と。是れ治道を知るに及ばずして、扫不扫を察せざるの者の言う所なり。凡そ人の盗むや、必ず以て為《ため》有り。以て不足に備うるならざれば、則ち以て有餘を重ねんとするなり。而れども聖王の民を生ずるや、皆富厚優猶にして足るを知り、而して有餘を以て度に過ぐることを得ざらしむ。故に盗は竊せず、賊は刺せず、……珠玉体に満ち、文繡棺に充ち、黄金槨に充ち……と雖も、人猶之を扫《ほ》る莫し。(『荀子』正論(52))

との一節がある。これは、聖王の時代に盗掘がなかったのは、盗掘の対象である副葬品がなかったためではなく、高価な品が副葬されてはいたが、「聖王」の優れた教化により盗掘をする者がいなかったためである、と要約できよう(53)。つまり、墨家が聖王の時代は副葬品がなかったとするのに対して、聖王の時代にも副葬品は存在をしていたことが前提となっている。これらの儒家系文献の記述を是とすれば、墨家の推奨する副葬品を廃した葬制が「聖王為制」であるとの主張もまた、肯んじ得ないものとなる。

以上より、儒家から見て墨家の葬制は、物理的に棺槨が質素になるという点で問題であるのみならず、身分による棺槨の差別を撤廃することにより、「貴賤の別を無みする」ことが問題であったといえる。また、葬制における棺槨・副葬品の取り扱いに関しては、儒家の葬制こそが「聖王制為」に基づくものであり、墨家が己の葬制を「聖王制為」に基づくと主張することは全く認められないものであったといえよう。

次に、「短喪」について考察するにあたり、先に儒家の「久喪」について確認する。贅言するまでもないが、儒家の提唱する三年の喪とは最大三年の意であって、その期間や規模に差別をつけることによって親疎の別を表している。墨家の認識する儒家の喪礼とは、以下のようなものである。

子墨子公孟子に謂いて曰く、（引用者注…儒家の）喪礼、君と父母妻後子との死には、三年の喪もて服す。伯父叔父兄弟は期、族人は五月、姑姊舅甥は皆数月の喪有り……、と。（『墨子』公孟[54]）

儒家が喪の期間として三年間を主張する理由としては、『論語』に、

子曰く、予の不仁たるや。子生まれて三年、然る後に父母の懐を免る。夫れ三年の喪、天下の通喪なり。予や三年の愛其の父母に有らんか、と。（『論語』陽貨[55]）

とある。この理論でいえば、人間が三箇月で「親の懐」を離れる訳はないため、墨家の主張は「短かすぎる」不人情なものと判断されよう。

一方で、墨家は儒家の三年の喪を「久」喪とするが、儒家の主観においては、全く「長すぎる」ということはない。

三日にして食すは、民に死を以て生を傷る無く、毀して性を滅せざるを教う。此れ聖人の政なり。喪の三年を過ぎざるは、民に終り有るを示すなり。（『孝経』喪親章[56]）

三年の喪は、二十五月にして畢る。哀痛未だ尽きず、思慕未だ忘れず、然而《しか》れども礼の是れを以て之を断ずる者、豈に死を追るに已む有り、生に復するに節あるを以てせざるや。（『荀子』礼論[57]）

子路に姉の喪有り。以て之を除くべくして、除かざるなり。孔子曰く、何ぞ除かざるや、と。子路曰く、吾兄弟寡くして忍びざるなり、と。孔子曰く、先王礼を制す。道を行なうの人、皆忍びざるなり、と。子路之を聞き、遂に之を除く。（『礼記』檀弓上）(58)

これらの記述より、儒家は、「終り有るを示」しておかなければ、人は「忍びざる」が為に、喪を除かないと認識していることが分かる。つまり、放っておくといつまでも服喪を続ける（もしくは哀しみ続ける）ために、いわば三年という期間を決めて服喪を短くしたという意識があったといえよう。

これに対して『墨子』には、実は喪の期間についての記述は公孟篇に一箇所見えるのみである。

公孟子墨子に謂いて曰く、子三年の喪を以て非と為せば、子の三日の喪も亦非なり、と。子墨子曰く、子三年の喪を以て三日の喪を非とす、是れ猶裸の撅は不恭と謂うがごとし、と。（『墨子』公孟）(59)

これに拠れば、墨家の提唱する服喪期間は三日ということになるのだが、当条の畢沅注に、

三日、当に三月に為《つく》るべし。『韓非子』顕学篇云えらく、墨者の葬や、……服喪三月、と。高誘注『淮南子』斉俗云えらく、三月の服、是れ夏后氏の礼、と。而れども『後漢書』王符伝注『尸子』を引きて云えらく、禹喪を三日に制す、と。亦当に月に為るべし。（当条畢注）(60)

とある。これに従えば三ヶ月ということになり、孫詒譲『墨子閒詁』もこの説を採用している。しかし、これに対して周氏は、諸書の記す墨家や禹夏の喪期に「三日」・「三月」の間に揺れがあることなどから、「無論「三年」「三月」或「三日」恐怕都是託古而立的説法，誰也無法判定孰是孰非。畢沅、孫詒譲以這資料校改墨子「三日之喪」，恐怕並

不妥当（「三年」・「三月」だけでなく「三日」も、皆古に託して立てた説であろうから、誰にもどちらが是でどちらが非かを判定できない。畢沅・孫詒譲がこの資料を以て墨子の「三日の喪」を改めるのは、決して妥当なことではないだろう）[61]」との意見もある。更に異説としては、曹輝湘は当条に、

今、墨子の治喪の礼を按ずるに、大禹に本づく。蓋し当時、夏礼に猶伝者有り。三日・三月、皆是《ぜ》なり。其の大なるは三月、其の小なるは三日なるのみ。（当条『墨子箋』[62]）

と注しており、こちらに従えば、墨家には三月と三日との二つの喪制があったこととなる。墨家の喪制に「大」と「小」という区別があったのであれば、当然それは「親疎の別」に対応したものであろうから、儒家と比較して短くはあれ、喪制に関しては「親疎の別」があったこととなる。しかし、『荀子』が「親疏月数の等無く」（礼論）として墨家を非難していることを考えれば、「三日」・「三月」のどちらか一種類であったと考える方が妥当であろう。であれば、儒家から見た墨家の喪礼は、ただ短いだけではなく、親疎の差別がないものでもあったと考えられる。

また、今、どちらが正しいかは俄には判断し得ないが、どちらにせよ「墨子の喪を為すや、近きは三日を以てし、久しきは三月を以てす。其の時たるや極めて小し（墨子之為喪也、近以三日、久以三月。其為時也極小）」（『墨子箋』節葬下）とあるように、儒家の所謂「三年の喪」に比較して極端に短いことに変わりはない。

また、『墨子』に明記される訳ではないが、先にあげた畢注や『墨子箋』にもあったように、墨家の短喪説は夏禹の制に基づくとされる。この点に関連して『孟子』は、

然りと雖も、吾嘗て之を聞けり。三年の喪、斉疏の服、飦粥の食は、天子より庶人に達し、三代之を共にす。
（『孟子』滕文公上）[63]

とする。ここでは夏殷周の三代に共通で親に対する喪は三年とされており、やはり『墨子』の説と異なる。

以上より、儒家から見て墨家の喪期は、単に短いという点が問題であるのみならず、親疏による差別がなくなることにより、「親疎の別を無みする」ことが問題であったといえる。また、喪期に関しては、儒家の「三年の喪」こそが「聖王制為」であり、墨家が己の喪期を「聖王制為」に基づくと主張することは全く認められないものであったといえよう。

儒家は己の三年の喪を、「三年の喪とは何ぞや。曰く、情を称りて文を立て、因りて以て群を飾り、親疏貴賤の節を別けて、益損すべからざるなり（三年之喪何也。曰、称情而立文、因以飾群、別親疏貴賤之節、而不可益損也）」（『荀子』礼論）と認識していた。その儒家の目から見れば、墨家の主張する身分による差別を撤廃した葬礼は、貴賤を無みするものであり、その長短の別のない喪期は、親疎を無みするものであった。更には、儒家の想定する先王の制は墨家のそれとは全く異なっており、これらが「聖王制為」に基づくという主張も全く認められない妄説と感じられたことであろう(64)。

四　節葬と明鬼と「親疎の別」との関係

では、墨家は、どのような思想よりこういった葬喪の礼を制定するに至ったのであろうか。以下、孝からみた節葬を考えるために、十論の内、特に明鬼篇との関係について考察する。墨家が、己の鬼神論と儒家のそれとの違いを認識していたことを明確に示すものとして、公孟篇に以下のような記述がみられる。

公孟子曰く、鬼神無し、と。又曰く、君子必ず祭祀を学ぶ、と。子墨子曰く、無鬼を執りて祭礼を学ぶ。是れ猶

客無くして客礼を学ぶがごとし。是れ猶魚無くして魚罟を為るがごとし、と。（『墨子』公孟）[65]

この議論は、儒家が無鬼論を主張しながら厚葬久喪を主張しているという矛盾を突いたものである。しかし、それをいうなら、墨家は有鬼論を主張しながら薄葬短喪を主張しているのであり、その主張には矛盾を孕んでいるとの意見も成り立とう。この点を突いたのが王充である。

墨家の議、自ら其の術と違う。其れ薄葬して又鬼を右ぶ。鬼を右びて効を引き、杜伯を以て験と為す。杜伯は死人、如し杜伯を謂いて鬼と為せば、則ち夫の死者に審に知有り。如し知有りて之を薄葬せば、是れ死人を怒らしむるなり。人の情厚きを欲して薄きを悪む。薄を以て死者の責を受くれば、鬼を右ぶと雖も、其れ何の益あらんや。（『論衡』薄葬）[66]

このように王充は、墨家のいうように知性を持つ鬼神が存在するなら、薄葬短喪では鬼神（死者の霊）が怒るとして、墨家の主張に反駁している[67]。

譚家健氏は右『論衡』を引きつつ、「墨子主張節葬，毫無疑義是応該肯定的。但是究竟如何分析評価，也還有些問題値得討論（墨子の節葬を主張することは、いささかも疑いなく肯定すべきである。ただ、最終的にどのように分析評価するかには、まだいささか討論に値する問題がある）」として、「近人亦多認為墨子薄葬与明鬼自相矛盾（多く近人も、墨子の薄葬論と明鬼論とに矛盾があると考えている）[68]」と指摘している。

では、王充や譚氏の指摘するこの「薄葬与明鬼自相矛盾」は、どのような点が問題であり、また墨家内部ではどのように処理されていたのであろうか。この問題に関して、譚氏は続けて明鬼下篇の、

天鬼有り。亦山水鬼神なる者有り。亦人死して鬼と為る者あり。（『墨子』明鬼下）[69]

を引き、『墨子』において鬼神が数種類に分類されていることを確認する。そうして、「墨家明鬼，重点在于強調天鬼的賞善罰悪作用。至于祖先之鬼神如何顕霊，他没有講過。而所謂厚葬，則主要是敬奉父祖，与敬天鬼不是一回事（墨家の明鬼論は、その重点が天鬼が善を賞して悪を罰する作用を強調することにある。祖先の鬼神が如何に霊験があるかには、説き及ぶことはない。所謂厚葬は、父祖を敬奉するのが主であり、天鬼を敬するのと同じ事ではない）(70)」と考察している。同じく「鬼神」語を用いてはいるが、節葬論において節葬の対象となるのは「父祖の霊」であり、明鬼論において存在証明の対象となっているのは「天鬼」である。そこで、実際にはその対象が異なるため、「所以，対父祖之喪葬力求簡単，幷不妨碍対天鬼之祭祀提倡虔誠（父祖の喪葬に対して、努めて簡単にするように要求したとしても、決して天鬼の祭祀に対して敬虔を提唱するに障碍とはならない）(71)」と主張するのである(72)。

確かに、『墨子』において存在が強調される「鬼神」とは、「能く賢を賞し暴を罰」（『墨子』明鬼下）するが為に、「一豚を以て祭りて、百福を鬼神に求」（『墨子』魯問）める対象となるような「鬼神」、つまり「天鬼」や「上帝鬼神」とされる「鬼神」であって、「人鬼」ではない。

つまり、ごく単純化すれば、儒家は「タマシイ（＝祖先）」は祀るが、「カミサマ」には冷淡であり、墨家は「カミサマ」を重んじるが、「タマシイ」は薄葬する、ということができる。「鬼神」語には、いわば、この「カミサマ」と「タマシイ」との二つの概念が含まれており、儒墨両家の議論には、この両概念を区別せず用いることにより混乱が生じているように見うけられる。

ただ、それを踏まえた上でも、明鬼下篇には続いて、

今、子の其の父より先に死し、弟の其の兄より先に死する者有り。……是の若ければ則ち先に死する者は、父に非ざれば則ち母、兄に非ざれば而《すなわ》ち姒なり。（『墨子』明鬼下）(73)

とあり、「人鬼」に父祖の霊が含まれることは確実である。ならば、「父祖之喪葬力求簡単」と「天鬼之祭祀提倡虔誠」とが背反しないのは事実であるが、それは、王充の「知有りて之を薄葬するが如ければ、是れ死人を怒らしむるなり」という非難に回答したことにはならない。つまり、王充の非難の根拠は、「父祖の鬼を判断能力のある存在（＝有知）と判断する」ことと、「それを薄葬する」こととが両立しない、という点にある。とすれば、王充に類する非難に反論するためには、墨家は己の説が、「鬼神は無知と判断」し、かつ「薄葬している」か、「鬼神は有知と判断」かつ「薄葬していない」かのどちらかであると証明する必要がある。(74) ここで、「人鬼」が判断能力のある存在であることは前提されているから、墨家の採りうる手段は後者である。

彼の如ければ則ち大《はなは》だ厚く、此の如ければ則ち大だ薄し。然れば則ち葬埋に之節有り。……葬埋は人の死利なり。夫れ何ぞ独り此に節無からんや。（『墨子』節葬下）(75)

これは、葬の薄すぎる架空の国と漢土（葬の厚すぎる国）とを比較し、埋葬が極端に簡素であったり極端に重厚であったりすることを誡めた言である。ここに、「葬埋に之節有り」とあるように、当然のことながら墨家自身は、己の主張する葬喪を「適切な葬喪より薄い」と見なしてはいない。墨家は、儒家の三年の喪が「適切な葬喪より厚い」がために「節」を主張しているのである。為に墨家の認識では、鬼も墨家の主張する「適切な葬喪」に怒ることはないこととなる。これに対して、儒家もまた己の葬喪のみが「適切な葬喪」であると考えるために、墨家の葬喪を「適切な葬喪より薄い」と判断するといえる。つまり、両家共に自家の葬喪をそれぞれ「適切な葬喪」と認識しており、不孝なものとは見ていないのである。

だが、墨家の葬が儒家のそれに対して比較的薄いのは確かである。では、墨家の死せる親に対する態度は、儒家のそれに比べて「比較的不孝」といえるであろうか。

子墨子葬埋の法を制為して曰く、棺三寸、以て骨を朽ちしむるに足る。衣三領、以て肉を朽ちしむるに足る。掘地の深、下に菹漏無く、気に上に発洩する無く、壟は以て其の所を期すに足れば、則ち止む。往を哭し来を哭し、反りて衣食の財に従事し、祭祀を佴《たす》け、以て孝を親に致せ、と。（『墨子』節葬下[76]）

ここでは、葬喪を簡単にして、その分の労力を祭祀にまわすよう主張されており、「祭祀を佴《たす》け、以て孝を親に致せ」とある。よって墨家の理論においては、儒家が推奨し、かつ当時流行していた礼よりも葬喪を簡略化し、その結果生じる余力を祭祀にまわすことが「孝」である、と認識されていることが分かる。ここまで見てきたように、墨家の主張において、「孝」は主要な位置を占めるとはいえないが、墨家も孝を推奨していた。この論は、いわば薄葬を「祭祀を厚くすること」と結びつけて、薄葬そのものを「孝」と措定するものである。つまり、墨家の認識においては、儒家との比較としても己の薄葬は不孝とはならないのである。このことについて周氏は、「「佴乎祭祀」不疏曠祭祀，与孔子的「祭之以礼」没両様，都是「致孝於親」的挙措。何以謂墨子「節葬短喪」便是「戻」，而儒家「厚葬久喪」才是「孝」呢（「祭祀を佴《たす》け」祭祀を疎かにしないのは、孔子の「祭るに礼を以てす」と異ならず、皆、「孝を親に致す」行為である。何をもって墨子の「節葬短喪」を「戻」とし、儒家の「厚葬久喪」を「孝」と言うのか[77]）」としている。

つまり、「葬」に関して、儒家の「棺槨七重」などに比較して墨家の「棺厚三寸」が薄く、「喪」に関して、儒家の「三年」に比較して墨家の「三日・三月」が短いのは確かである。これが儒家のいう「薄葬」にあたる訳だが、「祭」・「祀」に関しては、墨家は葬喪を薄くした為生じる余力を用いて、「祭祀を佴《たす》け」ることを主張しているのである。「墨子薄葬与明鬼自相矛盾」という「矛盾」は、「鬼神」への対応を「葬喪」のみに限定し、さらに墨家の葬を「適切な葬に比較して薄すぎる」と見る、儒家の側からの認識の上にのみ成り立つ矛盾であり、墨家の側からは特に矛盾とはならないといえよう。

また、その祭祀については、続いて、

今絜く酒醴粢盛を為り、以て祭祀を敬慎す。若し鬼神をして請に有らしめば、是れ其の父母姒兄を得、而して之に飲食せしむるなり。豈に厚利に非ざるかな。（『墨子』明鬼下）(78)

とある。葬喪は儒家のそれよりも薄いとはいえ、墨家が「父母姒兄」を物質的（「為酒醴粢盛」）にも精神的（「敬慎祭祀」）にも祭祀していることが分かる。(79) また、祭祀の対象となる「鬼」については、

人の鬼は人に非ざるも、兄の鬼は兄なり。人の鬼を祭るは人を祭るに非ざるも、兄の鬼を祭るは乃ち兄を祭るなり。（『墨子』小取）(80)

とあり、明らかに「人」即ち「他人」と「兄」とを区別している。これと似た文章は大取篇にも見られる。

鬼は人に非ざるなるも、兄の鬼は兄なり。（『墨子』大取）(81)

なお、当該箇所も難読の箇所であるが、曹耀湘『墨子箋』は、

人は必ずしも皆愛せず。故に死と生と迥《はる》かに殊なれり。兄は則ち己の愛する所。故に生死一なり。（『墨子箋』大取）(82)

としており、「兄は愛する対象であるが故にその生死に区別がない」、つまり「親疎の別」を表現したものといえる。つまり、明鬼説を採る墨家にとって父祖の鬼は確実に存在するものであり、それは他人の鬼とは異なる、親疎の別のある存在として捉えられていたのである。

以上より、墨家の節葬論が不孝であるとするような理論は、いわば儒家の立場に立った立論であり、墨家の立場に立ち、さらに祭祀という面をも含めて判断すれば、墨家の主張は決して「薄葬与明鬼自相矛盾」や「無親疎之別」といったものではない。また、墨家は鬼神の存在を肯定するが、「父祖（兄）の鬼」に注ぐ愛は他人の鬼に注ぐそれとは異なっており、ここには「親疎の別」があったといえよう。

墨家は儒家から「不孝」として非難されているが、墨家が孝を唱道していなかった訳ではない。しかし、そもそも墨家は「利」に関する独特な思想を持っており、その上で展開される孝観は儒家とは相容れないものであった。さらに、儒家は墨家の兼愛論を「親疎の別を無みする」もの、即ち「不孝」だととらえ批判した。また、墨家の節葬論は親疎貴賤による差別を撤廃したものであり、それは、共に儒家からみて親疎・貴賤の別を否定するものと認識された。後漢の王充は、「節葬論」と「明鬼論」とが矛盾すると論じたが、それはあくまで儒家の見解を基準とした認識より生じるものであり、墨家の認識では矛盾ではない。同様に、墨家は節葬を主張しつつ、祭祀を重要視しており、墨家から見れば死者への態度は決して冷淡なものではなかった。

畢竟するに、儒墨による互いへの批判、特に儒家側からの批判は、已の立場からの一方的なものであったといえる。それは、別の学派から見た両家への評価に表れている。

夫れ三年の喪、是れ人に強いて及ばざる所なり。而して偽を以て情を輔くるなり。三月の服、是れ哀を絶ちて切を迫《せ》むるの性なり。夫れ儒墨、人情の終始に原ねずして、務めて以て相反の制を行なう。（『淮南子』斉俗訓）(83)

ここでは、儒・墨の葬喪説はどちらも人情に悖るものであるとされている。つまり「適切な喪期」、ひいては何を孝とみなすかについても、あくまでその議論は拠って立つ学派の立場よりのものであるといえる。両家について、法

家である『韓非子』は、

孔子・墨子、倶に堯舜を道えども取舎同じからず。皆自ら真の堯舜と謂う。堯舜復たは生ぜず。将た誰にか儒墨の誠を定めしめんや。（『韓非子』顕学）[84]

としている。両家は、それぞれの立場に立ってそれぞれの孝を行なっており、儒家の認識を離れれば、墨家の孝説も一家の説であった。墨家が「不孝」であるというイメージは、多分に『孟子』をはじめとする儒家の認識を通して形成されたものだといえよう。

最後に、なぜ儒家はこれほど執拗に墨家を「不孝」とラベリングせねばならなかったのであろうか。儒家と同様孝を推奨し、かつその内容や葬礼には異同のある墨家は、儒家の目に最も先鋭な競争相手と写ったであろうことは疑いない。さらに、儒家側の事情も無視し得ない。儒家は己の葬喪を人倫の証として誇っているものの、その主張は完全に安定したものではなかった。儒家の再三の宣伝によっても、三年の喪が「長すぎる」という認識は完全には否定しきれず、常にくすぶり続けている。

斉の宣王喪を短くせんと欲す。公孫丑曰く、期の喪を為すは、猶已むに愈れるか、と。孟子曰く、是れ猶其の兄の臂を紾らすもの或《あ》り、子之に謂いて姑く徐徐にせよと爾云うがごとし、と。（『孟子』尽心上）[85]

そもそも、孔子の直弟子の宰我にして、三年の喪に疑義を呈していることは周知に属する（『論語』陽貨）。このように、儒家の孝説の重要な部分を占める「三年の喪」が脅かされる指向性は常に存在していた。そのため、儒家はその指向性の象徴的言説といえる墨家の説、特にその孝説を攻撃しつづけざるを得なかったのである。

注

(1)「楊氏為我、是無君也。墨氏兼愛、是無父也。無父無君、是禽獣也」

(2)「取妻身迎、祗褍為僕、秉轡授綏、如仰厳親、昏礼威儀、如承祭祀。顚覆上下、悖逆父母。下則妻子、妻子上侵事親。若此可謂孝乎」。なお『墨子』に関しては、底本として孫詒譲『墨子閒詁』(新編諸子集成本)を用いた。なお『墨子閒詁』記載の説を参考に改めた箇所があるが、煩を避けるため一々注記しない。

(3)墨子の専論で節葬との関連で孝について言及したものに、周富美「論墨子節葬説」(『台大中文学報』第三号、一九八九年)がある。

(4)康学偉『先秦孝道研究』(文津出版社、一九九二年、二二一頁)

(5)渡邊卓『墨子』上(全釈漢文大系一八、集英社、一九七四年、二〇頁)

(6)『墨子』に表れた思想は一様ではなく、成立時期の異なる思想が含まれていることは学界の定説である。しかし、墨家の思想として一冊に纏められている事実が示すように、その内容は一定以上の程度の同質性を保有しており、そこに表れた思想を「墨家思想」とするのは充分可能であると考える。このため、本章では『墨子』の成立に関する問題は暫く措き、『墨子』に表れた思想を「墨家思想」として「儒家思想」と対置する。

(7)「孝、利親也」

(8)「孝、以親為芬、而能能利親、不必得」

(9)「言、忠孝皆以利為標準。是墨家功利主義根本精神。大取篇云、知親之一利。未為孝也」

(10)山田琢『墨子』下(新釈漢文大系五一、明治書院、一九八七年、四四六頁)

(11)板野長八『中国古代に於ける人間観の展開』(岩波書店、一九七二年、五一頁)

(12)曹方林『孝道研究』(巴蜀書社、二〇〇〇年、一一九頁)

(13)曹氏は利と父子関係との関係について「首先，墨家的〝兼愛〟是建立在〝利〟的基礎上，……!若果利少，或无利，其愛則不存在。這不適合父子関係(まず、墨家の「兼愛」は「利」の基礎の上に建っており……、もし利が少ない、或いは無いのであれば、其の愛は存在しない。これは父子関係には合わないものである)」(曹氏前掲書、一一八頁)とするが、この視方は一面的に過ぎるであろう。

(14) 「子愛利親。謂之孝、反孝為孽」
(15) 楊俊光氏は、「賈誼論〝孝〟，只能説明受到了墨家思想的影響(賈誼が孝を論じるのは、墨家思想の影響を受けたとしか説明できない)」(『《墨経》研究』、南京大学出版社、二〇〇二年、一三六頁)としており、これに従えば、儒家思想の内にも、墨家的孝を受入れる素地があったことになる。
(16) 「子游問孝。子曰、今之孝者是謂能養。至於犬馬皆能有養。不敬何以別乎」
(17) 本書第二部第一章参照。
(18) 「故匹夫勤労、猶足以順礼。歠菽飲水、足以致其敬。……事親孝者、非謂鮮肴也。亦和顔色、承意尽礼義而已矣」
(19) 「意亦使法其言用其謀、厚葬久喪、実不可以富貧衆寡、定危理乱乎。此非仁非義、非孝子之事也」
(20) 「然而天下之非兼者之言、猶未止。曰、意不忠親之利、而害為孝乎」
(21) 吉永慎二郎「墨翟 兼愛を説かず」(『集刊東洋学』第六七号、一九九二年)
(22) 「為人君必恵、為人臣必忠、為人父必慈、為人子必孝、為人兄必友、為人弟必悌。故君子莫若欲為恵君忠臣慈父孝子友兄悌弟、当若兼之不可不行也、此聖王之道、而万民之大利也」
(23) 「又、与為人君者之不恵也、臣者之不忠也、父者之不慈也、子者之不孝也、此又天下之害也」
(24) 「墨家者流、蓋出於清廟之守。茅屋采椽、是以貴倹。養三老五更、是以兼愛。選士大射、是以上賢。宗祀厳父、是以右鬼。順四時而行、是以非命。以孝視天下、是以上同。此其所長也。及蔽者為之、見倹之利、因以非礼、推兼愛之意、而不知別親疏」
(25) 「其餘、養三老五更、選士大射、宗祀厳父、順四時而行、以孝視天下、無一不可附会孝経三礼而為之辞」
(26) 「曰、吾聞、為高士於天下者、必為其友之身、若為其身、為身友之親、若為其親。然後可以為高士於天下」
(27) 兼愛説については、浅野裕一「墨家思想の体系的理解 —兼愛論について—」(『集刊東洋学』第三二号、一九七四年)参照。
(28) 「故不愛其親而愛他人者、謂之悖徳。不敬其親而敬他人者、謂之悖礼」
(29) 「墨子愛無差等、而視其至親無異衆人。故無父。無父無君、則人道滅絶。是亦禽獣而已」
(30) 「問、墨氏兼愛、何遽至於無父。曰、……蓋他既欲兼愛、則其愛父母也必疏。其孝也不周至。非無父而何」

(31)　金谷治「墨子評価の歴史」（『新釈漢文大系』第五〇巻季報、一九七五年、後に『儒家思想と道家思想』、金谷治中国思想論集中巻、平河出版社、一九九七年）

(32)　「問、程子云、仁者以天地万物為一体。何墨氏兼愛、反不得謂之仁。先生曰、……父子兄弟之愛、便是人心生意発端処。……墨氏兼愛無差等。将自家父子兄弟与途人一般看、便自没了発端処」

(33)　王陽明は、「至親と路人と同じく是れ愛する的《もの》、如し箪食豆羹、得れば則ち生き、得ざれば則ち死し、両ら全うする能わざれば、寧ろ至親を救い、路人を救わざるも、心又忍び得（至親与路人同是愛的、如箪食豆羹、得則生、不得則死、不能両全、寧救至親、不救路人、心又忍得）」（『伝習録』下巻）とするように、当然親疎の別を重んじていたが、「孟子、楊・墨を闢して無父・無君に到る。二子亦当時の賢者なり。……墨子の兼愛は、仁を行ないて過ぎたるのみ（孟子、闢楊墨至於無父無君。二子亦当時之賢者。……墨子兼愛、行仁而過耳）」（『伝習録』中巻）ともしており、墨家思想を全面的に否定している訳ではない。

(34)　韓愈「読墨子」（『韓昌黎集』巻十一）は墨家説を擁護した数少ない例だが、これも墨家説が儒家説と一致することを論じるものであり、墨家説に独自の価値を認めるものではない。

(35)　康氏前掲書（二一三頁）

(36)　「刑餘罪人之喪、不得合族党、独属妻子、棺槨三寸、衣衾三領、不得飾棺、不得昼行。以昏殣凡縁而往埋之、反無哭泣之節、無衰麻之服、無親疏月数之等、各反其平、各復其始、已葬埋、若無喪者而止。夫是之謂至辱」

(37)　「故子墨子言曰、今、天下之士君子、……故当若節喪之為政、而不可不察此者也」

(38)　「聖人之法、死亡親、為天下也。厚親分也。以死亡之」

(39)　「墨翟禽滑釐……作為非楽、命之曰節用。生不歌、死無服」

(40)　また近人の張純一は、「夫れ墨子の節葬の旨に二有り。一に曰く、無用の財を費す。二に曰く生人の性を損う。前の一説は、節用に原《たず》ぬる者なり。故に倹を主とす。後の一説は、兼愛に原ぬる者なり。故に仁を主とす（夫墨子節葬之旨有二。一曰、費無用之財。二曰、損生人之性。前之一説、原於節用者也。故主於倹。後之一説、原於兼愛者也。故主於仁）」（『墨子集解』説葬下）とし、康氏は、「墨子則主張薄葬短喪，因為在「兼愛」的原則之下已経不復存在親疏之別，厚葬久喪等関於孝道的措施自然是多餘的了。況且，厚葬久喪需大量浪費社会財富，損害人民健康，破壊正常生産，又影響人口的増殖

（墨子は薄葬短喪を主張し、「兼愛」の原則の下では、すでに親疎の別は存在しないため、厚葬久喪など孝道に関する行為は自然と余分となった。その上、厚葬久喪は大量に社会の富を浪費し、人民の健康を損ない、正常な生産を破壊し、人口増殖に影響を与えた）」（康氏前掲書、二一三頁）とする。

(41)「墨者之葬也、……世主以為倹而礼之。儒者破家而葬。……世主以為孝而礼之。夫是墨子之倹、将非孔子之侈也。是孔子之孝、将非墨子之戻也」

(42)渡邊氏前掲書下巻（三五五頁）

(43)「古者、聖王制為節葬之法曰、衣三領、足以朽肉。棺三寸、足以朽骸。堀穴深不通於泉流、不発洩則止。死者既葬、生者毋久喪用哀」

(44)「故天子棺槨七重、諸侯五重、大夫三重、士再重、然後、皆有衣衾多少厚薄之数」

(45)「天子之棺四重」

(46)「君大棺八寸、属六寸、椑四寸。上大夫大棺八寸、属六寸。下大夫大棺六寸、属四寸。士棺六寸」

(47)ただ、これも文献によりさまざまな説があり、『孟子』では、「曰く、古は棺槨に度無し。中古は棺七寸、槨之に称う。天子自り庶人に達す（曰、古者棺槨無度。中古棺七寸、槨称之。自天子達於庶人）」（公孫丑下）とあり、「中古」とされてはいるが、身分差が見られない。

(48)「禹東教乎九夷、道死葬会稽之山。衣衾三領、桐棺三寸、葛以緘之」

(49)「墨子……毀古之礼楽。……古之喪礼、貴賤有儀、上下有等、天子棺槨七重、諸侯五重、大夫三重、士再重。今墨子独生不歌、死無服。桐棺三寸而無槨、以為法式」

(50)「有虞氏瓦棺、夏后氏堲周、殷人棺槨、周人牆置翣」

(51)墨家の制は夏禹の制にもとづくものとされるが（後述）、例えば呂思勉はこの『礼記』の一節と『淮南子』の「有虞氏用瓦棺、夏后氏堲周、殷人用槨」（氾論訓）や、その高注「禹世無棺槨。以瓦広二尺、長四尺、側身累之蔽土、曰堲周」（当条高注）などとを比較し、「然則夏時実未能以木為棺，安有桐棺三寸之事（そうであれば、夏の時にはまだ木で棺を作っていないので、どうして桐の三寸の棺という事があるだろう）」（『読史札記』「桐棺三寸非禹制」）と結論づけており、また周氏は、「墨子節葬既非但用夏法，則棺便不一定非桐棺不可了（墨子の節葬はただ夏の制度を用いるだけではないため、

「棺」は必ず「桐棺」でなければならないという訳ではない）」（周氏前掲論文）としている。

(52)「世俗之為説者曰、太古薄葬。棺厚三寸、衣衾三領、葬田不妨田、故不掘也。乱今厚葬飾棺、故扫也。是不及知治道、而不察於扫不扫者之所言也。凡人之盗也、必以有為。不以備不足、則以重有餘也。而聖王之生民也、皆使富厚優猶知足、而不得以有餘過度。故盗不竊、賊不刺……。雖珠玉満体、文繍充棺、黄金充槨、……人猶莫之扫也」

(53) ただ、この論旨では「聖王」の時代に盗掘の心配がないことを証明してはいても、墨家の論じている当時に関しては何も言っていないに等しい。なお、『呂氏春秋』の孟冬紀安死・節葬の両篇にこの点に関する詳説がある。

(54)「子墨子謂公孟子曰、喪礼、君与父母妻後子死、三年喪服、伯父叔父兄弟期、族人五月、姑姊舅甥皆有数月之喪……」

(55)「子曰、予之不仁也。子生三年、然後免於父母之懐。夫三年之喪、天下之通喪也。予也有三年之愛於其父母乎」

(56)「三日而食、教民無以死傷生、毀不滅性。此聖人之政也。喪不過三年、示民有終也」

(57)「三年之喪、二十五月而畢。哀痛未尽、思慕未忘、然而礼以是断之者、豈不以送死有已、復生有節也哉」

(58)「子路有姉之喪、可以除之矣、而弗除也。孔子曰、何弗除也。子路曰、吾寡兄弟而弗忍也。孔子曰、先王制礼。行道之人、皆弗忍也。子路聞之、遂除之」

(59)「公孟子謂子墨子曰、子以三年之喪為非、子之三日之喪亦非也。子墨子曰、子以三年之喪非三日之喪、是猶裸謂撅者不恭也」

(60)「三日、当三月。韓非子顕学篇云、墨者之葬也、……服喪三月。高誘注淮南子斉俗云、三月之服、是夏后氏之礼。而後漢書王符伝注引尸子云、禹制喪三日。亦当為月」

(61) 周氏前掲論文

(62)「今、按墨子治喪之礼、本乎大禹。蓋当時、夏礼猶有伝者。三月三日、皆是也。其大者三月、其小者三日耳」

(63)「雖然、吾嘗聞之矣。三年之喪、斉疏之服、飦粥之食、自天子達於庶人、三代共之」

(64) また、孟子は墨者夷子に対して、儒家の行なう葬について「中心より面目に達するなり（中心達於面目）」（『孟子』滕文公上）と語っている。これは暗に墨家の薄葬を非人情的であるというに等しいであろう。

(65)「公孟子曰、無鬼神。又曰、君子必学祭祀。子墨子曰、執無鬼而学祭礼。是猶無客而学客礼也。是猶無魚而為魚罟也」

(66)「墨家之議、自違其術。其薄葬而又右鬼。右鬼引効、以杜伯為験。杜伯死人、如謂杜伯為鬼、則夫死者審有知。如有知而薄葬之、是怒死人也。人情欲厚而悪薄。以薄受死者之責、雖右鬼、其何益哉」

(67) 王充も薄葬論を唱えたが、その喪葬に関する説について、大久保隆郎氏は、「且つ、王充の薄葬論は、この両者（引用者注…儒家と墨家と）を止揚するかたちで述べられている」（「王充の薄葬論について」、『人文論究』第二六号、一九六五年）とする。

(68) 譚家健『墨子研究』（貴州教育出版社、一九九五年、一四八頁）

(69) 「有天鬼。亦有山水鬼神者。亦有人死而為鬼者」

(70) 譚氏前掲書（一四九頁）

(71) 譚氏前掲書（一四九頁）

(72) また大久保氏は、「要するに、墨子における「鬼神」と「薄葬」の主張は、論理的には矛盾するものである。しかし、この矛盾を統一していたものは、現実社会の混迷する秩序を回復して、新たなる秩序を志向する、秩序意識であったといえるのではあるまいか」・「墨子の「節葬」「明鬼」の論理は、政治的かつ倫理的な要請の下に組み立てられている」（大久保氏前掲論文）として、その「要請」と「論理」とを弁別して考察している。

(73) 「今、有子先其父死、弟先其兄死者矣。……若是則先死者、非父則母、非兄而姒也」

(74) もしくは、「鬼神は無知」かつ「薄葬していない」でもよいが、あまり意味のある主張ではなかろう。

(75) 「如彼則大厚、如此則大薄。然則葬埋之有節矣。……葬埋者人之死利也。夫何独無節於此乎」

(76) 「子墨子制為葬埋之法曰、棺三寸、足以朽骨。衣三領、足以朽肉。掘地之深、下無菹漏、気無発洩於上、壟足以期其所、則止矣。哭往哭来、反従事乎衣食之財、佴乎祭祀、以致孝於親」

(77) 周氏前掲論文

(78) 「今絜為酒醴粢盛、以敬慎祭祀。若使鬼神請有、是得其父母姒兄、而飲食之也。豈非厚利哉」

(79) ただ、当該箇所は「無鬼を執る者」の「意も親の利に忠らずして、而も孝子為ることを害するか」という非難に対する回答である。「無鬼を執る者」が儒家を想定したものだとすれば、「其の鬼に非ずして之を祭るは、諂なり（非其鬼而祭之、諂也）」（『論語』為政）とする儒家が「是れ其の父母姒兄を得、而して之に飲食せしむるなり」というような「其の鬼（＝タマシイ）」のみを対象とする「祭」に対して非難することは難しい。この非難が墨家的「祭」に対するものとすれば、それは現世利益を求めて行なわれた「上帝鬼神」や「天鬼」といった「鬼（＝カミサマ）」を対象とした「祭」に向けたものであろう。そうであれば、この回答は、「鬼」という用語の二義性を利用して、いわば非難を誤魔化したものだといえよう。

(80)「人之鬼非人也、兄之鬼兄也。祭人之鬼非祭人也、祭兄之鬼乃祭兄也」

(81)「鬼非人也、兄之鬼兄也」

(82)「人不必皆愛。故死与生逈殊。兄則已之所愛。故生死一也」

(83)「夫三年之喪、是強人所不及也。而以偽輔情也。三月之服、是絶哀而迫切之性也。夫儒墨、不原人情之終始、而務以行相反之制」

(84)「孔子墨子、倶道堯舜而取舍不同。皆自謂真堯舜。堯舜不復生。将誰使定儒墨之誠乎」

(85)「斉宣王欲短喪。公孫丑曰、為期之喪、猶愈於已乎。孟子曰、是猶或紾其兄之臂、子謂之姑徐徐云爾」

第五章　本朝における親殺しの不孝の容認

本朝漢土を問わず、古代より近代に到るまで尊属殺は一般殺人を大きく越えた重罪であった。[1] 例えば近世まで本朝における最高法典であった『養老律』名例律第一には、尊属殺が八逆の一つ悪逆として巻首に挙げられている。

四に曰はく、悪逆。[謂はく、祖父母・父母を殴ち、及び殺さむと謀り、伯叔父・姑・兄姉・外祖父母・夫・夫の父母を殺せるをいふ]。(『養老律』名例律第一[2])

そうして、これら尊属殺の量刑は賊盗律第七に、

凡そ祖父母・父母・外祖父母・夫・夫の祖父母・父母を殺さむと謀れらば、皆斬。……已に殺せらば、皆斬。(『養老律』賊盗律第七[3])

とある。尊属殺は、「謀(未遂・予備罪)」・「已殺(既遂)」ともに「皆斬」とされ、一般殺人の「凡そ人を殺さむと謀れらば、徒二年。……已に殺せらば、斬(凡謀殺人者。徒二年。……已殺者斬[4])」と較べて各段に重くなっている。[5] 近世の『御定書百個条』第七一条「人殺幷疵付御仕置之事」においても、親殺しは「一　親殺　引廻の上　磔[6]」と、一般殺人の「下手人(引用者注…死刑の一種。死刑六種中の最軽罰[7])」に較べて極めて重く規定されている。

近世における親殺しの判例として、『御仕置裁許帳』に実父殺しが三例、実母殺しが五例収録されているが、父殺しはすべて「磔」、母殺しは三例が「磔」、他に「斬」・「死罪」が一例づつとなっている。中でも、藤井意斎なる者は、

是ハ建部内匠頭家来、此者父才兵衛と申者を突殺候て、其身致自害、相果候付、内匠頭より土屋相模守殿え被相達、請取候様ニ御差図ニ付、塩漬之侭、使者田中加太夫持参申ニ付、請取之、牢屋ニ入置候、

右之者死骸、子十二月廿五日於浅草磔（『御仕置裁許帳』巻一「一五　父を弑者類、同疵付る者の類幷乱心之者」）(8)

とあり、父才兵衛を殺害した後自害しているにもかかわらず、さらにその死骸は塩漬けされ牢屋に収監された後、磔にされている。親殺しが、絶対に容認され得ない大罪として認識されていた様子が窺われよう。(9)

ところが、この親殺しについて、容認を示すケースが存在する。『今昔物語集』巻一九第七は、梗概が「鹿に転生した母が息子の夢に現れ、翌日の狩で自分を射ないよう訴えたが、狩に熱中した息子は訴えを忘れ前世母であった鹿を射殺す。そうして、それを悔いた息子は出家する」というものだが、その評語に、

逆罪ヲ犯スト云ヘドモ、出家ノ縁ト成ル事如此シ、トナム語リ伝ヘタルトヤ（『今昔物語集』第一九巻「丹後守保昌朝臣郎等射母成鹿出家語」第七）(10)

とある。ここでは、転生した鹿とはいえ、子が親を射殺していながら、それが「出家の縁」となったことを以て、いわば親殺しを容認する記述となっている。

また、道元の言葉を記録した『正法眼蔵随聞記』には、老母を養っている一子が出家すべきかとの質問に対して、

若し今生を捨て、仏道に入りたらば、老母は設ひ餓死すとも、一子を放《ゆ》るして道に入らしめたる功徳、豈に得道の良縁にあらざらんや。……一子出家すれば七世の父母得道すと見えたり。（『正法眼蔵随聞記』第三）(11)

とあり、「得道の良縁」を理由に老母の餓死をも容認している。

これらは、仏教という価値体系において、孝（親の命）を超越する価値（出家）が存在し、その価値が塡補となって親殺しが容認されたものと考えられる。

では、仏教的価値観といった例以外で、親殺しが容認、さらには称賛されるといったことはあるのであろうか。本章では、本朝の人倫感覚上、親殺しを容認するような思考が存在するのかどうかについて、邦儒を中心とする人々の史実評価や論説、及び文学作品等より考えてみたい。

一　忠孝背反状況

本朝における道徳規範の基礎をなした思想としては、仏教と並んで儒教が挙げられる。儒教的思惟において「父殺し」は、

子の父を弑するは、凡そ宮に在る者、殺して赦すこと無し。其の人を殺し、其の室を壊ち、其の宮を洿にして豬す。（『礼記』檀弓下）(12)

などとされる。その親殺しを忌むこと、犯人を処刑するのみならず、その家を毀して水溜まり（洿）にするという徹底ぶりである。

親殺しが容認され得るとすれば、失われる親の命を塡補し得るような価値が、親殺しによって得られなければならないであろう。凡そ儒教的思惟において人々の行動を規制するものは、人倫関係における道徳とそこから派生する礼であるといえる。であるなら、親殺しという不孝は、それに相当する価値を有する人倫道徳によってのみ塡補されると考えられよう。

そこで以下、先ず三綱として親子関係と並び称される君臣関係・夫婦関係において、その下位者からの道徳である忠・貞と孝との背反状況について考察し、いかなる場合に親殺しが容認され得るのかについて検討する。[13]

本朝において、忠は時に孝より重いとされ、[14]古来より孝との背反が問題となった事例も数多い。中でも国史上における親殺しを伴う忠孝背反事例といって先ず思いうかぶのは、源義朝の事例であろう。保元の乱では、朝廷が後白河天皇方と崇徳上皇方とに分裂し、摂関家・源氏・平氏がそれぞれ二手に分かれて相争った。この際、義朝は後白河天皇に従い、崇徳上皇に従った父為義・弟頼賢・為朝らと敵対することとなった。争乱は天皇側の勝利に終り、戦の後、上皇に与した者たちの処罰が行なわれた。義朝は父弟らの助命を嘆願したが許されず、却って義朝の手によって父為義の処刑を行なうよう命ぜられる。最終的に義朝は鎌田正清に命じて為義を処刑させる。これは、勅命に従い（＝忠）、親を殺した（＝親殺しの不孝）、忠孝背反事例といえる。

この事件は多くの史書に記載されているが、管見の及ぶ限り、評語を附すものはその全てが義朝を非難している。[15]一例を挙げれば、

　義朝……父の首をきらせたりしこと大なるとがなり。古今にもきかず、和漢にも例なし。（『神皇正統記』人、二条院条）[16]

といったものである。

また、浅見絅斎は『忠孝類説』において、和漢の忠孝背反事例を八例取り上げ、それぞれに評語を附している。その第一条「松田左馬助」は、要約すれば、「北条氏小田原城が豊臣秀吉に抱囲されること久しくなった折、北条の臣である松田尾張守は竊かに豊臣に降ろうとする。それを知った尾張守の息子左馬助は主君北条氏直に父の逆心を密告する。父の助命が約束された上での密告であった筈が、結局尾張守は切腹させられる。後、城主氏直は豊臣に降伏し、高野山で謹慎することとなり、左馬助は氏直に従い共に高野山に入る」という事例である。ここで左馬助は、父親の助命を嘆願した上のこととはいえ、主君北条氏直への忠を全うする（＝忠）ために父の叛意を密告（＝親殺しの不孝）し、父はその結果切腹を命ぜられている。(17)忠孝背反事例において忠を優先させた典型的な事例といえる。

絅斎は、この左馬助に対し、

左馬助の志、固より哀しむべし。（『忠孝類説(18)』）

として一定の同情を示しながらも、

終に高野山に登りて以て遺息を保つ。此れ恨むべきなり。（『忠孝類説(19)』）

と、父や氏直以外の主筋（北条氏政ら）を死なせておきながら、自刃もせず己のみ生き残ったとして、強く非難する。義朝は積極的な親殺し、左馬助は消極的な親殺しとなろうが、どちらもその行為は非難の対象となっており、親殺しの不孝は主君への忠によっても塡補されないことが見てとれる。ただ、これは忠に対する孝の完全な優越を示すものではない。忠孝背反について論ずる際には、多くはその大小が問題とされる。

以下、忠孝背反事例を一般化してその対応について論じた林羅山と中井履軒との論を採り上げて考察する。羅山は、「父の悪事・叛意を君に訴えるべきか」といった左馬助と同型の忠孝背反事例について、其子ツカヘテ官位ニノボリタラン人ナラバ。父纔ノ僻事アラバカクスベシ。内内ニテ諫ムベキナリ。若父野心ヲ夾ミ国家ヲ妨グベキ企アランニ。諫メテ幾度モシテキカズバ。李瓘カ例ニモシタガフベシ。……或ハ平人ナラバ野心ノオソレナシ。……タゞヒソカニカクシテ居ルベキヿニヤ。（『儒門思問録』巻第一上「父攘羊子証之石碏李瓘」(20)）

とする。まず、当事者である子を官吏と平人とに分類し、平人であれば国家反逆といった大きな罪は犯せないので父の罪を隠し、官吏であればさらに父の罪を大小に分類し、国家反逆等の大罪は（父が処刑されるとしても）訴え、纔かの僻事といった小罪は隠す、との主張である。なお、巻一下にも類似した議論が見え、

私事ハ恩愛ナリ。……公義ハ大義ナリ。幾度モ諫メテ。父キカザラントキニハ分別アルベシ。別ニスベキヤウナカランキハメニハ。己カ身ヲステンカ。（『儒門思問録』巻第一下「孔子不聴父子訟」(21)）

として、どうしようもない場合には己の身を捨てることを主張する。

中井履軒は、「忠孝両全論」（『履軒敝帚』）において忠孝背反事例を三種に分類し、①親の命と君の命と、②親の命と君の靴と、③親の命と君の璽符と、のそれぞれの二者択一という状況を設定する。

人有りて之に謂いて曰く、而若《なんぢなんぢ》が君を殺せ。我則ち若が父を釈さん。不《しからず》んば則ち遂に若が父を殺さん、と。苟くも人心有る者、皆な為さざるなり。（『履軒敝帚』「忠孝両全論」(22)）

曰く、而若が君の履を竊みて我に奉ぜよ。我則ち若が父を釈さん、と。幸を君に得と雖も為すべし。（『履軒敝帚』「忠孝両全論」(23)）

曰く、而若が君の璽符を竊みて我に奉ぜよ。不んば則ち遂に若が父を殺さん、と。孝に顓《もっぱ》らなる者猶之を為す。忠に顓らなる者為さず。一に顓らにして全と謂うべからず。（『履軒敝帚』「忠孝両全論」）(24)

つまり、忠孝背反状況を一般化・抽象化して、それぞれの場合の忠孝の実行に必要なコストの大小を設定し、①孝＝極大・忠＝極大、②孝＝極大・忠＝小、③孝＝極大・忠＝大、というそれぞれの背反状況について、①は選択不能、②は孝優先、③は孝を重んじる者は孝優先、忠を重んじる者は選択不能、とするのである。

そうしてさらに、選択不能時は、

然らば則ち之を為すこと奈何。死有るのみ。（『履軒敝帚』「忠孝両全論」）(25)

として、己が死ぬことが最善手であると結論する。

以上より、忠孝背反事例において、親の命を見捨てる、広義の「親殺し」が容認される条件としては、羅山によれば国家反逆の阻止、履軒によれば君の命（場合によっては君の璽符）の保全があることが分かった。つまりここでは、親の命を塡補し得る価値として、国家・君の命（君の璽符）が想定されているといえよう。

二　貞孝背反状況

三綱の一である夫婦関係は、

天地有りて然る後に万物有り。万物有りて然る後に男女有り。男女有りて然る後に夫婦有り。夫婦有りて然る後に父子有り。父子有りて然る後に君臣有り。君臣有りて然る後に上下有り。上下有りて然る後に礼義も錯く所有り。夫婦の道は以て久しからざるべからざるなり。（『周易』序卦）[26]

などと人倫の根本であるともされ、貞は忠に次いで孝との背反が問題となる徳目である。多く「夫の死後、実親が無理に再婚を勧める」といった形で顕在化するが[27]、史上さらに尖鋭な背反として、「夫と父とが対立した場合、婦人はどちらに従うべきか」といった事例がある。

親殺しを伴う貞孝背反としては、景行天皇の寵を受けた市乾鹿文《いちふかや》が朝廷に反抗する父熊襲梟帥を謀殺し、「其の不孝の甚だしきを悪み（悪其不孝之甚）」たもうた天皇によって誅殺された例がある（『日本書紀』巻七、景行天皇一二年一二月条）[28]。ここでは、天皇への貞（忠でもある）によってすら親殺しが容認されていないことが見てとれる。

また、正徳元年に発生したある貞孝背反事件に関して、新井白石が詳細に論じている。その事件の梗概は、「ウメの実父甚五兵衛と兄四郎兵衛とが、ウメの夫伊兵衛を殺害、伊兵衛は行方不明となる。数日後河原で身元不明の死体が発見され、父兄の犯行を知らぬウメが人物照会を申し出、伊兵衛の死体と判明する。そこから甚五兵衛等の凶行が露見し、処罰に到る」というもの（新井白石『折たく柴の記』巻下）。

ウメの行為によって結果的に、夫の敵が討たれ（＝貞）、父が死罪（＝親殺しの不孝）という貞孝背反事例が成立するわけだが、この事件が「子が父を訴えた罪」[29]を形成するのかについて、白石は以下のように述べる。

人の妻たるものは夫に従ひて、父に従ふまじき義あることをしるべし。（『折たく柴の記』巻下）[30]

白石は、『儀礼』載す喪服の制において、妻の夫に対する喪が斬衰三年で、実父に対する喪が斉衰一年であることや、「婦人に三従の義有り。専用の道無し。故に未嫁は父に従い、既嫁は夫に従い、夫死せば子に従う。故に父は子の天なり。夫は妻の天なり（婦人有三従之義、無専用之道、故未嫁従父、既嫁従夫、夫死従子。故父者子之天也。夫者妻之天也）」（『儀礼』喪服）という所謂婦人三従の説などを根拠に、妻にとっては夫が父より上位の権威者であるとして、夫の為に父を犠牲としたウメの無罪を主張する。

一方、大学頭林信篤は、『春秋左氏伝』載す、夫による実父殺害計画を知った妻が実母に去就を相談した際の実母の科白「人尽く夫なり。父は一のみ（人尽夫也。父一而已）」（『春秋左氏伝』桓公一五年）を以てウメを処罰することを主張した。白石の「夫は妻の天なり」という原則と、林信篤の「父は一のみ」との原則とが完全に対立しており、この問題の難しさを物語っている(31)。

勿論、白石も夫が父に完全に優先するとする訳ではない。白石は、本件に関しては、単に夫と父とのどちらを優先するかといった問題ではなく、本件が「人の婦として、父其夫を殺すのごときは、人倫の変最大なるもの」（＝最大の異常事態(32)）であることと、そもそもウメに父を訴える意志が無かったこと（夫の死亡も父兄がその犯人であることも知らず、ただ死体の検分を申請しただけで、父の死罪は無自覚的結果）とを併せて強調しており、自覚的に親殺しを行なった案件では自ずから異なる結論となるであろうことは疑いない。

ただ、ウメの「親殺し」に準ずる行為の容認を主張する判断基準として、「父其夫を殺す」が挙げられていることから、貞孝背反事例において、広義の「親殺し」を容認する可能性が発生する条件として、「父による夫の殺害」があることが分かる。つまりここでは、親の命に相当し得る価値として、夫の命が想定されているといえよう。

三　孝孝背反状況

（一）父への孝と母への孝との背反

孝が働く場である親子関係には、「実親―実子」の他、「養親―養子」・「継親―継子」・「舅姑―嫁」など、さまざまな社会的親子関係が存在する。(33) ために、孝と孝とが背反する状況というものを想定することも可能である。(34)

これらの中で、最も発生する素地の多いものは、父に対する孝と母に対する孝との背反であろう。中井履軒が『年成録』において言及するのも、この型の孝孝背反事例である。事件は、「妻（後妻）が間男と謀って夫を殺害。それを見た子（継子）が妻（継母）の頸を落とす」というもので、父の敵討ち（＝孝）のために継母を殺す（＝親殺しの不孝）という構造になっている。さらにこの事件は、「継子が、『自分は父の敵を討ったが、母殺しの罪人である』として官憲に出頭。獄に繋がれ三年経ち、いよいよ処刑が行なわれんとした際に、ある士が述べた意見が採用され、死刑を免れる」と続く。

領主に死刑を翻意させたその意見とは、

かの継母はわれとは他人なるを、何ゆゑ母とおなじくするや、父の妻なる故にあらずや、……父の妻刀をぬき夫の胸につきたる時、夫婦の縁はなれずや、……父と夫婦のゐんはなれたれば、われとはもとの他人なり、父を殺したる他人をきりたるは、まことの敵うちにこそ、罪は少しもあるまじく、（『年成録』）(35)

というもので、「『継母―継子』の親子関係は、継母が父の妻であることを前提として成立する」・「継母が父を殺した時点でその夫婦の義は消滅する」との前提から、「子が殺したのは継母ではなく他人である」との結論を導きだした三段論法となっている。「及び妻、……及び夫を害せむとせらば、赦に会ふと雖も、皆義絶と為よ（及妻。……及欲害夫者。雖会赦。皆為義絶）」（『養老令』戸令第八）[36]といった認識に沿った考え方といえよう。

結局この継子は死刑は免れたが鎖門とされた。この判決に関して履軒は、

かの童子は賞翫して召しつかはれてこそよけれ、世すて人となしゝは、なほ刑名の垢のすこし残りたるにぞ[37]（『年成録』）

として、子に同情的な評価を下している。履軒の考えでは、父の敵討ち（＝孝）のための継母殺し（＝親殺しの不孝）が容認されているとしてよいであろう。

同様の例は、明治七年発行の『近世孝子伝』にも見え、「継母と姦夫とが父を殺害。その子である兄弟が姦夫を殺し、それを見た継母は逃亡するも追捕され獄に下される」（「下総の二童」）というものがある。ここで兄弟は直截継母を殺したわけではないが、兄弟の姦夫殺害から継母の逃亡・捕縛に至っており、前の事例と「孝のための不孝」という構造を一にする。

『近世孝子伝』には類似する事例がもう一件収録されており、「ある親への孝のために、別の親への親殺しの不孝が容認される」という法則がさらに顕著に表れている。以下、全文を載す。

旧幕府同心某に一女あり。其母隣家の奴と姦通し、竊に其奴と相謀り、本夫を殺さんとす。其女時に歳十三なり。これを聞て竊に憂ひて、自ら以謂、之を父に告れば母殺されん。告されバ父殺されん。これを如何すへきと。既にして自ら意を決して曰く、父重くして母軽し、寧ろ不義の母を殺さん、とて、やがて之を父に告れバ、

父大に怒り、刀を抜て母と姦夫とを殺せり。即夜、その女、谷中の善光寺に奔り、寺主に其故を告げ、弟子となり、髪を剃り、尼となりて母の冥福を修せんことを固く請へども、許さゞるうちに、父また尋ね来れり。仍て、其父と相議して尼とぞなしにける。幕府其の事を聞て、寺主に命じて女を以て法嗣となすと云。（『近世孝子伝』附録）(38)

こちらは先と異なり、相手が実母である。「之を父に告れば母殺されん。告されバ父殺されん」と認識していながら「寧ろ不義の母を殺さん」と考え、父の命を守るために（＝孝）、母の命を諦め密告（＝親殺しの不孝）したことになる。自ら親殺しを行なった訳ではないが、娘の密告が母の殺害に直結するため、これも広義の親殺しといえよう。

ここで、撰者城井寿章は上の二例について、

古の曾我氏兄弟ハいふに足らず、日野阿新と美を千載の上に媲《なら》ぶと云べし。……嗚呼此児の知略此女の果断ハ天地神明の暗賛冥助して以て此一双美を成さしむる所にあらざるを知らむや。（『近世孝子伝』附録）(39)

と継母殺しのみならず、実母殺しさえも共に大いに賞賛している。また、「孝子伝」と銘打たれた該書に収録していることからも、この娘を「孝子」と見なしていることが分かる。

以上より、父母背反事例において、親を訴え死罪とさせる、広義の「親殺し」が容認される条件としては、父の敵討ちがあることがあることが分かった。つまりここでは、母の命を填補し得る価値として、父の命が想定されているといえよう。

（二）　実父への孝と養父への孝との背反

次に、養子に出された者における、実父への孝と養父への孝との背反について考察する。(40) 江戸幕府成立後、筑後柳河藩の初代藩主となった立花宗茂は、幼少の頃、立花家（戸次鑑連《べっきあきつら》）が実父高橋鎮種《たかはしじょううん》より貰い受けた養子であるが、養子として出される際、実父鎮種は宗茂に向かって、

向後は我等を夢にも親と思ふ間敷、明日にも鑑連と弓箭の習、敵味方とも成りなば、鑑連の先鋒と成り、成る程我等を打取るべし、鑑連は常に未練なることを、大に嫌はれ候間、自然不覚にて、鑑連より義絶せられなば、岩屋に帰らず、直ぐに潔く自害せらるべし（『名将言行録』第之二六「高橋鎮種」）(41)

と語ったという。実父が、養子に出される実子に対し、「己と養父とが戦となった際は、養父側として己を討取れ」と諭したとのエピソードである。ここでは、実父と養父という、二者の孝の対象が対立した際、養父側に与し（＝孝）、実父を討ち取る（＝親殺しの不孝）ことが推奨されている。

心学にも養父と実父とへの孝の背反について論じたものがあり、

問。此ニ養子ニ行タル者アリ。若実父其養父ヲ殺サバ其実父ヲ敵トシテ討ルベキヤ。
答。養父ノ敵ヲ討、其首ヲ廟前ニ手向ベク候。（『石田先生語録』巻一）(42)

と、敵討ちという養父への孝のためであれば、親殺しという実父への不孝も容認されることが明言されている。さらに、実父と養父とが、口論から切り合いに及んだ場合を仮定して、子の取るべき行為について論じたものもある。

咨、是非ナシト云フテ其間中へ飛入ラン。其時ニ至、我身ヲ切ラレバ切ラレ。マヽヨ、此時双方親ノ為ニ一命ヲ舎テン、我身ヲ忘レテ孝トセン。(『石田先生語録』巻一七)(43)

子は二人の間に飛び入り、己が切られることにより切り合いを止めるべきとの主張であり、忠孝背反事例における選択不能時は己の死を選択すべしとする羅山・履軒の説に類似する。

以上より、実父養父背反事例において、実親を討つ親殺しが容認される条件としては、実家養家間の戦及び養父の命の保全があることが分かった。つまりここでは、実父の命を塡補し得る価値として、養父の命が想定されているといえよう。

四　孝不孝一致状況

ここまで異なる二者への孝が背反する状況について考察してきたが、ここでは、親殺しを伴う同一人物への孝不孝の一致状況について考察する。つまり、親殺しが同時に殺された親への孝ともなるという状況である。

状況が特殊なため、管見の及ぶ限りでは史実で適当な例は見当たらなかったが、文学作品にその例が見られる。『西鶴諸国はなし』三ノ七「因果の抜け穴」は、「父子で兄の敵討ちに行くが、父が穴に詰まり捕らえられそうになったので、子が父の頸を落として持って逃げる」という話であるが、このモチーフは、『今昔物語集』巻一〇第卅二・『注好選』上・『源平盛衰記』巻二〇などに見える説話を元にしたものである。

ここでは、『注好選』載す説話を示す。

荊保と云ひし人は、飢饉の為に家貧しきが故に、父と共に隣の州に行きて人の財を盗む。即ち父と子と財を盗む間、家人幷びに近き辺、各出て叫びて之を追ふ。二人逃げ走ること、猫に逢へる鼠の如し。即ち子は疾く走り、父は遅く逃ぐ。垣を破りて出づる時に、子先に出でぬ。父が頭は垣の外に在り、其の足は垣の内に捕へられぬ。時に荊保、釼を以て父の頸を殺《き》りて去る。父恥を惜しみしが故に、喜びて痛からず。時の人之を称して孝子と名づく。（『注好選』上「父の頸を殺りて孝子とす」第八九）[44]

これは、父に盗人の汚名を着せないために、頸を切って殺すというもので、時の人はその子を「孝子」と称賛したという。他の類話も、「生テ恥ヲ見ヨリハ、不如ジ、祖ヲ煞《コロ》シテ誰人ト云フ事ヲ不知レデハ止ミナムト」（『今昔物語集』第一〇巻「震旦盗人入国王蔵盗財煞父語」第卅二）[45]・「父が恥みん事を悲しみて、剣を抜きて其の頸を切」（『源平盛衰記』巻二〇「楚効荊保事」）[46]などとあり、父の名誉を守る（＝孝）ために父の頸を落とす（＝親殺しの不孝）に到ったものといえよう。

さらに、近松門左衛門の浄瑠璃『平家女護島』第三段「朱雀の御所の場」の一幕は、「もと源氏に仕え、現在では平氏に仕えている弥兵衛宗清は、平重盛の命で、乱行が噂される常盤御前の素行調査を行なう。宗清の調査から、常盤が乱行を隠れ蓑に平氏打倒の挙兵のための兵集めをしていたことが判明する。宗清は、旧主である常盤母子を見逃したく思うのだが、現主である平氏を裏切ることになるためおいそれとは実行できない。そこで、己を討って逃げるよう常盤母子に訴えるが、常盤は誠ある武士（宗清）を討つことはできないとして肯んぜず、両者行動不能となる。その時、常盤御前に仕えていた宗清の娘雛鶴が父の心を汲んで父を刺し、常盤母子を逃がす」というもの。

結果的に宗清は死んでおらず親殺しの事例とはいえないのだが、不孝が即ち孝となる事例であるためここに挙げた。ここで、宗清は己を槍で突いた娘に、「出来《でか》しをつた」[47]と感謝し、常盤母子も「血筋程有る心ざし子といひ親といひ[48]」と雛鶴の行為を称賛しており、この作品の中で、この「親への傷害」が極めて好意的に描かれていることが見てとれる。

ここで宗清は、ただ母子を見逃がすことを、「薄手も負はず落しては、宗清が武士が廃るが」・「（引用者注…常盤に叛意あればそれを討てとの重盛の命を）畏つたと請合し一言は須弥山より猶重し。弥兵衛が一牛の廃ると知らぬ恨めしや[49]」と表現しており、雛鶴は、父が「廃る」のを防ぐ、即ち父の武士としての義理・名誉を立てしめる（＝孝）ために、父を刺す（＝親傷害の不孝）という構造になっている[50]。

「養親」・「後嗣」・「服従」という孝を構成する三要素には、「養親―後嗣―服従」という優先順位が存在するが[51]、本章で考察した事例は、その最優先とされる「養親」を越え、養うべき親を殺してでもその名誉を守ることを優先するもので、本朝における「名」の重さを如実に表わしたものといえよう。

以上より、一行動における孝不孝一致事例において「親殺し」が容認される条件として、親の名誉の保全があることが分かった。つまりここでは、親の命を塡補し得るものとして、親本人の名誉が想定されているといえよう。

ここまでで、親殺しという極大の不孝を塡補し得るものとして、①忠孝背反事例においては国家・君の命（君の璽符）、②貞孝背反事例においては夫の命、③父母背反事例においては父の命、④実父養父背反事例においては養父の命、⑤一行動における孝不孝一致事例においては父の名誉、があることが確認できた。大きくいって、国家・君・夫・他の親（父・養父）の命のためには、親殺しが容認される。つまり、親の命を塡補するには、「親と同等またはそれ以上の価値を持つ存在」すなわち三綱における上位者の命が必要であることとなる。これに価値の及ばないものでは、親の命を塡補することはできず、親殺しが容認されることはない。例えば、親殺しを行なった義朝は大いに非難されているが、これは、その親殺しが意識的なものであったことの他に、親の命という極大のマイナスを塡補するのに、「勅命に従うという忠」では価値が足りないということがあったと考えられる。これに対して、「親の名誉」は、親の命を塡補するに足る価値として認識されていたことも読みとれよう。

この、「親と同等またはそれ以上の価値を持つ存在」としては、親以外には、親とともに三綱における上位者である君・夫が相当する。「親」を細分した場合は、「母」に対しては「父」が、「実父」に対しては「養父」がこれに当る。

父母背反事例において、管見の及ぶ限りで、母の父殺しのみ問題視され、父の母殺しについては言及が見あたらないのは、当然『近世孝子伝』に見えた「父重くして母軽し」なる観念に基づくためであるが、さらに具体的には、

若し父、母を殺せば、乃ち是れ夫、妻を殺す。母は父より卑し。此の子告げずして是なり。……母の将に殺さんとするを知れば、理、応に父に告ぐべし。如し其れ已に殺せば、宜しく官に聴告すべし。今、母、父を殺して子告げざれば、便ち是れ母を知りて父を知らず。識は野人に比《なら》び、義は禽獣に近し。（『魏書』巻八八、良吏伝）(52)

などと、父母が互いに相手を殺害した場合、子にとって父は母より優先されるという認識と軌を一にするといえよう。

また、近松の浄瑠璃などによく見られるように、義理と人情とが対立した場合は義理を優先させるべきだというのが近世望ましいとされる思考であった。例えば、己の子と他人の子とのどちらか一人しか助けられない場合に、他人の子を優先するというのは、一つの美談の型であるが(53)、五井蘭洲はこのことについて、

吾に嬰児有り。人又我に託すに嬰児を以てし、業已《すで》に之を諾す。即ち難に臨み両全する能わざれば、寧ろ吾が子を舎つべし。是れ義なり。（『瑣語』下）(54)

と述べて、他人の子即ち義を優先させるべきことを主張している。先の「養親—実親」背反事例についても、こういった情に対する義の優先という意識が働いていると考えられよう。また、忠孝背反における羅山・履軒や、実父養父背反における梅岩のような、「二律背反により行動不能に陥った場合は己の命を捨てよ」との主張も、この「義理と人情との板挟み」より死を選ぶという当時の好みと関連したものであろう。

以上より、親殺しは時に容認されること、また、容認の可能性が生じる条件としては、親の命に相当する価値、即ち三綱における上位者の命、或いは親本人が己の命より価値があるとするものによって、親の命喪失というマイナスが塡補されることが必要であることが分かった。逆にいえば、多くの場合で人倫上最大の価値を持つとされる親の命も、常に独尊の存在たり得るわけではなく、時にこれに相当する価値が存在し得るといえるであろう。

注

（1）昭和四八年四月四日、最高裁判所において、刑法二〇〇条で規定されていた尊属殺人罪における重罰規定が違憲であるとの判決が下り、平成七年の刑法改正において、同条が削除された。これによって、本朝では法律上、尊属殺人罪と普通殺人罪との差異が消滅した。

（2）「四曰。悪逆。〔謂。殴及謀殺祖父母父母。殺伯叔父。姑。兄姉。外祖父母。夫。夫之父母〕」（井上光貞他校注『律令』、日本思想大系三、岩波書店、一九七六年、一六頁）

（3）「凡謀殺祖父母々々。外祖父母。夫。夫之祖父々母々者。皆斬。……已殺者皆斬」（『律令』、九〇頁）

（4）『律令』（九一頁）

（5）「皆斬」とは日本思想大系『律令』該当部の注に、「皆斬—首従の別を立てず、共謀者はすべて斬刑とするの意」（『律令』、八七頁）とある。

（6）内藤耻叟校訂『御定書百ケ條』（松野勇雄出版、一八九五年、一一二頁）

（7）『御定書百ケ條』（一一四頁）

（8）石井良助編『御仕置裁許帳・厳牆集・元禄御法式』、近世法制史料叢書一、創文社、一九五九年、三九頁
（9）武家法である『御定書百個条』は、「主殺　二日晒一日引廻　鋸挽之上磔」（『御定書百ケ條』、一一一頁）とあり、主殺しのみ鋸挽（最高刑）とするが、実際は尊属殺にも鋸挽が用いられることがあった。新井白石『折たく柴の記』巻下に、「近例、主人・父母を殺せしものの事は、鋸挽といふものに行はれ、その妻子等も死刑に行はる」（松村明校他校注『戴恩記 折たく柴の記 蘭東事始』、日本古典文学大系九五、岩波書店、一九六四年、三九九―四〇〇頁）とある。
（10）山田孝雄他編『今昔物語集』第四集（日本古典文学大系二五、岩波書店、一九六二年、七六頁）
（11）和辻哲郎校訂『正法眼蔵随聞記』（岩波書店、一九二九年、八五頁）
（12）「子弑父、凡在宮者、殺無赦。殺其人、壊其室、洿其宮而豬焉」
（13）指摘するまでも無いことだが、上位者から下位者への「慈」・「恵」などの徳目は、一般的に強度の点で下位者から上位者への徳目と較べ物にならない。ために、我が子を埋めて親の食事を確保しようとした郭巨埋子譚などに端的に表れているように、互いの背反が深刻な葛藤を生むことは少ない。
（14）例えば津田左右吉氏は、「儒教の道徳思想では親子がもとであり君臣がそれに次ぐものとなつてゐるが……、孝を百行のもととする儒教道徳に対して、日本では孝よりも忠が重いと説かれるやうにもなつた」（『シナ思想と日本』、岩波書店、一九三八年、八五頁）とする。
（15）『愚管抄』巻四・『保建大記』上巻庚戌（大治五年）条・『読史余論』巻一「上皇御政務之事上」後白河院条・『通語』第一「保元語」など。
（16）岩佐正校注『神皇正統記』（岩波書店、一九七五年、一四〇頁）
（17）本章では、実際に手を下しておらずとも、親を見殺しにしたり、己の行為で親が命を失うことが予想され得ていながら敢てそれを行なうといった場合も、広義の「親殺し」として取り扱う。
（18）「左馬助之志、固可哀矣」（近藤啓吾・金本正孝編『浅見絅斎集』、国書刊行会、一九九〇年、六九九頁）
（19）「終登高野山以保遺息。此可恨也」（『浅見絅斎集』、六九九頁）
（20）関儀一郎編『日本儒林叢書』第八巻（鳳出版、一九七八年、一三頁）。なお、「李璀カ例」とは、唐の徳宗の世、李璀が父李懐の叛意を訴え出、結果李懐が処刑された事例を指す。

(21)『日本儒林叢書』第八巻（三九頁）
(22)「有人謂之曰、而殺若君、我則釈若父。不則遂殺若父。苟有人心者、皆弗為也」（関儀一郎編『日本儒林叢書』第九巻、鳳出版、一九七八年、二一頁）
(23)「曰、而竊若君之履而奉於我。我則釈若父。雖得辜於君可為也」（『日本儒林叢書』第九巻、二一―二二頁）
(24)「曰、而竊若君之璽符而奉於我。不則遂殺若父。顓乎孝者猶為之。顓乎忠者弗為。顓乎一不可謂全矣」（『日本儒林叢書』第九巻、二二頁）
(25)「然則為之奈何。有死而已矣」（『日本儒林叢書』第九巻、二二頁）
(26)「有天地然後有万物。有万物然後有男女。有男女然後有夫婦。有夫婦然後有父子。有父子然後有君臣。有君臣然後有上下。有上下然後礼義有所錯。夫婦之道不可以不久也」
(27)『列女伝』・『華陽国志』などに多く見られる。
(28)『新訂増補 国史大系〔普及版〕日本書紀』前編（吉川弘文館、一九五一年、二〇六頁）
(29)八虐に、「七に曰はく、不孝。[謂はく、祖父母・父母を告言・詛詈し]（七曰。不孝。[謂。告言詛詈祖父母父母]）」（『養老律』名例律第一（『律令』、一八頁））とあり、子が直系尊属を訴えるのは重罪であった。
(30)『戴恩記 折たく柴の記 蘭東事始』（三三九頁）
(31)この事件に関しては、桑原隲蔵『中国の孝道』（講談社、一九七七年）の一一〇―一一五頁に詳しい。
(32)『戴恩記 折たく柴の記 蘭東事始』（三四〇頁）
(33)例えば漢土の例では、「中国には旧来、幾種類もの父母が社会的にあった。三父八母、六父十二母、或は四父六母等といわれるものがこれである。しかし、これらの父母の内で、法律上、親権者とし、且、子が扶養義務を負った父母は、主として親父母、養父母、及び嫡母、継母、慈母（いわば二父五母）の範囲であろう（括弧内ママ）」（仁井田陞『中国法制史』、岩波書店、一九五二年、二六九頁）とされる。
(34)一般的な親同士の背反としては、以下で挙げる「父―母」・「養親―実親」の他に「舅姑―実親」という背反も想定しうるが、実際は「嫁家―実家」の背反となり、多く「夫―実親」背反事例と同型となる。なお喪制では、既婚女性の喪期は舅・実父ともに斉衰不杖期（「杖つかず、麻履する者……、女子子の人に適く者、其の父母と、昆弟の父の後と為る者の為にす（不杖、麻履者……、女子子適人者、為其父母、昆弟之為父後者）」・「婦、舅姑の為にす（婦、為舅姑）」（『儀礼』喪服））とある。
(35) 瀧本誠一編『日本経済叢書』巻一六（日本経済叢書刊行会、一九一五年、五八四頁）
(36) 『律令』（一三五頁）
(37) 『日本経済叢書』巻一六（五八四頁）
(38) 城井寿章撰『近世孝子伝』（槐陰書屋蔵版、一八七四年、三八葉表―三九葉裏）
(39) 『近世孝子伝』（四〇葉表―裏）
(40) 喪制は、養子は養父に斬衰三年（「喪服斬衰……、人の後と為る者、〔後とする所の父の為にす〕」（喪服斬衰……、為人後者、〔為所後之父〕）（引用者注…「為所後之父」五字は、賈疏に「雷氏云えらく、此の文当に「為人後者為所後之父」と云うべしと（雷氏云此文当云為人後者為所後之父）」とあるのに従い補う）」（『儀礼』喪服））、実父には斉衰不杖期（「杖つかず、麻履する者……、人の後たる者、其の父母の為にす（不杖、麻履者……、為人後者、為其父母）」（『儀礼』喪服））であり、養父がより重い。
(41) 岡谷繁実『名将言行録』第三冊（牧野書房、一八九五年、七八九頁）
(42) 柴田実編『石田梅岩全集』上巻（清文堂出版、一九七二年、二五一頁）
(43) 柴田実編『石田梅岩全集』下巻（清文堂出版、一九七三年、一二九頁）
(44) 馬淵和夫他校注『三宝絵 注好選』（新日本古典文学大系三一、岩波書店、一九九七年、二七五頁）。なお、新日本古典文学大系本の注に、「源流は生経二、仏説舅甥経一二で、もとインド種の話が中国説話化したもの」（『三宝絵 注好選』、二七五頁）とある。
(45) 山田孝雄編『今昔物語集』第二集（日本古典文学大系二三、岩波書店、一九六〇年、三三一頁）
(46) 国民図書株式会社編『日本文学大系』第一五巻（国民図書株式会社、一九二六年、七二〇頁）
(47) 高野辰之・黒木勘蔵編『近松門左衛門全集』第八巻（春陽堂、一九二三年、五〇二頁）
(48) 『近松門左衛門全集』第八巻（五〇二頁）
(49) 『近松門左衛門全集』第八巻（五〇一頁）

(50)　子にとって父の名誉は孝の構成要件であった。例えば冢田大峯は、「遷と固と、子を以て之を視れば、則ち父をして名を没せしむ。斯れ歎ずべし（遷与固、以子視之、則使父没名。斯可歎也）」（『随意録』巻二、東壁堂、一八二九年、三七葉表）として、父の名を揚げなかったことを以て司馬遷と班固とを批判している。

(51)　本書第二部第二章参照。

(52)　「若父、殺母、乃是夫、殺妻。母卑於父。此子不告是也。……知母将殺、理、応告父。如其已殺、宜聴告官。今、母、殺父而子、不告、便是知母而不知父。識比野人、義近禽獣」

(53)　漢土の『列女伝』や正史伝記などに枚挙に暇無い。本朝でも、所謂「一門三賢」説話が多くの資料に収録されており、また同モチーフの話として、井原西鶴『武家義理物語』巻五第二「同じ子ながら捨てたり抱いたり」などがある。

(54)　「吾有嬰児。人又託我以嬰児、業已諾之。即臨難不能両全、寧舍吾子。是義也」（関儀一郎編『日本儒林叢書』第一巻、鳳出版、一九七八年、二八頁）

第三部　「孝」と血縁性との関係

第三部では、より視点を孝の本質に近付けた研究を目指し、孝と他の善行とを区別する指標である「血縁性」が、孝観念においてどのように働いているのかについて検討する。

第一章では、孝行における施行者と対象者との血縁性について着目し、各種孝行譚集や正史に見える血縁的親子関係（実の親）における孝行譚と社会的親子関係（社会制度上での親）における孝行譚との比較を通して孝と血縁性との関係について考察し、孝行譚における血縁性がどのような認識の上に成り立っているのか、また孝行譚を構成する上でどのような働きを持っているのかについて明らかにする。

第二章では、前章において着目した血縁性のうち、養子の孝に着目する。本朝では漢土と異なり、さかんに養子が行なわれた。そこで、本朝近世に撰された養子の孝行を描く孝行譚を取り上げ、そこに表れた孝と血縁性との関係について考察し、養子の孝行譚がどのような構造を持つのか、また養子の孝行譚が孝行の奨励においてどのような機能を有しているのかについて検討する。

第一章　孝行譚における血縁性の意味

孝は、「子曰く、夫れ孝は徳の本なり（子曰、夫孝徳之本也）」（『孝経』開宗明誼章）・「孝道の美、百行の本なり（孝道之美、百行之本也）」（『白虎通』考黜）などとあるように、儒教的思惟においては、全ての道徳の根本であるとされる。また、「処に居りて荘ならざるは、孝に非ざるなり。君に事えて忠ならざるは、孝に非ざるなり。官に莅みて敬ならざるは、孝に非ざるなり。朋友に信ならざるは、孝に非ざるなり。戦陳に勇無きは、孝に非ざるなり（居処不荘、非孝也。事君不忠、非孝也。莅官不敬、非孝也。朋友不信、非孝也。戦陳無勇、非孝也）」（『礼記』祭義）・「一木を断り一獣を殺すも、其の時を以てせざるは、孝に非ざるなり（断一木殺一獣、不以其時、非孝也）」（『礼記』祭義、『大戴礼記』曾子大孝）などとして、全ての徳行は孝に帰着するとされる。全ての徳行が孝となるなら、その対象も多岐に渡ることとなるが、「善く父母に事うを孝と為す（善事父母為孝）」（『爾雅』釈訓）・「孝とは、善く父母なる者に事う（孝、善事父母者）」（『説文解字』老部）とあるように、実際の行為としての孝行の対象が親を基本とすることは間違いがない。

孝に関して、津田左右吉氏は孝の根本を、「父母に事へることと父母を養ふこととであるやうに見える」とした上で、「事へる」ことが孝であるのは、「親とそれに事へる子とが命令者と被命令者と、使役者と被使役者と、の関係を有するものとして考へられたことを意味する」(1)とし、孝に親族構造における権力の働きを指摘する。

下見隆雄氏は、家族に「母性」という視点を導入し、孝を、「子が成人後も、親からの離脱や自立を、自覚的に抑制あるいは放棄して、己が親に対して、永遠の子どもとして従属する自分を納得して受け入れ、親に依存しこれへの服従・奉仕の姿勢を明確にする実践道徳[2]」とする。この「親への依存」は、「母の慈しみ」より生成されるとされ、その根本には「母子一体観念」があるとされる。

ただ、これら「権力」や「母性」には、血の繋がった血縁関係が前提とされており、血縁関係を欠く「家」・「親子」といった関係性と対比する言及は見られない。

一口に「親」と言っても、複雑な社会制度を構築する人間においては、血縁性に基づく所謂「実の親」だけでなく、社会制度上「養親」・「後母」・「姻親」・「死親」・「慈母」・「舅姑」など、社会性に基づくさまざまな「親」が存在し得、それぞれが孝の対象となり得る[3]。

試みに『孝子伝[4]』を繙いてみれば、その対象は「実の親（生）」二一例、「実の親（死）」一七例、「継母」三例、「兄弟[5]」二例、「他人[6]」二例となっており、『孝行録』では「実の親（生）」三〇例、「実の親（死）」一五例、「継母」四例、「姑」四例、「兄弟」六例、「その他」二例となっている。『二十四孝』（龍谷大学蔵甲本）では、「実の親（生）」一七例、「実の親（死）」四例、「継母」一例、「姑」二例、「兄弟」二例となっている。これらの例では、実の親以外に対する孝行が計二八例に上る。そのうち継母の八例及び姑の六例は社会的親子関係にある対象に対する孝行であり、あとの十例が兄弟、さらに四例がその他の存在である[7]。つまり、「実の親」・「社会的親」・「他人」といった性質の違う存在が、孝の対象として孝行譚に取り上げられていることとなる。

これまでの孝研究において、孝の対象者の分類を通して孝を分析する手法としては、孝の対象を「父—母」に分類し、それぞれに「孝」の持つ二要素「愛」・「敬」を配当するものや、「生ける親—死せる祖先」に分類し、共に「孝」の部分である孝行と祖先崇拝とを配当するといったものが主であった。これらは基本的に、「親」を血縁性を持つ「実の親」として取り扱うものである。だが、上に挙げたように、「親」に相当する者にも多様な存在が確認され、孝の対象者となる条件が、単に血縁性のみによって規定されるのではないことが見てとれる。

そこで本章では、孝の対象者の分類を一歩進め、孝行における実行者と対象者との血縁性について検討する。具体的には、各種孝行譚集や正史に見える血縁的親子関係（実の親）における孝行譚と社会的親子関係（社会制度上での親）における孝行譚との比較を通して孝と血縁性との関係について考察し、孝行譚における血縁性がどのような認識の上に成り立っているのか、また孝行譚を構成する上でどのような働きを持っているのかについて考えてみたい。

一　血縁的親子関係

各種孝行譚において最も一般的なのは、血縁的親子関係における孝行を描いたものであるが、その中でも、特に「血」という小道具を用いて両者の繋がりが強調されるのが、次の所謂「灑血求屍」譚である。

孫法宗、呉興の人なり。父乱に遇い害せられ、尸骸収めず。……父の不測に喪わるを以て、部境の内に於いて、枯骨を尋求し、刺血以て之に灌ぐ。此の如くすること十餘年、獲らず。乃ち縗絰し、終身娶らず、饋遺受くる所無し。（『宋書』巻九一、孝義伝[8]）

王少玄、博州聊城の人。父隋末乱兵に死し、遺腹にて少玄を生む。甫《はじ》めて十歳にして父の所在を問う。母以て告ぐ。即ち哀泣して尸を求む。時に野中に白骨覆圧す。或ひと曰く、子が血を以て漬けて滲むは、父の胔なり、と。少玄膚を鑱《さ》すこと旬を閲して獲り、遂に以て葬す。（『新唐書』巻一九五、孝友伝[9]）

『梁書』に「聞くならく、俗説に生者の血を以て死者の骨に瀝《そそ》ぎ、滲むは即ち父子たり、と（聞、俗説以生者血瀝死者骨、滲即為父子)」(『梁書』巻五五、豫章王綜伝)とあり、「死者の骨に生きている者の血を灑ぐと、両者が父子であれば血が染み込む」という俗説があったことが窺える。(10)

骨に血が染みるというのは、親子が同じ血を稟けているということの象徴的な表現であろうが、これはまた、親子の一体性を表していると考えられる。つまり、本来一体の両者であるから、互いの骨と血とが反応する訳である。

親子の一体性は以下のような言葉で表される。

骨肉の親、絶つ無きなり。(『礼記』文王世子)(11)

故に父母の子に於けるや、子の父母に於けるや、一体にして両分、同気にして息を異にす。草莽の華実有るが若く、樹木の根心あるが若し。処を異にすと雖も相通じ、隠志相及び、痛疾相救い、憂思相感じ、生くれば則ち相歓び、死すれば則ち相哀しむ。此れを之骨肉の親と謂う。(『呂氏春秋』季秋紀、精通)(12)

親子が「一体而両分」「同気而異息」の関係であることを、「骨肉の親」或いは「骨肉」と表現する。「骨肉」の意味として『毛詩正義』に、

正義曰く、骨肉とは族親を謂うなり。其の父祖上世、同じく血気を稟けて生じ、骨肉の相附閉するが如きを以て、之を骨肉と謂う。(『毛詩』小雅、魚藻之什、角弓『正義』)(13)

とある。「同稟血気而生」とは、言うまでもなく親子間の肉体的な連続性を特別視する考えである。即ち親子は「同じ血と生とを稟けた一体を分けた」存在であるといえる。イギリスの人類学者フレイザーは、「かつてひとたび接触の状態にあったものは、たとい遠く空間を隔てた後にも、一つに対してなされたすべてのことは必ず他の一つに同じ

影響を与えるような、共感的な関係を永久に保つ」(14)として、人間には一般的に所謂「感染呪術」という観念が存在するとする。であるならば、親子は本来「一体」なのであるから、「かつてひとたび接触の状態にあった」関係などよりよほど強く「共感」するのは当然といえる。

こうして、親子の一体性が親子間での肉体的な感応を誘発するという観念が生じる。

　張志寛、蒲州安邑の人。……後里正と為り県に詣る。母の疾を称し、急ぎ帰るを求む。県令其の状を問う。対えて曰く、母嘗て苦しむ所有りて、志寛亦苦しむ所あり。向に心痛を患い、母に疾有るを知る、と。令怒りて曰く、妖妄の辞なり、と。之を獄に繋ぎ、馳りて其の母を験べしむ。竟に言う所の如し。令之を異とし、慰喩して去らしむ。（『旧唐書』巻一八八、孝友伝(15)）

　璠九歳にして孤、喪に居りて礼に合す。……後、曄に随いて淮南に在り。璠の母建康に在りて疾に遘い、璠之を知る弗し。嘗て忽ち一日挙身楚痛あり。尋ねて家信至り、其の母病むと云う。璠即ち号泣して道を戒み、絶えて又蘇る。身痛に当るの辰、即ち母死するの日なり。喪に居りて毀瘠し、遂に風気に感ず。（『周書』巻四二、劉璠伝(16)）

これらは、親の苦痛に連動し、子にも苦痛が現われる。両者が本来一体であるという観念に基づき、親の体に異変が生じると、それに感応して「共感的な関係」である子の体にも異変が生じるのだと考えられる。

また、子側の異変は「心動」・「心驚」などと表現されることもある。

　庾黔婁、南斉の時人なり。孱陵の令と為り、県に到りて未だ旬日ならざるに、忽ち心驚き汗流る。即ち官を棄て帰家す。父疾むこと已に二日なり。（『二十四孝』嘗糞憂心(17)）

裴敬彝、絳州聞喜の人。……一日、忽ち泣涕して左右に謂いて曰く、大人病痛あり。吾れ輒然、今心悸して痛し。事測るべからず、と。乃ち請急し、道を倍して帰れども、父已に卒す。羸毀礼を逾ゆ。（『新唐書』巻一九五、孝友伝(18)）

章溢、字三益、龍泉の人。……虎林に至り、心動き、辞して帰る。帰りて八日にして父歿す。（『明史』巻一二八、章溢伝(19)）

後に鍾山に於て聴講す。母王氏忽ち疾有り、兄弟之を召さんと欲す。母曰く、孝緒至性冥通、必ず当に自ら到るべし、と。果して心驚きて返る。隣里之を嗟異す。（『梁書』巻五一、処士伝、『南史』巻七六、隠逸伝(20)）

杜佑、邳州の人。……父病を家に成す。佑忽ち心驚き、挙体沾汗す。即ち職を棄て帰る。父病始まりて三日、遂に神に禱り代わるを求め、且つ糞を嘗め以て疾を験す。（『元史』巻一九七、孝友伝(21)）

これらは、先の苦痛の連動とは異なり、親の体の異変に対して、子は「鼓動が早くなる」・「胸騒ぎがする」といった感応を示している。親の体の異変が子に精神的な刺激を与えるこれらの表現は、親と同一の異変が現れるものよりも、より精神的な感応を表わしているといえる。ここでは、肉体の一体性による繋がりが、精神的な繋がりを発生させていると考えられよう。

これらの例より、親子間の感応は、それほど特殊な事例ではなく、孝心を原因として一般に起こりうると考えられていたことが見てとれる。さらに、この感応は無自覚的に発生する他、親が意図的に発生させることも可能である。

孝子伝曰く、楽正は曾参が門人なり。来りて参を候つ。参薪を採りて野に在り。母右指を嚙む。旋頃走り帰る。

正を見るも語らず、入りて跪き母に問う。何をか患わん、と。母曰く無し、と。参曰く、薪を負うに右臂痛み薪地に堕つ。何ぞ無と謂わん、と。母曰く、向者客来りて使する所無し。故に指を嚙みて汝を呼ぶのみ、と。（『太平御覧』巻三七〇、人事部十一、指）(22)

この説話は、曾子の母が指を嚙むと、その痛みに感応して曾子の臂が痛んだというものである。母が痛みを感じれば、子供も同様に痛みを感じる。これは、親子の一体性を表したものに他ならない。

このように、孝行譚において、多く肉体的・精神的な「感応」という現象を用いて、親子の一体性が強調される例が見られる。

親子間の一体性は、儒教的思惟、特に曾子学派において親子関係の前提とされ、

身なるは、親の枝なり。（『礼記』哀公問）(23)

曾子曰く、身なるは、父母の遺体なり。父母の遺体を行なう、敢て敬せざらんや。（『礼記』祭義）(24)

と言われる。ここでは、子供の体は即ち親の体で、本来一体だと捉えられており、両者の一体性の根拠はここに求められる。

孝行譚とは、そもそも人々の模範となる行為を示したものである。限られた紙幅では、あらゆる孝行を記録することは不可能であるから、その行為は極端かつ印象の強いものとなる傾向にある。(25)つまり、常に「誰もが行なうべき」当為であるが、「誰もが行ない得る訳ではない」ような奇特な行為が多く採用されるといえる。

このように孝行譚には、相反する二要素を含むことが要求されるが、もともと血縁的親に対する孝は、両者間の一体性より発生する当為であるといえる。そうして、両者が本来一体であるなら、それ程近い存在の利益の為に行動す

るのは当然のことである。つまり、血縁的親への孝行譚は、一体性という親との「近さ」を強調することにより、「近いから親には孝行しなければならない」という概念を導く。つまり、この関係性の「近さ」が「誰もが行なうべき」という、孝の当為性の根拠の説明を果たしているといえよう。

二　社会的親子関係

一定の階級において、父が命じて親子とした母を「慈母」と称するが、慈母の親の喪に関して、『礼記』に「慈母の父母の為に服すこと無し（為慈母之父母無服）」とあり、『正義』にその解説が見える。

正義曰く、此の一節、慈母母の如しと雖も、猶慈母の党の為に服せざるを論ず。此の慈母即ち是れ喪服中、慈母は父命じて母子と為すと雖も、本もと骨肉に非ず。故に慈母の子、慈母の父母の為に服有らざるは、恩の及ばざる所たればなり。（『礼記』喪服小記「為慈母之父母無服」正義）[26]

ここには、子が「慈母の父母の喪には服さない」のは、慈母が「本非骨肉」であるためとある。社会的に親であるとはいえ、血縁性を有さない慈母は、礼制上での取り扱いに区別があることが見てとれる。

ところが孝行譚には、前章で示した血縁的親への孝行以外にも、社会的親に対する孝行も数多く見受けられる。その一つが、継母への孝行である。有名なものに閔子騫の故事がある。

閔子騫兄弟二人。母死す。其の父更に娶る。復た二子有り。子騫其の父の為に車を御し、轡を失う。父其の手を持すに、衣甚だ単なり。父則ち帰り、其の後母の児を呼び、其の手を持すに、衣甚だ厚温なり。即ち其の婦に謂いて曰く、吾汝を娶る所以は、乃ち吾子が為なり。今汝我を欺く。去りて留まる無かれ、と。子騫前みて曰く、母在れば一子単なり。母去れば四子寒し、と。其の父黙然たり。故に曰く、孝なるかな閔子騫。一言して其の母をば還し、再言して三子温し、と。（『藝文類聚』巻二十引『説苑』）(27)

さらに、

曇少くして父を喪い、躬ら継母に事う。継母酷烈。曇が性純孝、定省恪勤なり。妻子恭奉し、寒苦に労を執り、以て怨を為さず。四時珍玩を得れば、先ず以て母に進む。（『後漢書』列伝第四三、李賢注引謝承『後漢書』）(28)

崔衍、左丞倫の子。継母李氏、衍に慈ならず。衍時に富平の尉たり。倫吐蕃に使し、久しくして方に帰る。李氏弊衣を衣、以て倫に見ゆ。倫其の故を問う。李氏称せらく、倫蕃中に使してより、衍衣食を給えず、と。倫大に怒り、衍を召して責詬す。僕隷に命じて地に拉かせ、其の背を袒し、将に之を鞭たんとす。衍涕泣して、終に自ら陳べず。倫が弟殷、之を聞きて趨り往き、身を以て衍を蔽う。杖をば下すを得ず。因りて大言にて曰く、衍毎月銭を俸じ、皆嫂処に送る。殷具に知る所なり。何ぞ乃ち衍の衣食を給えずと言うを忍びん、と。倫が怒乃ち解く。是に由りて倫遂に李氏の譖を聴かず。倫の卒するに及び、衍李氏に事えて益ます謹む。（『旧唐書』巻八八、孝友伝）(29)

縦孝悌、修飭し自ら立つ。……初め、渙に寵妾鄭氏有り。縦母を以て之に事う。鄭氏性剛戻、縦を待すに理を以せず。大僚たると雖も、毎ごとに笞詬を加う。縦妻子を率て顔を候い、敬順にして懈らず、時に以て難しと為す。（『旧唐書』巻一〇八、崔縦伝）(30)

など、継母に対する孝行例は枚挙に暇ない。継母に対する孝行譚を概観してみると、「継母酷烈」・「継母李氏、不慈於衎」・「鄭氏性剛戻、毎加笞詬」など、多く「意地悪な継母」というモチーフが共通することがわかる。そうしてこのモチーフは、継母―継子関係がもともと血縁的な一体性を持たない上に、さらに情緒的な一体性が薄い、つまり、血縁的にも情緒的にも関係が遠いことを示していると考えられる。

また、同様に社会的親である舅姑に対する孝行譚では、

孝婦とは、陳の少き寡婦なり。年十六にして嫁し、未だ子有らず。其の夫戍に行くに当たる。夫且に行かんとする時、孝婦に属ねて曰く、我が生死未だ知るべからず。幸いに老母有れども、他の兄弟の養に備うる無し。借りに吾還らざれば、汝肯て吾が母を養うや、と。婦応えて曰く、諾、と。夫死して還らず。婦姑を養いて衰えず、慈愛愈いよ固し。紡績以て家業と為し、終に嫁する意無し。喪に居ること三年、其の父母其の年少く子無くして早く寡となるを哀れみ、将に取りて之を嫁せんとす。……母曰く、吾汝の年少く早く寡となるを憐れむなり、と。孝婦曰く、……夫不幸にして先に死し、人子たるの礼を尽くすを得ず。今又妾をして之を去り、老母を養う莫からしむるは、是れ夫の不肖を明かにし、而して妾の不孝を著すなり。不孝不信、且つ無義、何を以てか生きんや、と。因りて自殺せんと欲す。其の父母懼れて敢て嫁せしめず。（『列女伝』貞順伝「陳寡孝婦」）(31)

など、「夫が死亡した後も舅姑に孝行を尽くす」というモチーフがまま見られる。ここで「夫の死亡」は、「亡夫への操」及び「夫の代行として義理の親に仕える」という貞を表すとともに、既に夫婦の繋がりが失われており、嫁と舅姑との「関係が遠い」ことを示している。さらに、陳孝婦は、「吾汝年少く早く寡となるを憐れむなり」という血縁的親による再婚の勧めを断っている。これは、「親の命に従う」という基本的な孝に反しているが、血縁的親の勧めを断わってまで姑に仕えるという態度が、よりいっそう社会的親への孝を強調しているといえるであろう。

この他、姜詩の妻は『二十四孝』の「湧泉躍鯉」の故事で有名だが、[32]正史に見える伝では、それ以前に一度夫より離縁されていることが示されている。

広漢姜詩が妻は、同郡龐盛の女なり。詩母に事えて至孝、妻奉順すること尤だ篤し。母江水を飲むを好む。水舎を去ること六七里。妻常に流を泝りて汲む。後風に値り、時に還るを得ず。母渇す。詩責めて之を遣る。妻乃ち隣舎に寄止し、昼夜紡績し、珍羞を市い、隣母をして意を以て自ら其の姑に遺らしむ。是の如くすること之を久しくす。姑怪しみ隣母に問う。隣母具に対う。姑感慚して呼び還す。恩養すること愈ます謹む。（『後漢書』列女伝第七四）[33]

妻は一旦離縁されたにもかかわらず元姑に孝を尽くす。舅姑―嫁関係は、夫との婚姻関係を前提とした上で成り立つものであるから、離婚してしまえば姑との親子関係は制度上は消滅しており、姜詩妻はその気になれば、姑への孝を気にせず生きることが可能である。だが、それにも関わらず孝を尽くすことが、姜詩妻が賞替に値する所以だといえる。つまり、離縁という事実によって、姜詩妻と姑との関係性が、普通の舅姑―嫁関係より「遠い」ことが強調されているといえよう。

以上より、血縁的親子関係における孝行譚では、血縁的一体性を示すことにより「近さ」が強調されていたのに対して、社会的親子関係における孝行譚では、反対に血縁的情緒的一体性の欠如や社会的関係性の遠さを示すことにより「遠さ」が強調されていることが分かる。[34]

孝行譚は人々に示した模範であるから、そこに示された孝行は、多く「誰もが行なうべき」当為でありつつも、「誰もが行ない得る訳ではない」奇特な行為という性質を持つ。血縁でない継母に孝を尽くすのは、それが社会的親であるためである。つまり、社会的親に対する孝行は、血縁的一体性ではなく、「親という立場」より発生する当為であるといえる。そうして、孝行がこのような社会的関係に基づいて発生するのであれば、両者の社会的関係が遠ければ遠いほど、そこでなされた孝行は奇特な行為であることとなる。つまり、社会的親への孝行譚は、親との「遠さ」を強調することにより、「遠いのに親に孝行している」という評価を導き、この関係性の「遠さ」が「誰もが行ない得る訳ではない」という、孝行の奇特さを表現しているといえよう。

三　孝の構造

ここまで、血縁的親への孝行譚では、「近さ」が強調され、社会的親への孝行譚では、「遠さ」が強調されていることを確認した。これらは共に孝行譚として撰されたものであるから、「近さ」を強調したものも、「遠さ」を強調したものも、同様に孝を奨励する効果を有すると考えられる。では、なぜ正反対の方向性を有するモチーフが、同様の効果を示すのであろうか。このことを確認するため、まず儒教的思惟における孝の構造について概観する。

儒家における孝に関する基本文献である『孝経』を確認すると、孝は「愛」・「敬」から成る複合的性質を有するとされている。

子曰く、親を愛する者は敢て人を悪まず。親を敬する者は敢て人を慢らず。愛敬親に事うるに尽くして、然る後徳教百姓に加え、四海に刑る。（天子章）[35]

子曰く、父に事うるに資りて以て母に事う、其の愛同じ。故に父に事うるに資りて以て君に事う、其の敬同じ。故に母には其の愛を取りて、君には其の敬を取る。之を兼ぬる者は父なり。（士章）[36]

是の故に、親之を生毓し、以て父母を養うを厳と曰う。聖人厳に因りて以て敬を教え、親に因りて以て愛を教う。（聖治章）(37)

親は、この世で最も近しい情緒的存在であると同時に、自分に対する私的権威者でもある。親子関係は、生み生まれた者同士の情緒的関係であると同時に、「親」・「子」という社会的役割同士の社会的関係でもある。このため、孝は自然の情愛という性格を有するのと同時に、文化的（人工的）な権威に対する従順の性格も有する。この孝の持つ二面性を表したのが、「愛」・「敬」である。愛は、孝の持つ私的・先天的・自然的・生物的・内在的・愛着的・情緒的な性質を象徴し、敬は、孝の持つ公的・後天的・文化的・社会的・外在的・服従的・儀礼的な性質を象徴する。(38)

孝行譚に親子の一体性を強調するものと疎遠性を強調するものとが両存するのは、このことによる。つまり、血縁的親に対する孝行譚は親子の血縁的一体性を強調し、一体性に発する愛的孝に対応している。これに対して、社会的親に対する孝行譚は親子の情緒的疎遠性即ち両者の関係が社会性によって成立していることを強調し、社会性に発する敬的孝に対応している。孝行譚の持つ二面性は、孝自体の持つ二面性にその根拠を持つといえよう。

血縁性と社会性という親子関係における両性質に着目すると、実の親は、「血縁的に親であり、社会的にも親である」存在であり、継母・舅姑は、「血縁的に親でなく、社会的には親である」存在である。これ以外で「血縁的に親でなく、社会的にも親でない」存在は単なる赤の他人だが、「血縁的に親であり、社会的には親でない」存在は、儒教的思惟においてはどのように規定されているのであろうか。

『礼記』に、

父の後たる者は出母の為に服無し。（『礼記』喪服四制）(39)

とある。離婚して婚家を出た母親は、「血縁的には親であり、社会的には親でない」存在に相当するであろうが、ここで、父の後為る者（父の跡を継いだ嫡子）は、出母（離縁して家を出た母）の喪に服さないとされる。この礼は、「父の跡を継いだ嫡子」が対象だが、孔家では、出母の喪の取り扱いがさらに粗略である。子思は、己の元妻の死に際して、子の子上がどうすべきかについて、

子上の母死して喪せず。門人諸を子思に問いて曰く、昔者子の先君子出母に喪するか、と。曰く、然、と。子の白をして之に喪せしめざるは何ぞや、と。子思曰く、昔者吾が先君子道を失う所無し。道隆なれば則ち従いて隆にし、道汚なれば則ち従いて汚にす。伋は則ち安くんぞ能くせん。伋が妻たる者は、是れ白が母たり。伋が妻たらざる者は、是れ白が母たらざるなり、と。故に孔氏の出母に喪せざるは、子思自り始まるなり。（『礼記』檀弓上(40)）

と述べる。鄭注に「礼は出母の為に期す。父卒して父の後為る者は服せざるのみ（礼為出母期。父卒為父後者不服耳）」とあり、礼では出母の喪に服さないのは「父の死後、跡を継いだ嫡子」であるのに対して、子思は、自身の生存中も子の子上が出母の喪に服すのを許可しなかった。これは、「伋（子思＝父）が妻たらざる者は、是れ白（子上＝子）が母たらず（不為伋也妻者、是不為白也母）」とあるように、父親の妻で無くなったものは、子の母として認められないためである。ここから、夫婦間の社会的関係が前提されて初めて親子関係が成立する、つまり母―子関係の発生は社会性が血縁性に優先すると考えられていることが分かる。

では、「出母」と「継母」とが共に存在する場合、どちらが優先されるのであろうか。

伝に曰く、母出ずれば、則ち継母の党の為に服す。母死すれば、則ち其の母の党の為に服す。其の母の党の為に

服せば、則ち継母の党の為に服さず、と。（『礼記』服問）(41)

ここでは、実母と生別であれば継母の親族の喪に服し、死別であれば実母の親族の喪に服し継母の親族の喪には服さないことが述べられている。ここに見える生別と死別との対応の違いは、社会的親子関係の有無に由来すると考えられる。つまり、生別では夫婦関係が断たれているため、出母（生別の実母）は血縁的親子関係を有していても、社会的親子関係を喪失している。よって、血縁的親子関係を有する出母よりも社会的親子関係を有する継母が優先される。これに対して、死別では実母との社会的親子関係が意図的に断たれたわけではない。ために、社会的親子関係が完全に消滅したとは意識されず、社会的親子関係のみを有する継母よりも、血縁的親子関係および社会的親子関係の両方を有する死別した実母が優先されるのであろう。

以上のように、喪礼の一部において、社会的親子関係の血縁的親子関係に対する優位が見られる。礼が社会性の規定という一面を有することが、このような社会的親子関係の重視につながるといえようが、この社会的親子関係の重視は、さらに赤の他人である筈の「血縁的に親でなく、社会的にも親でない」存在に対しても孝行するという極端な思考を生み出している。

九江の太守武陵威生れて母を識らず。常に自ら悲感す。京師に游学して還り、陵谷中に於いて一老母の年六十餘なるに見ゆ。因て就て母の姓の何たるかを問う。曰く、陳家の女李氏、と。何の故にか独り行く、と。曰く、我孤独にして、親家に依らんと欲す、と。子威再拝長跪して自ら白いて曰く、子威少くして慈母を失う。姓は陳、舅氏亦李。又、母と亡親と年を同じくす。会たま此に遇うは、乃ち天意なり、と。因りて載せて家に帰り、供養して以て母と為す。（『風俗通義』巻三、愆礼）(42)

ここでは、亡母と姓・没年が同じであるという理由で、全く血縁性を有さない他人を「母と為」して「供養」している。さらに、

三州義士は、各自一州の人なり。征伐徒行し、並びに郷土を失ひ、道辺の樹下に会宿す。老者言へらく、将に共に断金を結ばざらんや、と。二少者敬諾し、遂に父子と為る。慈孝の志、真親に倍するなり。父意を試みんと欲し、二人をして河中に舎を立てしむ。二子便ち昼夜土を輦き、河中に塡む。三年を経るも、波流飄蕩し、都な立つることを得ず。精誠に感有り、天神乃ち化して一夜叉と作り、一丸土を持ちて河中に投ず。明けて忽ち河中を見るに、土高数十丈、瓦宇数十間なり。父子仍りて共に之に居す。（陽明本『孝子伝』「三州義士」(43)）

蕭広済『孝子伝』云えらく、……此の五人は、少くして郷里を去り、孤にして父母無し。相随いて衛国に至り、結びて兄弟と為る。……空城中に於いて、一老母に見ゆ。兄弟議して曰く、此の老母を拝して、之を以て母と為さん、と。因りて拝して曰く、母と為るを願う、と。母乃ち焉を許す。之に事えて親の若し。（『止観輔行伝宏決』第四之三引蕭広済『孝子伝』(44)）

といった例では、姓や没年といった他の理由付けは全くなしに、ただ互いの契約によって他人同士が親子となっている。通常の血縁的親子関係は勿論、継母や姑といった社会的親子関係でさえ、普通「親という立場」は所与の存在であり、己の自由意志で交換することはできない。これに対してこれらの例では、血縁でもなく社会的親子関係も有さない他人を任意に親と認定している。これは、「血縁的に親でなく、社会的にも親でない」存在を「血縁的に親でなく、社会的には親である」存在と認定し、敬的孝を発生させたことを意味する。そうして、その認定が自由意志に基づくのであれば、実際上その親は己の自由意志による再度の交換が可能だということとなる。つまりこれらの故事

は、本来婚姻制度などの社会的認定によって発生する社会的親子関係を任意に創り出し、その上でその親子関係上に発生する当為に従うものであるといえる。ここでは、親を己の自由意志により交換可能であるにも関わらず、「親という立場」を尊重して無理難題にも誠心誠意対応するという奇特さが表されていると考えられる。

愛的孝が生得的に有するとされるのに対して、敬的孝は教育を通じて獲得されるとされる。このため敬的孝は愛的孝に対して、その当為的性質がより強く、奨励の必要性もより高くなるのは当然である。こうして社会的親子関係はより強調され、より強く奨励されることとなる。これらの故事は、ある意味に於いて社会的親子関係重視の到達点であり、敬的孝の物神化を示したものであるといえよう。

本章では、親子関係を大きく血縁的親子関係と社会的親子関係とに二分し、孝と血縁性との関係について解析を試みた。

最も一般的な親子関係は、血の繋がりのある「骨肉」である。そして、骨肉即ち血縁的親に対する孝行譚では、その一体性が強調される。つまり子は親が「近いから、孝行する」のである。

非骨肉である社会的親に対する孝行譚では、その疎遠性、つまり血縁的情緒的一体性を欠く社会的関係であることや、さらにその社会的関係も疎遠であることなどが強調される。つまり子は「親という立場」にある人物が「遠いのに孝行する」のである。

また、模範とは、常に「誰もが行なうべき」当為であるが、「誰もが行ない得る訳ではない」奇特な行為でなければならない。最も近い存在である血縁的親には、当然孝行を「誰もが行なうべき」であるし、情緒的関係を有さない社会的親に対する自己犠牲的孝は、「誰もが行ない得る訳ではない」奇特な行為である。孝行譚とは孝の模範を示したものであるから、孝行譚に血縁的親と社会的親という異なった対象に対する孝行が示されているのは、模範が「行なうべき」かつ「行ない難い」といった二面性を有しているためであるといえよう。

また、孝を「愛」・「敬」という二面性を持つ構造体であると捉えれば、孝行譚において「近さ」を示すために用いられる血縁的一体性は、愛的孝と対応する。また、「遠さ」を示すために用いられる継子虐めや親子関係の破棄可能性は、両者の結びつきが血縁的情緒的一体性を持たず、社会性のみによって成り立つ関係であることを示し、敬的孝と対応している。

以上より、孝行譚における孝の対象者に、血縁的親（骨肉）と社会的親（非骨肉）との二種類が存在するのは、「模範」が「行なうべき」かつ「行ない難い」という二面性を有していること、及び孝が愛的孝と敬的孝という二面性を有していること、の二点にその理由が求められよう。

注

（1）津田左右吉『儒家の実践道徳』（岩波書店、一九三八年、九頁、後に『津田左右吉全集』第一八巻、岩波書店、一九六五年）

（2）下見隆雄『母性依存の思想』（研文出版、二〇〇二年、四頁）

（3）社会的親とは即ち「祭り祭られる関係」（滋賀秀三『中国家族法の原理』、創文社、一九六七年、二一頁）でもあるため、それぞれ対応する喪礼が設定されていた。喪礼上の社会的親には、例えば社会的父にあたる「同居継父・不同居継父・従継母嫁」、社会的母にあたる「養母・嫡母・継母・慈母・庶母・乳母・嫁母・出母」などが挙げられるが、実際の関係性が存在する範囲は限定されたものであり、「中国には旧来、幾種類もの父母が社会的にあった。三父八母、六父十二母、或は四父六母等といわれるものがこれである。しかし、これらの父母の内で、法律上、親権者とし、且、子が扶養義務を負った父母は、主として親父母、養父母、及び嫡母、継母、慈母（いわば二父五母）の範囲であろう」（仁井田陞『中国法制史』、岩波書店、一九五二年、二六九頁）とされる。

（4）所謂、船橋本・陽明本『孝子伝』。幼学の会編『孝子伝注解』（汲古書院、二〇〇三年）参照。

（5）黒田彰氏が、「（引用者注…兄弟で）同居共財を維持することは一面、理想的な孝の貫徹を意味した」（「三矢の訓と荊樹連陰　―二十四孝の享受―」、『愛知県立大学大学院国際文化研究論集』一、二〇〇〇年、後に『孝子伝の研究』、株式会社思文閣出版、二〇〇一年）と指摘するように、兄弟間の慈悌もまた広義の孝とされる。

（6）「李善」・「三州義士」の二例。「李善」の節は、家奴の主家に対する忠義について述べたもの。『孝子伝注解』の李善の条の注には、「孝と忠は一体のものと考えられており、李善の主家に対する忠義は、孝の表れとして表彰されるにふさわしい行為であった」（二四〇頁）とある。また、拙稿「孝行譚における「乳」」（『中国研究集刊』闕号（総第五八号）、二〇一四年）参照。「三州義士」については後述。

（7）郭巨や明達など、夫婦が主体の故事は「実の親」・「姑」共に計算に入れた。

（8）「孫法宗、呉興人也。父遇乱被害、尸骸不収。……以父喪不測、於部境之内、尋求枯骨、刺血以灌之。如此者十餘年、不獲。乃縗経、終身不娶、饋遺無所受」。なお、『太平御覧』巻四一二にも同話を載す。

（9）「王少玄、博州聊城人。父隋末死乱兵、遺腹生少玄。甫十歳問父所在。母以告。即哀泣求尸。時野中白骨覆压。或曰、以子血漬而滲者、父胔也。少玄鑱膚閲旬而獲、遂以葬」。なお、『太平御覧』巻四一二、及び『旧唐書』巻一八八にも同話を載す。

（10）陳業の故事（『初学記』巻一七・『太平御覧』巻四一六及び巻四二一・『太平広記』巻一六一など）では、兄の骨に血を灑ぐ。また、孟姜女の故事（『琱玉集』巻一二引『同賢記』など）では夫の骨を探して血を灑ぐが、柳瀬喜代志氏が、「血をそそいで、夫杞良の屍骨を探索する趣向は他に類例を見ない」（「「曹娥没水獲翁」譚と求屍故事」、『早稲田大学教育学部）学術研究（国語・国文学編）』第三〇号、一九八一年）とするように、極めて稀なもので、元々血縁間のモチーフであった「灑血求屍」を夫婦間に流用したものと考えられる。

（11）「骨肉之親、無絶也」

（12）「故父母之於子也、子之於父母也、一体而両分、同気而異息。若草莽之有華実也、若樹木之有根心也。雖異処而相通、隠志相及、痛疾相救、憂思相感、生則相歓、死則相哀。此之謂骨肉之親」

（13）「正義曰、骨肉謂族親也。以其父祖上世、同稟血気而生、如骨肉之相附閉、謂之骨肉」

（14）フレイザー著・永橋卓介訳『金枝篇』一（岩波書店、一九五一年、一〇五頁）

(15)「張志寛、蒲州安邑人。……後為里正詣県。称母疾、急求帰。県令問其状。対曰、母嘗有所苦、志寛亦有所苦。向患心痛、知母有疾。令怒曰、妖妄之辞也。繋之於獄、馳験其母。竟如所言。令異之、慰喩遣去」

(16)「播九歳而孤、居喪合礼。……後、随曄在淮南。播母在建康遘疾、播弗之知。嘗忽一日挙身楚痛。尋而家信至、云其母病。播即号泣戒道、絶而又蘇。當身痛之辰、即母死之日也。居喪毀瘠、遂感風気」

(17)「庾黔婁、南斉時人也。為孱陵令、到県未旬日、忽心驚流汗。即棄官帰家。父疾已二日」

(18)「裴敬彝、絳州聞喜人。……一日、忽泣涕謂左右曰、大人病痛。吾輒然、今心悸而痛、事叵測。乃請急、倍道帰、而父已卒。羸毀逾礼」

(19)「章溢、字三益、龍泉人。……至虎林、心動、辞帰。帰八日而父歿」

(20)「後於鍾山聴講。母王氏忽有疾、兄弟欲召之。母曰、孝緒至性冥通、必當自到。果心驚而返。隣里嗟異之」

(21)「杜佑、邳州人。……父成病于家。佑忽心驚、挙体沾汗。即棄職帰。父病始三日、遂禱神求代、且嘗糞以験疾」

(22)「孝子伝曰、楽正者曾参門人也。来候参。参採薪在野。母嚙右指。旋頃走帰。見正不語、入跪問母。何患。母曰無。参曰、負薪右臂痛薪堕地。何謂無。母曰、向者客来無所使。故嚙指呼汝耳」。『論衡』感虚一九・『捜神記』巻一一・『二十四孝』・陽明本船橋本『孝子伝』・『日記故事』などに類話が見える。

(23)「身也者、親之枝也」

(24)「曾子曰、身也者、父母之遺体也。行父母之遺体、敢不敬乎」

(25)一方で大部の孝行譚集などには、「直ぐに見習うべき身近な孝行」を多く挙げたものも存在する。例えば日本の『官刻孝義録』には四百以上の孝行者の評伝が載せられているが、『二十四孝』が「極めて奇特で行ないがたい孝行」を示すのと異なり、一般的な孝行の記述も数多い。

(26)「正義曰、此一節、論慈母雖如母、猶不為慈母之党服。此慈母即是喪服中、慈母者父雖命為母子、而本非骨肉。故慈母之子、不為慈母之父母有服者、為恩所不及也」

(27)「閔子騫兄弟二人。母死。其父更娶。復有二子。子騫為其父御車、失轡。父持其手、衣甚単。父則帰、呼其後母児、持其手、衣甚厚温。即謂其婦曰、吾所以娶汝、乃為吾子。今汝欺我。去無留。子騫前曰、母在一子単。母去四子寒。其父黙然。故曰、孝哉閔子騫。一言其母還、再言三子温」

(28)「曇少喪父、躬事継母。継母酷烈。曇性純孝、定省恪勤。妻子恭奉、寒苦執労、不以為怨。得四時珍玩、先以進母」。なお、「継母酷烈」の「継母」は、汲本、殿本によって補ったもの。

(29)「崔衍、左丞倫之子。継母李氏、不慈於衍。衍時為富平尉。倫使于吐蕃、久方帰。李氏衣弊衣、以見倫。倫問其故。李氏称、自倫使于蕃中、衍不給衣食。倫大怒、召衍責詬。命僕隷拉于地、袒其背、将鞭之。衍涕泣、終不自陳。倫弟殷、聞之趨往、以身蔽衍。杖不得下。因大言曰、衍毎月俸銭、皆送嫂処。殷所具知。何忍乃言衍不給衣食。倫怒乃解。由是倫遂不聴李氏之譖。及倫卒、衍事李氏益謹」

(30)「縦孝悌、修飭自立。……初、渙有寵妾鄭氏。縦以母事之。鄭氏性剛戻、待縦不以理。雖為大僚、毎加笞詬。縦率妻子候顔、敬順不懈。時以為難」

(31)「孝婦者、陳之少寡婦也。年十六而嫁、未有子。其夫当行戍。夫且行時、属孝婦曰、我生死未可知。幸有老母、無他兄弟備養。借吾不還、汝肯養吾母乎。婦応曰、諾。夫死不還。婦養姑不衰、慈愛愈固。紡績以為家業、終無嫁意。居喪三年、其父母哀其年少無子而早寡也、将取而嫁之。……母曰、吾憐汝年少早寡也。孝婦曰、……夫不幸先死、不得尽為人子之礼。今又使妾去之、莫養老母、是明夫之不肖、而著妾之不孝。不孝不信、且無義、何以生哉。因欲自殺。其父母懼而不敢嫁也」

(32)「漢姜詩、母に事へて至孝。妻龐氏姑に奉じて尤だ謹む。母の性好みて江水を飲む。妻常に出で汲みて之を奉ず。母更に魚膾を嗜む。夫婦嘗に作りて以て進む。隣母を召して共に食らう。舎の側に忽ち湧泉有り、味江水の如し。日びに双鯉躍る。詩取りて以て母に供す（漢姜詩、事母至孝。妻龐氏奉姑尤謹。母性好飲江水。妻常出汲而奉之。母更嗜魚膾。夫婦嘗作以進。召隣母共食。舎側忽有湧泉、味如江水。日躍双鯉。詩取以供母）」（『二十四孝』）。なお、類話については『孝子伝注解』に詳しい。

(33)「広漢姜詩妻者、同郡龐盛之女也。詩事母至孝、妻奉順尤篤。母好飲江水。水去舎六七里。妻常泝流而汲。後値風、不時得還。母渇。詩責而遣之。妻乃寄止隣舎、昼夜紡績、市珍羞、使隣母以意自遺其姑。如是者久之。姑怪問隣母。隣母具対。姑感慚呼還。恩養愈謹」

(34)ただ、近さを強調するものが必ず血縁的親への孝行譚で、遠さを強調するものが必ず社会的親への孝行譚である訳ではない。例えば舜の父親は、継母の讒言もあり、骨肉でありながら舜を殺そうとさえする。これは、血縁的親への孝行譚でありながら、疎遠性の強調により敬的孝や孝行の奇特さを提示しており、構造的には、継母―継子間における孝行譚に近い（『史記』本紀など）。

(35)「子曰、愛親者弗敢悪於人。敬親者弗敢慢於人。愛敬尽於事親、然後徳教加於百姓、刑於四海」

(36)「子曰、資於事父以事母、其愛同。故資於事父以事君、其敬同。故母取其愛、而君取其敬。兼之者父也」

(37)「是故、親生毓之、以養父母日厳。聖人因厳以教敬、因親以教愛」

(38)孝の構造に関しては、加地伸行「孔子における愛と死と〈孝〉と　―中国における宗教思想の一前提―」（『東方宗教』第二四号、一九六四年、後に『孝研究　―儒教基礎論―』、加地伸行著作集Ⅲ、研文出版、二〇一〇年）・同「曾子と《曾子》学派」（『懐徳』三五号、一九六四年、後に『孝研究　―儒教基礎論―』）・渡辺信一郎「孝経の制作とその背景」（『史林』第六九巻第一号、一九八七年、後に『中国古代国家の思想構造』校倉書房、一九九四年）・池澤優『「孝」思想の宗教学的研究』（東京大学出版会、二〇〇二年）などに詳しい。

(39)「為父後者、為出母無服」

(40)「子上之母死而不喪。門人問諸子思曰、昔者子之先君子喪出母乎。曰、然。子之不使白也喪之何也。子思曰、昔者吾先君子無所失道。道隆則従而隆、道汚則従而汚。伋則安能。為伋也妻者、是為白也母。不為伋也妻者、是不為白也母。故孔氏之不喪出母、自子思始也」

(41)「伝曰、母出、則為継母之党服。母死、則為其母之党服。為其母之党服、則不為継母之党服」。なお、鄭注に「鄭注曰く、外親と雖も亦二統無し（鄭注曰、雖外親亦無二統）」とある。

(42)「九江太守武陵威生不識母。常自悲感。游学京師還、於陵谷中見一老母年六十餘。因就問母姓為何。曰、陳家女李氏。何故独行。曰、我孤独、欲依親家。子威再拜長跪自白曰、子威少失慈母。姓陳、舅氏亦李。又、母与亡親同年。会遇於此、乃天意也。因載帰家、供養以為母」

(43)「三州義士者、各自一州人也。征伐徒行、並失郷土、会宿道辺樹下。老者言、将不共結断金耶。二少者敬諾、遂為父子。慈孝之志、倍於真親也。父欲試意、勅二子於河中立舍。二子便昼夜輦土、填河中。経三年、波流飄蕩、都不得立。精誠有感、天神乃化作一夜叉、持一丸土投河中、明忽見河中。土高数十丈、瓦宇数十間。父子仍共居之」。なお「三州義士」は、「はじめに」で挙げた『孝子伝』の他人に対する孝行譚の一つ。『孝子伝注解』に詳しい解説を載す。

(44)「蕭広済孝子伝云、……、此五人者、少去郷里、孤無父母。相随至衛国、結為兄弟。……於空城中、見一老母。兄弟議曰、拝此老母、以之為母。因拝曰、願為母。母乃許焉。事之若親」

第二章　本朝近世孝行譚における養子の孝

漢土をはじめとする儒教文化圏では、孝行を奨励するため、これまでさまざまな孝行譚が撰され、人々に供せられてきた。

孝行譚は、人々が見習うべき模範的行為を示したものであるから、その性質上、多く「誰もが行なうべき（＝当為）」でありながら、「誰もが行ない得る訳ではない（＝奇特な）」行為が記される。孝の対象となる「親」には、「骨肉」といわれる血縁的親子関係（生物的親子関係）をはじめ、養親・継母・舅姑など社会的に規定された社会的親子関係まで、さまざまな種類が存在する。そのうち、骨肉に対する孝行譚では、一般的に親子の血縁的一体性、即ちその「近さ」が強調される。近しい存在の利益のために行動するのを自然なことと考えれば、最も近い存在である親の為に行動するのは、「誰もが行なうべき」当為である。よって、血縁的親への孝行譚では、行為者（子）と受益者（親）との間の近さを強調することによって孝の当為性が表現されていると考えられる。また、社会的親に対する孝行譚では、継母の継子虐めに象徴される情緒的関係の欠如、及び姑と未亡人との間における親子関係性の破棄可能性など、その「遠さ」の強調がまま見られる。情緒的関係を有さず、自由意志で関係を破棄することが可能な相手に対してさえ孝行を尽くすのは、「誰もが行ない得る訳ではない」奇特な行為である。よって、社会的親に対する孝行譚では、両者の遠さを強調することによって孝の奇特さが表現されていると考えられる。

また、儒教的思惟においては、孝は「愛」・「敬」という二つの側面を有するものと考えられ、親との血縁的一体性に由来する愛的孝、親という立場の社会性に由来する敬的孝の存在が措定される。孝行譚に於ける対象に骨肉（血縁的親子関係）・非骨肉（社会的親子関係）の別が存在するのは、それぞれ骨肉への孝行が愛的孝を象徴し、非骨肉への孝が敬的孝を象徴する役割を持つためであると考えられる。(1)

孝行の対象となる非骨肉、つまり社会的親としては、舅姑・養父母・継母などが挙げられる。江戸期の本朝においては、家（家業）の存続が何にもまして重視され、養子資格の規制が漢土ほど厳格でなかったため、養子によって家を継がせることが身分の高低を問わず頻繁に行なわれた。(2) このため、本朝における孝行譚には、養親―養子間の孝行を描いたものが数多く見られる。

養子の孝行譚には、例えば富家の養子となることを、「我が親を親とせずして、人の親を親とす」（中井竹山『子華孝状』、明和二年（一七六五）刊）として拒絶するなど、血縁的親子関係を社会的親子関係に優先させる例（後述）がある一方で、実親の下に帰ることも可能でありながら生活苦の中で養母に孝を尽くすことを選択するといった、社会的親子関係を血縁的親子関係より優先する例（後述）もあり、さまざまなバリエーションが見られる。

そこで本章では、本朝近世に撰された養子の孝行を描く孝行譚を取り上げ、そこに表れた孝と血縁性との関係について考察し、養子の孝行譚がどのような構造を持つのか、また養子の孝行譚が孝行の奨励に対してどのような機能を有しているのかについて検討する。

一　社会的親子関係

社会的親子関係の一つである継母―継子関係では、継母による継子に対する迫害が強調されることが多い。

一例を挙げると、心学者脇坂義堂の手になる『孝行になるの伝授』（刊年未詳）という孝女おともの孝行譚がある。おともは、五つの時に母が死亡、父は後妻を迎え一男一女をもうけるも、おとも九つの時に死亡する。後、おともは父が迎えた後妻（＝継母）と弟妹と暮らすこととなるが、継母はおともを憎み、「おともには冬も綿のいらざる衣をあたへ夏はあつき布をまとはせ、或時は食事をあたへず、日々のつちやく、聞くも中々世におそろしき、ふるまい」を示し、おともを熱湯で行水させようとしたり、毒薬と思われる怪しい薬を飲ませようとしたりする。さらには、観世音へ継母の病気平癒の御礼に行くというおともに対し、

汝帰り道にて、フト過ちて、猿沢の池抔へ落はまりて、死し抔し給ふなよ。自然また、池にはまりて死しなば母はよろこびて、誠の孝行成るべし（『孝行になるの伝受』）(3)

などと毒突く有様である。しかしおともはこの継母にひたすらに孝を尽くす。孝行譚における「意地悪な継母」というモチーフは和漢を問わず数多く見られるもので、継母―継子関係がもともと骨肉間のような血縁的一体性を持たない上に、情緒的一体性が薄い、つまり、血縁的にも情緒的にも関係が遠いことを示している。三浦梅園は、「世に継母継子の中とて、十に七八はよからぬものなり」（『梅園叢書』上巻「継母と前家子との話」）(4)として、その理由を「継子の心に隔あれば、同じことばも怨のはしとなる」（同右）(5)こと、つまり両者の間の情緒性の欠如に求めている。

また、社会的親子関係の一つである舅姑―嫁関係では、夫死亡後の孝が描かれることが多く、一つの典型であるといってよい。一例を挙げると、龍野藩士である股野玉泉の著「龍野孝婦之小伝」（股野玉泉編『龍野鳴盛編』、明和九年（一七七二）刊所収）は、夫を失ったよしが舅姑に孝を尽くす様を描いた評伝であるが、夫の死後の状況について、以下のようにある。

折しも其親里より、末のたのみあるにしもあらねば、今ほど一向に帰るべし、よそほひもものもたくはへおきしことあれば、たよりよからん方へ遣すべし、とうとう帰れと申こしければ、かの婦人うりがはず、いやとよ我はともかくもあれ、ふたりの老人は、誰かはごくみ候はんやとて、何のいらへもせざりける（「龍野孝婦之小伝」）(6)

よしは夫の死後、妻の実家から実家へ戻り再婚するよう勧められるが、それを肯んぜず舅姑に孝を尽くし、後にお上より表彰されている。(7)この様な「夫が死亡した後も舅姑に孝行を尽くす」というモチーフも、和漢共に孝行譚・貞女譚に散見するものである。

夫が死亡し夫婦関係が消滅しているため、よしは望むのなら実家に戻ることも可能である。にもかかわらずよしは舅姑に仕える。ここで「夫の死亡」という情況は、「亡夫への操」という貞を表すとともに、夫婦の繋がりが失われることにより、夫婦関係の存在を前提として成り立つ姑―嫁の社会的親子関係の関係性が遠くなっていることを示している。

骨肉でない継母・舅姑・養親に孝を尽くすのは、それが社会的親であるためである。つまり、非骨肉の親に対する孝行は、血縁的一体性に由来しない、「親という立場」より発生する当為であるといえる。これら社会的親子関係は、もともと血縁的一体性を欠く。その上、継母に対する孝行譚では親子関係における情緒性の欠如を示し、舅姑に対する孝行譚では社会性の破棄可能性を示すことにより、普通の社会的親子関係よりさらに関係性が「遠い」ことを強調している。そうして、親子関係の「遠さ」を強調することにより、「誰もが行ない得る訳ではない」孝の奇特さが示されていると考えられる。

さらには、この「親という立場」の重視は、次のような極端な例を生みだす。心学者布施松翁の『松翁道話』二篇巻之上（文化一一年（一八一四）刊）に、「親売らう」なる話が見える。梗概は、ある日、「親売ろう」と唱える物売りがやってくる。誰も相手にしないが、ある共に幼少時に親と死にわかれた夫婦が、金を払って購入しようとする。そこで売り物である「親」に会いに行くと、その老人は実は大金持ちで、自ら「真実の養子ほしさに己を売りに出した。親子となるからには、今日から自分の財産は全て夫婦の物である」と語る。(8)

というもの。民話「年寄り買い」がこれと全く同じストーリーであり、この話自体は松翁の独創ではなく、もともと民話にあったものを道話に利用したものであると考えられる。(9) さらに、恐らく明治期にこの話を基にした落語「親売り」が作製されており、比較的広く展開したストーリーといえる。(10)

通常の血縁的親子関係は勿論、継母・舅姑といった社会的親子関係でさえ、「親という立場」は所与の存在であり、普通自分の自由意志で交換することはできない。これに対して「親売らう」の例では、骨肉でもなく社会的親子関係も有さない他人を自由意志に基づいて親と認定しようとする。つまり「親売らう」は、本来婚姻制度などの社会的認定によって発生する社会的親子関係を、自由意志により恣意的に創り出し、その上でその親子関係上に発生する当為に従おうとするものであるといえる。「親売らう」は、社会的親子関係重視の一つの到達点であり、孝の物神化を示したものであるといえよう。

なお、これら社会的親への孝行譚に見られるモチーフは、和漢で類似したものが多く見られ、その意味するところも同様であると考えられる。(11)

二　社会的「養親―養子」関係

前節でとりあげた継母―継子、舅姑―嫁の他、代表的な社会的親子関係に、養親―養子関係がある。漢土では家系における血統が重んじられたため、養子（特に他姓養子）の例は多くないが、本朝では家の存続こそが重んじられ、同姓他姓を問わず養子が頻繁に行なわれた。(12) このため、本朝の孝行譚では、漢土のものにはほぼ見られない血縁性を完全に欠く養子の孝行譚が数多く見られる。

では、本朝で撰された養親―養子関係の孝行譚において、両者の親疎はどのように表現されているのであろうか。

明和七年（一七七〇）ごろに各種の行状が撰された山城国の孝子義兵衛は、一旦養子となるが養父が死亡し、養家からまた他家へ養子に出されたが、義兵衛も一度目の養母も互いを恋しがり親子関係に復することを望んだため、また先の養家に戻ったという複雑な経歴の持ち主である。(13) 義兵衛は所謂「藁の上からの養子」で生家の記憶がなく、一度目の養家の養母も己を実の親だと教えていたため、ずっと己が養子であることを知らなかった。しかし、三十余歳の頃、人に己が養子であると聞かされる。

> 人ありて、年ごろ《其人義兵衛ニ云》からき世をわたりて、あらぬ人《実母ニアラヌ》はぐゝむあはれさよ。まことの親たづねたらんにはさりとも《実母ノ家ヲタズ子テ其家ニスマバ貧シクトモ》さるうきわざはのかるべきをとほのめかすに、あやし《義兵衛》と耳たてゝ《トメテ》、猶さるべきひとに《其コトヲ知テヲルベキ人ニ》問あはせて、はじめて事のよしあきらめ《トクトシル》ける。（『かはしまものかたり』(14)）

この事実を告げた者は、養母を「あらぬ人」、実母を「まことの親」と表現し、実母を訪ねさえすれば、非骨肉である養母を養うなどしなくてよいと義兵衛に勧める。だが、義兵衛はこのことを聞いて更に養母に対して孝を尽くす。

このモチーフでは、血縁性の「遠さ」に加え、夫が死亡した未亡人と同様、社会的親との関係性を己の自由意志で破棄することが可能であり、普通の社会的親子関係よりも社会的関係性が「遠い」ことが示されていると考えられる。

また、元文年間の大坂で、養子一人を含む五人の兄弟姉妹が、死刑に決まった父親の身代わりになりたいと奉行所に願い出るという事件が起った。(15) この事件は姉弟五人の美談として、まず中井甃菴『五孝子伝』(元文三年(一七三八)刊)によって世間に紹介された後、多くの孝行譚が撰された。当時この姉弟は「浪速の五孝子」として知られ、この事件を取り扱った孝行譚の多くも行為主体を五人とするが、事件の当初、長女が想定していた歎願者は五人ではなかった。歎願前夜に長女が次女に対して語った言葉に、

さればわれらがいのちをさゝげて、父の身がはりにたゝんといふ事を、おほやけにねがひ奉らんはいかに、長太はやしなひ子なりをとこなり、とどめおきて父母のはごくみさせん、おとゝ初五はいはけなし、のこりてせんなし、われらにしたがはしめん(『五孝子伝』)(16)

とある。ここで長女は、養子である長太郎(長太)は「やしなひ子」・「をとこ」という理由で身代りから排除しているが、同じ男である実子の初五郎(初五)は同行させている。ここから、長太のみ連名させなかったのは、彼が養子であるという理由が大きいと考えられる。こうして、歎願書には、

おやのかはりに子五人とは申ながら、長太郎は義理ある中の子なり、のこり四人を父のかはりにいのち御とり下され候はゞ、ありがたく存まゐらせ候(『五孝子伝』)(17)

と記され、養子である長太を除いた四人による歎願がなされる。この後、長太郎は自分も身代りとなることを申し出、結果的に五人での歎願となるのであるが、ここでは実子と養子とが明らかに区別されており、血縁性の観点か

ら、実子は関係が近く養子は関係が遠いと認識されていたことが見てとれる。

これらの養親―養子関係の例では、どちらも養親との「遠さ」が強調されている。孝行譚は人々に示す模範であるから、常に「誰もが行なうべき」当為であるが、「誰もが行い得る訳ではない」奇特な行為が示されておらねばならない。養親―養子間の孝行譚においても他の社会的親子関係同様、社会的親子関係である養親―養子関係が血縁的親子関係より「遠い」ことを強調することにより、「遠いのに孝行する」という奇特さが表現されているといえよう。

三　情緒的「養親―養子」関係

前節で、他の社会的親に対する孝行譚と同様、養親―養子間の孝行譚においても、両者の関係性の遠さが強調されていることが確認できた。ただ、義兵衛の評伝では、同時に義兵衛と養母との関係が、情緒性に溢れたものであったことが繰り返し強調される。

母もさるおり《義兵衛ルスノ時》、人ありて物《母ニ》あたふれば、かならず《母》帰る《義兵衛ガ》を待て、これそがたびたるよと《母云ソンデウ其人ガタマヒタル》、みせぬかぎりは《義兵衛ニミセヌウチハ》、くだ物《早ク食フベキ》いそぎ《ラヲコヘヲル》もねんじをる。(『かはしまものかたり』(18))

おひ〳〵《老》しきこゝろ《母ガ心セハシクイレル》いられに、遠き《義兵衛ガ》にまかりし日など、今《母》やと待ほど過ぬれば、えねんじあへず《得コラヘズ》、杖右左につきて、この子は《義兵衛ハ何ユヘヲソキト》なぞやとくりことしつゝ、かへらん道《義兵衛ガ帰ル道ヘムカヘニ出ル也》によろぼひ、とみかうみこがるゝが、はるかにみつけて《義兵衛ヲ》は、帰りぬやようと《母云ヨクカヘリシト》、なみだぐむべし。まゝ《義兵衛》やとはしりより、山づと《ミヤゲトリ出シ》などとうで、手とり腰さゝへて《カヽヘ》かへるさま、めでたきおやこの契やと。みる人かつわらひ、かついとおしがる。(『かはしまものかたり』(19))

されればさばかりわびしかるべき年月を、母は忘れ草つみて、よにうらやみなく《ヨソヲウラヤマヌ》、朝《母》ごとに出る日をおがみ、神だな持仏をおがみ、はてには義兵衛をおがむを。あなかしこや《義兵衛云モッタイナヤ》、などさることをといへば、なが《母云汝ガ》力を我につくすが、あまりかたじけなさにとて、猶やまねば、あながちに《義兵衛》もあらがはで、みぬかた《母ガ》へより、かへし《オガミカヘス》おがみすなり。（『かはしまものかたり』(20)）

義兵衛が母によい物を食べさせようと努力するのは勿論のこと、養母も自分だけが食べようとはしない。また、養母は外出した義兵衛の帰宅を待ち侘び、帰宅時の喜びようは大層なものである。さらに、養母は義兵衛の孝行に感謝し、義兵衛を神仏の様に拝む。このように、義兵衛の評伝では、養母との関係における情緒性が再三に渡って強調される。さらには、養母には先に養子に出した実子がいるのだが、

義兵衛が母は、かくわが子はおほよそ《他人ムキ》のものにみなし、義兵衛を私もの《実ノ子》、やうにぞしける。（『かはしまものかたり』(20)）

と、養子である義兵衛を実子より愛するといった記述すら見られる。これは両者が情緒的に「近い」ことの強調であり、継母―継子間の孝行譚が多く情緒的に「遠い」ことを強調するのとは大きく異なっている。

では、この養親―養子間における情緒的関係の強調は、どのような意味を持っているのであろうか。このことについて考える上で注目に値するのは、己が養子であると知ったときの義兵衛の科白、

あない《義兵衛心ニ》みじや、うみの子に《養母ノ恩ヲ思フ也》もまさりて、かうをつくらひ給へるを、おろかにもすぐしつるよとて、ありしより《今マデヨリ》、いまひときはおもひまさりける。（『かはしまものかたり』(22)）

及び、「浪速の五孝子」長太郎の歎願書、

おや子のちぎり品かはり候へども、恩をうけたるにかはりなし（『五孝子伝』）[23]

である。『かはしまものかたり』傍注に「養母ノ恩ヲ思フ也」とあり、『五孝子伝』には「恩をうけたる」とある。養子は実子より親との血縁的関係性が遠いため、養親は、関係性の「遠さ」にも拘わらず養ってくれたこととなり、養子は養親に対して、実子が実親に対するより大きな恩が発生することとなる。また、養親の養子に対する情緒的「近さ」は、養子の感謝の念を誘発し、「養親が愛情を持って養子に接することにより、養子はそれを恩に感じ孝心を発生させる」という流れを発生させる。つまり、両者が血縁的に「遠い」にもかかわらず情緒的に「近い」という状況は、その「近さ」及び「恩」の大きさを表現しているといえよう。

孝の当為性は、血縁的親子関係においては「近い」から「誰もが行なうべき」として血縁的一体性によって説明されるが、社会的親子関係は血縁的一体性を欠き、この点における孝の当為性の根拠（何故親に孝行しなければならないのか）が血縁的親子関係に比して薄弱である。だが、血縁性ほどではなくとも、両者の「近さ」は「行なうべき」理由となりうる。「近いから孝行すべき」なのである。ために、養親―養子間の情緒的「近さ」には、この一体性による当為性の保証をいくらか補う効果があると考えられる。また、親子関係に限らず「恩を返す」ことは一般的な当為であるから、養子は養親に恩を返さねばならない。養子から養親に対する報恩とは即ち孝行であるから、「恩を返さねばならない」は即ち「孝行せねばならない」となり、この恩の存在が孝の当為性の根拠についてのもう一つの説明となっているといえよう[24]。

また、「恩」の発生以外にも社会的親子関係の「近さ」は、直截血縁的一体性の代替的な機能を果たしている。

儒家における孝に関する基本文献である『孝経』を確認すると、孝は「愛」・「敬」から成る複合的性質を有するとされている。

子曰く、親を愛する者は敢えて人を悪まず。親を敬する者は敢えて人を慢らず。愛敬親に事うるに尽くして、徳教百姓に加え、四海に刑る。（天子章）(25)

子曰く、父に事うるに資りて以て母に事う、其の愛同じ。父に事うるを以て君に事う、其の敬同じ。故に母には其の愛を取りて君には其の敬を取る。之を兼ぬる者は父なり。（士章）(26)

是の故に、親之を生毓し、以て父母を養うを厳と曰う。聖人厳に因りて以て敬を教え、親に因りて以て愛を教う。（聖治章）(27)

親は、この世で最も近しい情緒的存在であると同時に、自分に対する私的権威者でもある。親子関係は、生み生まれた者同士の情緒的関係であると同時に、「親」・「子」という社会的役割同士の社会的関係でもある。ここから、愛的孝は親子の血縁的情緒的な一体性より、敬的孝は親子の社会的な関係性より発生したものと考えることができる。(28)

一般的に、親子の血縁性に源を発する愛的孝は、血縁的親子関係の孝行譚において表現され、親子の社会性に源を発する敬的孝は、社会的親子関係の孝行譚において表現される。ただ、『論語』に、「孟武伯孝を問う。子曰く、父母は唯其の疾をのみ之憂えしめよ（孟武伯問孝。子曰、父母唯其疾之憂）」（為政）(29)とあり、『孟子』に、「大孝は終身父母を慕う。五十にして慕うは、予大舜に於て之を見る（大孝終身慕父母、五十而慕者、予於大舜見之矣）」（万章上）とあるように、子の病を憂う親の情や父母を慕う子の思いといった親子関係の情緒性も孝の源泉の一つであると考えられていたことは言を俟たない。孝の情緒的な性質が愛的孝であるから、両者が情緒的に「近い」関係にあるならば、血縁的一体性を欠く養親—養子間においても、愛的孝を表現することが可能となる。

社会的親子関係の孝行譚における親子間の情緒性の強調は、社会的親子関係の孝行譚に異なった性質をもたらす。

例えば、継子の孝行譚における両者の情緒性の欠如は、親子関係が社会性によってのみ成り立つことを強調し、敬的孝を表現している。これに対し、養子の孝行譚では、両者の血縁性の欠如が敬的孝を表現する一方で、両者の情緒性の強調により愛的孝をも表現することが可能となっているのである。

懐徳堂門人で孝子として名高い稲垣子華は、幼少期、家が貧しいことを理由に他家の養子となることを勧められた際、以下のように答えている。

> 人多く出て養子と為るを勧む。子華自ら謂えらく、我が親を親とせずして人の親を親とするは、心において安からず、と。聴かず。児玉之に諭して曰く、児の貧にして且つ賤なる、人の後と為らずんば、必ず人の奴と為らん。答て曰く、童子寧ろ人の奴と為らん、人の後と為るを願わず。（『子華孝状』(30)）

子華は養子を「我が親を親とせずして人の親を親とす」と表現し、さらには、人の養子となるよりはむしろ人の召使いになる（方がましだ）、とまで言う。これより、子華が社会的親子関係より所与の血縁的親子関係を優先させていることが見てとれる。

義兵衛二十歳のころ、養母ともども働いていた奉公先の富田屋が義兵衛を気に入り、義兵衛は富田屋に二度目の養子に出される。

> さる後《サアリテ》、富田や子をうしなひて、母にはかりて《相談〆》、義兵衛を子にやしなふ。其家《富田屋》はあそびめ《遊女》をわたらひぐさ《スギハヒ》とするが、うたてあぢきなし《義兵衛心ニウルサシト》と思へど、母がゆるしもどかん《母ガヤリシヲモドク也》がくるしさに、さてありしが《ソノマヽデ》、いつしかこゝ《義兵衛》ちわづらひて、さはやぐともなく《サツハリトセズ》三年たちぬ。はゝもおやがり《親ゴゝロヲツトムル》なげき、あるじ《富田屋》はた、ふさはしからぬえにし《縁》といとおしさ

に、おしとみながら、むすびしちぎりときかへし《親子ノ縁ヲキル》ぬれば、むすびしやまひ《義兵衛ガ結ホレシ病》もとみに《ホドナク》ときぬ。（『かはしまものかたり』）[31]

当時義兵衛は己が養子であることを知らず、自分は「母」の実子であると考えていた。ために、養子に出された苦しさより病を発し、養子を解かれて「母」の下に戻ると恢復する。さらに、後に自分が「母」の養子であり別に実母が存在することを知ってからも、実母に対して連絡を取ったり孝行を尽くしたりといった記述は見えず、実母より養母との関係を優先させている。これより、義兵衛においては、情緒的一体性の低い社会的親子関係（富田屋）や血縁的一体性を有する血縁的親子関係（実母）よりも、情緒的一体性の高い社会的親子関係（「母」）が優先されていることが見てとれる。

義兵衛と子華とにおける養子縁組に対する対応の違いは、子華が社会性と血縁性との対立において血縁的一体性を優先するのに対して、義兵衛の対応は、血縁性と情緒性との対立において情緒的一体性を優先させていることによるといえよう。

血縁的親に対する孝行譚では、その血縁的一体性が強調される。その「近さ」の強調が、「近いから孝行すべき」といった孝の当為性を説明する。

社会的親に対する孝行譚では、主として両者の間が社会性によってのみ成り立っていることが強調される。例えば、夫との死別は嫁姑間の親子関係の破棄可能性を、継母の継子虐めは両者の情緒的一体性の欠如を示し、共に親子関係が社会性によってのみ成り立つ「遠い」ものであることを示している。こうして社会的親に対する孝行譚は、親子間の「遠さ」の強調により、「遠いのに孝行する」といった孝行の奇特さを表現している。

養親―養子間は社会的親子関係の一種であり、社会性によって成り立つ本来「遠い」関係である。よって、その孝行譚は「遠いのに孝行する」という孝行の奇特さを示す。のみならず養子の孝行譚においては、情緒的一体性を強調することにより、養親の「恩」及び情緒的「近さ」によって「近いから孝行すべき」という孝の当為性が示されることもある。こうして、養子の孝行譚は、社会性に基づく敬的孝と、一体性に基づく愛的孝との両方を推奨することが可能となっているのである。

注

（1）以上の論点については、第三部第一章参照。

（2）一例をあげれば、鎌田浩氏は先行研究をまとめ、「竹内利美氏が『寛政重修諸家譜』から大名家について調べたところでは、初期の寛永元年（一六二四）から慶安四年（一七九四）までの平均では、全男子のうち他へ養子となった者は僅か八・二％にすぎなかったのが、寛保元年（一七四一）から寛政六年（一七九四）までの平均では三一・三％にも増加しているのである。大名の子弟だから養家を求めやすかったという事情はあるかも知れない。しかし、江戸中期以降における養子の盛行は藩士レベルでも同様であった。谷口澄夫氏は、宝永五年（一七〇七）の岡山藩について約三分の一が養子相続という史料を紹介しておられ、服藤弘司氏は、寛政～天保期の金沢藩について半数にものぼると指摘しておられる。おそらく他藩でも同様の現象を指摘できよう」（「武士社会の養子　―幕藩比較養子法―」、永原和子編『家族の諸相』、日本家族史論集五、吉川弘文館、二〇〇二年）としている。また、養子資格に関して、漢土では「子無きは、同宗にして昭穆相当者を養うを聴《ゆる》す（無子者、聴養同宗於昭穆相当者）」（『唐律疏義』巻一二、養子捨法）などとして、基本的に養子対象者が同宗かつ同世代の者に限定されていたのに対し、本朝では、「はじめは例外的とされた他人養子が、時代を下るにつれて次第に多くなり、……後期における養子規制上の大問題の一つとなるのである」（鎌田氏前掲論文）などとされるように、血縁関係を有さない人間を養子とする他姓養子が多く行なわれた。

（3）高倉嘉夫編『心学道話全集』第二巻（忠誠堂、一九二八年、四七九頁）

（4）梅園会編『梅園全集』下巻（弘道館、一九一二年、一一頁）

(5) 『梅園全集』下巻（一一頁）

(6) 黒川真道編『日本教育文庫 孝義編』下（同文館、一九一〇年、六九〇頁）

(7) 『孝義録』に、「孝行者／同領　龍野城下横町分下タ町／町人馬持注兵衛倅市兵衛後家　よし　四十六歳／明和七年　褒美」（『孝義録』巻之三二「播磨国」）とある。

(8) 石川謙校訂『松翁道話』（岩波書店、一九三六年、五四―五五頁）

(9) 他に、「親買い」・「親売り」・「年寄り売り」などの名称で類話が各地に伝わる。「413年寄り買い」（稲田浩二責任編集『日本昔話と古典』、日本昔話通観研究篇二、同朋舎、一九九八年）、臼田甚五郎他編『全国昔話資料集成』（岩崎美術社、一九七四―一九八四年）などを参照。

(10) 東大落語会編『落語事典』（青蛙房、一九六九年）・講談社出版研究所編『落語文庫　梅の巻』（講談社、一九七六年）・講談社出版研究所編『古典落語百華選』（講談社、一九八九年）など参照。

(11) 漢土の孝行譚の例については第三部第一章参照。

(12) ただ、本朝においても養子は学者たちの議論の的であった。「養子ト云コト、他苗ノ養子・婿養子ハ古無之事也」（荻生徂徠『政談』）・「今ノ養子ト云コト、タエテ理ノナイコトニテ候」（若林強斎「雑話筆記」）・「養子之弊尚矣。……已有父子之形、有兄弟之体、則其上下前後、截然不可乱。人倫之理、無往不然。而其不可以異族為己子、猶子之不可以変父、弟之不可以易兄。若混異為同」（浅見絅斎『氏族辨証』）・「則不可異族以為親、不可叔父以為父、不可姪以為子。蓋天親之自然、豈可以人為強之哉」（三宅尚斎『同姓為後称呼説』）など、漢学者の多くは養子反対の論陣を張っていたが、「況ヤ無実子シテ、或ハ同姓ノ内、又同姓ニモ無之テ、異姓ヨリ迎ルモアルヘシ」（三輪執斎『養子辨辨』）・「世に功ありて、天子より姓を給り、徳ありて家を起したるの子孫、代々祭を奉し候へは、其有徳・有功の子孫あるを不立して、無功徳の子孫をたつる事をいミてなり、絶てなき時は、いつれをなり共養ハて不叶事に候、又、有功の人の同姓ありても、不徳・不才ならハ、天下国家の任重き家か、人を多く扶持する家なとにハ、立かたく、たとひ立ても、無程家を失ふへきやうならハ、他姓なりとも才徳ある人に譲るへし」（熊沢蕃山『集義外書』）など、一部に容認論も見られた。

幕府は、「廿五日令せらるゝは、養子をこふことたとへ続きは遠くとももと、同宗にて通問するほどのうちもて養ふべきことなり。今よりのちその事をこふもの、親属しるして奉るとき、そのうちに養ふべき子なくば、そのよりも書て奉るべし同宗を置て他族をおのが女にめあはすることは、同宗のうち養ふべきものなき時の事なり。同宗を除き、他族をやしなふことあるまじ。しかれども同宗の子の養ふべきもの病多きか、またさゝわることあるにおいては、其ゆへを聞えあげて他族をこふべし。すべて養子波同宗をえらび、もしなき時は家のゆへよしをたゞしこひ出べしと法令にもしるされたれば、なを心いれて守るべしとなり」（『徳川実紀』「有徳院殿御実紀」巻八、享保四年三月二五日条）と触をだしており、本来同宗を主とすべきであると規定しつつも、実質的には他姓養子を認めているといえる。こういった状況について中井竹山は、「元来他姓は有間敷筈の事なれども、同姓に養子とする人柄無れば目前其家廃絶する故、已む事を得ずして他姓養子の事を免し置せらるゝ也」（『草茅危言』「武門養子の事」）として、今後政府が他姓養子を減少させるような法令を作るべきであると提言している。また、国学者である本居宣長は他姓養子の禁止を主張する儒者を批判しつつ、「やむことえずは、たとひそのすぢにはあらぬにても、つがしめて、氏門をたゝず、祖のはかどころをもあらさず、祭もたえざらんぞ、ひたぶるにたえはてむよりは、はるかにまさりてあるべき」（『玉勝間』四の巻）として養子を容認している。他姓養子に関しては、第四部第一章参照。

(13) 義兵衛の行状は、中井竹山『孝子義兵衛記録』・布施松翁『西岡孝子儀兵衛行状聞書』・加藤景範『かはしまものかたり』といった当時の知識人によって記述・出版され顕彰された。また、後には幕府の発行した『孝義録』にもその行状が記されている。義兵衛については、拙稿「孝子義兵衛関連文献と懐徳堂との間」（『懐徳堂センター報』二〇〇五、二〇〇五年）・湯浅邦弘編『江戸時代の親孝行』（大阪大学出版会、二〇〇九年）参照。

(14) 加藤竹里『かはしまものかたり』（懐徳堂蔵版、一六七一年跋刊、一四葉表）。また、拙稿「孝子義兵衛関連文献と懐徳堂との間」に翻刻を載す。

(15) 湯浅邦弘編『懐徳堂事典』（大阪大学出版会、二〇〇一年）「桂屋事件」の条、及び拙稿「元文の五孝子関連文献及び森鷗外『最後の一句』の解釈について」（『中国研究集刊』金号（総第四六号）、二〇〇八年）・同「元文の五孝子及び森鷗外『最後の一句』関連資料」（『懐徳堂センター報』二〇〇八、二〇〇八年）・湯浅邦弘編『江戸時代の親孝行』参照。

(16) 西村時彦編『懐徳堂五種』（松村文海堂、一九一一年、二葉表）。拙稿「元文の五孝子及び森鷗外『最後の一句』関連資料」に翻刻を載す。

(17) 『懐徳堂五種』（二葉表）

(18)『かはしまものかたり』（一三葉表）

(19)『かはしまものかたり』（一一葉裏）

(20)『かはしまものかたり』（八葉裏）

(21)『かはしまものかたり』（一七葉表）

(22)『かはしまものかたり』（一四葉裏）

(23)『懐徳堂五種』（三葉裏）

(24)川島武宜氏は、本朝における孝の当為性の根拠について、「子の孝の義務の根拠は、子が親から恩をうけたという事実である」（『イデオロギーとしての家族制度』、岩波書店、一九五七年、一〇二頁）とする。

(25)「子曰、愛親者不敢悪於人。敬親者不敢慢於人。愛敬尽於事親、而徳教加於百姓、刑于四海」

(26)「子曰、資於事父以事母、其愛同。資於事父以事君、其敬同。故母取其愛而君取其敬。兼之者父也」

(27)「是故、親生毓之、以養父母日厳。聖人因厳以教敬、因親以教愛」

(28)「孝」における「愛」・「敬」の関係については、本書第二部第一章及び第三部第一章を参照。

(29)解釈は旧注の「馬曰く、……言うこころは、孝子妄りに非を為さず。惟疾病有りて、然る後父母をして憂えしむるのみ（馬曰……言孝子不妄為非。惟有疾病然後使父母憂耳）」（『論語集解』）に従った。新注には「言うこころは、父母子を愛するの心至らざる所無し。惟其の疾病有るを恐れ、常に以て憂いと為す（言父母愛子之心無所不至。惟恐其有疾病、常以為憂也）」（『論語集注』）とあり、解釈が異なる。

(30)「人多勧出為養子。子華自謂、不親我親而親人親、於心不安。弗聴。児玉諭之曰、児之貧且賤、不為人之後、必為人之奴。答曰、童子寧為人之奴、不願為人之後」（中井竹山『子華孝状』、懐徳堂蔵版、明和二年（一七六五）、二葉表—裏）

(31)『かはしまものかたり』（一葉裏—二葉表）

第四部　和漢における孝観念の異同

第四部では、ここまで行なった孝の分析によって明らかになった漢土の孝思想に関する研究成果を踏まえた上で、漢土と本朝との孝思想を比較し、和漢における孝観念の異同について考察する。

第一章では、和漢における孝に対する認識における態度の異同に着目する。孝に深く関わる「親に先立つ不孝」・「他姓養子」といった観念に対して、和漢の態度には大きな異同が存在する。そこで、漢土と本朝との孝観念や社会制度の検討を通じて、なぜ両国の孝観念にこのような異同が生じるのかについて考察する。

また第二章では、「和漢における孝観念の異同」に関する研究の一環として、和漢における「食人を伴う孝」について考察し、和漢の割股に対する態度の異同とその発生因とについて考えることとしたい。

第一章　和漢における孝観念の異同

本朝は早くより漢土の思想である儒教を受容し、思想・倫理の一つの中心としてきた。ために、儒教において重要な徳目である「孝」は、本朝においても当然重視されてきた。

しかし、漢土と本朝との孝に対する認識を比較すると、幾つか異なった点が見いだされる。

例えば、欒竹民氏は、二〇〇九年に日中両国の大学生を対象に「孝」意識に関するアンケート調査を行ない、その「親孝行とは何か」・「親不孝とは何か」という設問に対する回答の検討から、両国の孝観念の違いについて、「中国の若者には見られず、日本の若者にしかない「親より長生きすること」という親孝行と、また、日本若者独有の「親より先に死ぬこと」という親不孝とは注目に値すべきことである(1)」と述べている。

また、「不孝有三、無後為大」（『孟子』離婁上）とあるように、子孫を継嗣してゆくのは孝の大きな部分である。「無後」への対応の一つが養子を取ることであるが、後述するように、漢土の養子制度には「異姓不養」という強い規制があるのに対して、本朝では他姓養子（また順養子や婿養子など）が比較的容易に行なわれてきた。

そこで本章では、漢土と本朝との孝観念や社会制度の検討を通じて、なぜ両国の孝観念にこのような異同が生じるのかについて考えてみたい。

一　「親に先立つ不孝」への態度の異同

（一）親を悲しませる不孝

本節では、和漢における「親に先立つ不孝」に対する態度の異同より、和漢の孝観念の異同について考察する。上述の欒竹民氏のアンケート調査によると、「親孝行とは何か」との設問に対して、「親より長生きすること」との回答は、本朝にのみ見え、漢土には見えない。また、「不孝とは何か」との設問において、本朝では「親より先に死ぬこと」が最多回答率であったが、漢土の回答には見えなかったという。確かに、「親に先立つ不孝」という言葉が存在するように、本朝においては、親より先に死亡することは大きな不孝であると認識される。

これが何故不孝なのかといえば、例えば『宝物集』は、国史に見える、子に先立たれた親の事例を三例挙げ、

これら、子のあやまりに非ずといへども、親に物を思はすれば、敵《かたき》などと申さんもひが事ならし物を（『宝物集』巻第一[2]）

と結んでいる。また、「西の河原地蔵和讃」には、親に先立った子供に対して、

娑婆に残りし父母は　追善供養いたせども
ただ明け暮れの歎には　酷や悲しや不愍やと
親の歎きは汝等が　苦患を受くる種となる（「西の河原地蔵和讃」[3]）

とある。どちらも、「親に先立つ」ことは、「親に物を思はす」・「親の歎き」という、その内包する「親を悲しませる」という要素のために不孝となるとの認識を示したものといえよう。これは例えば、大江朝綱の願文に、

弟子朝綱敬白。悲しみの又悲しきは、老いて子に後るるより悲しきは莫し。恨みて更に恨めしきは、少くして親に先《さきだ》つより恨めしきは莫し。（『本朝文粋』第一四巻「為亡息澄明四十九日願文」）(4)

と示されるように、子に先立たれることが親にとっての最大の悲しみと考えられたためである。

では、和漢の「親に先立つ不孝」に対する態度の異同はその悲しみの異同に基づくのかといえば、そうでもない。「「不孝とは何か」との設問」に「「親より先に死ぬこと」が中国の回答に見えなかった」とされる漢土においても、「子に先立たれること」が親を悲しませるのは当然である。漢土にも杜甫「自京赴奉先詠懐五百字」や蘇軾「去歳九月二十七日在黄州生子遯小名幹児頎然穎異至今年七月二十八日病亡於金陵作二詩哭之」等、了の夭折を悼む詩は多く見られる。

和漢共に、「子に先立たれることは親を悲しませること」であるとの認識を共有しながら、「親に先立つ不孝」への態度に異同があるのであれば、その異同の理由は、単なる親子間の心性以外に求めることができよう。

（二）漢土における孝と慈との関係

では、和漢の「親に先立つ不孝」に対する態度の異同は何処に起因するのであろうか。以下では、家族制度の面より考察してゆく。

漢土では、

庾袞字は叔褒、……咸寧中、大疫ありて、二兄倶に亡し。次兄毗けて復た殆く、癘気方に熾きんとす。父母諸弟皆外に出次すれども、袞独り留まりて去らず。諸父兄之に強う。乃ち曰く、袞性病を畏れず、と。遂に親しく自ら扶持し、昼夜眠らず、其の間復た柩を撫で哀臨して輟めず。（『晋書』巻八八、孝友伝）[5]

張孝張礼、家貧しく兄弟二人。礼母を養うに菜を路に拾いて賊に遇う。将に烹て之を食わんとす。礼云えらく、乞う、家に回り母に早食を供え、却り来たりて死に就かん、と。孝聞きて自ら賊に詣でて曰く、礼痩にして孝の肥なるに如かず、と。弟の命に代わらんことを願う。礼曰く、礼本と殺すを許す。吾が兄を殺す勿れ、と。賊二人の孝義を見、倶に之を捨つ。（『全相二十四孝詩選』張孝張礼）[6]

田真・田慶・田広、兄弟三人、財産を分けんと欲す。堂前に紫荊一株有り、花葉茂盛す。夜に折分して三と為さんと議す。暁に即ち憔悴す。乃ち真泣きて曰く、樹本と同根、分けらるるを聞きて尚此の如し。人何ぞ如かざらんや、と。兄弟是れに由りて復た分けず。（『孝行録』田真諭弟）[7]

など、兄弟愛が「孝」とされる例は数多い。

その理由としては、『礼記』に、

子云えらく、父母の党に睦じきを孝と謂うべし。故に君子は睦に因りて以て族を合す。詩に云えらく、此の令《よ》き兄弟に綽綽として裕なる有り、兄弟令《よ》からざるは、交ごも瘉しきを相為す、と。（『礼記』坊記）[8]

とあるように、漢土の孝が、単に親だけに対する徳目ではなく、兄弟や党（一族）との関係の維持強化を含むものであることが挙げられる。これは、谷川道雄氏が、「自己愛の克服（克己）を通じて共同体の存立原理に反省的回帰を行なうこと（復礼）が「仁」であり、その「仁」の実践者こそが「士」である。したがってそのもっとも重視する「孝」とは、いうまでもなく単に父母個人に対する奉仕ではない。祖廟を中心として過去より未来まで連綿として存続する家族共同体の一員としての当然の義務なのである（格弧内ママ）」(9)、木島史雄氏が、「孝の称揚は、親子関係の強化をつうじて宗族内の結束を教化する方策であり、「孝」は、個人同志《ママ》の関係についての徳日ではなく、各個人とその宗族との関係についての徳目であった」(10)、『孝子伝注解』が、「中国における孝は、大家族制度の維持と密接な関連をもつ徳目であり、朱明のように親族を重んじる態度は、孝の趣旨に合致する」(11)などとするように、孝が大家族制度・宗族維持のための徳目という一面を有することに起因する。

ここから、

張公藝、九代同居す。（『旧唐書』巻一八八、孝友伝）(12)

張閏……八世爨を異にせず、家人百餘口に間言無し。（『元史』巻一九七、孝友伝）(13)

など、大家族の類代同居事例が孝友伝に収載されることになる。

では、なぜ漢土における孝はこのような性質を有するのであろうか。その理由の一つは、漢土の「家」の構造に見出すことができる。

先学の研究によって、漢土の「家」は、「同居共財」を理念とすることが明らかにされている(14)。滋賀氏によれば、漢土の家は、「同居共財は財産分異を経ざる以上はいつまでも継続されるものであるから、家父とその妻のほかに子孫ら幾組もの夫婦を含みうるし、また家父死亡後兄弟なり従兄弟なりがそれぞれの妻子をかかえながら全体として同居共財生活を含むという家族形態が発生する可能性を常にはらんでいる」(15)というものであり(16)、「家（同居共財生活を含

む全体）」とは、その内部に多くの「房（一組の夫婦とその子女からなる一単位）」を有するものであった。(17)

つまり、漢土において「家」を維持するためには、「房」即ち兄弟間の連帯が不可欠だといえる。

ところが顔之推が、

兄弟は形を分け気を連ぬる人なり。……悖乱の人有りと雖も、相愛せざる能わず。其の壮なるに及びては、各おの其の妻を妻とし、各おの其の子を子とす。篤厚の人有りと雖も、少しく衰えざること能わず。娣姒之兄弟に比すれば、則ち疎薄なり。（『顔氏家訓』巻一、兄弟第三）(18)

と指摘するように、人は妻子を持つと、兄弟より妻子への愛情を優先するようになりがちである。

そうして、妻子即ち「房」の優先は、「家」の解体（分居異財）に繋がる。

少くして孤にして、兄弟四人、皆財業を同じくす。各おの妻を娶るに及び、諸婦遂に分異を求め、又た数しば闘争の言有り。（『後漢書』列伝第七一、独行伝）(19)

「共財」であった兄弟が結婚すると、妻たちが「異財」を求めた、という逸話である。ここで、妻子を愛すること、即ち「房」の優先を「慈」と呼ぶとすれば、(20)「家」の徳目である孝と、「房」の徳目である慈とは背反することとなる。

『父母恩重経』が、

娉りて妻房を得れば、兄弟と乖違し、姉妹を憎嫌すること、喩うれば佗人の若し。（『父母恩重経』）(21)

とする所以である。

滋賀氏は、「とくに兄弟の妻相互の感情の対立が家産分割の機縁となりやすいことは、古今を通じて変らぬ現象であった」(22)と指摘している。

ここから、

陽城字は亢宗、定州北平の人なり。……年長ずるも、肯えて娶らず。弟に謂いて曰く、吾と若と孤惸に相育つ。既に娶れば則ち外姓に間《へだ》ち、共に処ると雖も、而れども益ます疏ならん。我忍びず、と。弟之を義とし、亦娶らず。遂に身を終う。（『新唐書』巻一九四、卓行伝）(23)

といった、「兄弟仲が悪くなることを恐れて結婚しない」といった行為が「卓行」とされ、さらには、

劉君良、瀛州饒陽の人。四世同居し、族兄弟猶産を同じくす。門内斗粟尺帛私する所無し。隋大業の末、荒饉し、妻其の居を異にするを勧む。因りて庭樹の鳥雛を易置し、鬪い且つ鳴かしむ。家人之を怪む。妻曰く、天下乱れ、禽鳥相容れず、況や人をや。君良即ち兄弟と処を別たん、と。月餘して密に其の計を知り、因りて妻を斥去して、曰く、爾吾が家を破る。兄弟を召して流涕して以て告げ、更に復居を同じくす。（『新唐書』巻一九五、孝友伝）(24)

朱明は、東都の人なり。兄弟二人有り。父母没して後、久しからずして財を分け、各百万を得たり。其の弟、驕慢にして、早く己の分を尽くし、兄に就きて乞い求む。兄、恒に之を与う。之の如きこと数度、其の婦忿怒し、小郎を打ち罵る。明、之を聞きて曰わく、汝は他姓の女なり。是れは吾が骨肉なり。四海の女、皆了《つい》には婦と為さむも、骨肉は復得べからずと。遂に其の婦を追い、永く相見ざるなり（船橋本『孝子伝』朱明）(25)

など、「妻によって引き起こされる兄弟の分裂を防ぐ」というモチーフが孝と認識されることとなる。

これに関して谷川氏は、「しかしこうした大家族には、つねに分裂の契機がはらまれている。成人した息子とその妻子だけで完結した家庭生活を営もうとする志向がたえず生れるからである。この志向を克服して大家族を維持するには、夫婦関係よりも兄弟関係を優先させなければならない。……要するに、「家」の維持には、妻子への愛を超えて、親・兄弟への孝悌の倫理を実践することが不可欠である(26)」としている。

つまり、妻子への愛情は、「家」の解体即ち「不孝」に繋がる端緒となり得るのである。

漢土には、「人少ければ則ち父母を慕い、色を好むを知れば則ち少艾を慕い、妻子有れば則ち妻子を慕う（人少則慕父母、知好色則慕少艾、有妻子則慕妻子）」（『孟子』万章上）・「其の親に事うるや、妻子具われば、則ち孝衰う（其事親也、妻子具、則孝衰矣）」（『荀子』性悪）・「妻子具うれば孝養親に衰う（妻子具而孝養衰於親）」（『管子』枢言）・「民猶孝に薄くして慈に厚し（民猶薄於孝而厚於慈）」（『礼記』坊記）・「文子曰く、孝は妻子に衰う（文子曰、孝衰於妻子）」（『文子』符言）・「孝は妻子に衰う（孝衰於妻子）」（『説苑』敬慎）など、孝と慈とが背反し、妻子の存在こそ孝が衰える原因であるとする言説が数多く見られ、一般的な認識といってよい。

例えば、

周書に曰く、君を先にして臣を後にし、父母を先にして兄弟を後にす。兄弟を先にして交友を後にし、交友を先にして妻子を後にす、と。妻子は私愛なり。君に事うるは公義なり。（『列女伝』巻五、節義、蓋将之妻(27)）

などとあるように、儒教的思惟においては、孝と慈とが背反するのであれば、孝が優先されるのが一般的である。

こうして兄弟より妻子、つまり、「家」より「房」を重視するという姿勢は「不孝」と認識される。このため、漢土の認識上において、妻子への慈は「慈―房―私」といった観念群を形成し、「孝―家―公」と背反するものとして不孝性を帯びることとなる。ために、孝をすべての倫理道徳に優越するものとする漢土においては、「慈」の奨励は比較的弱いものとならざるをえない。(28)

畢竟するに、孝に「大家族維持」という機能が強い漢土においては、孝慈が対立的な性格を有し、妻子を愛する「慈」が奨励されにくい状況にあったと考えられるのである。

(三) 本朝における孝と慈との関係

では、本朝の状況は如何なるものだったのであろうか。思想の担い手である支配階層を中心に、その家族制度の面から考えてみる。

古代について見ると、唐令の戸令応分条が財産分割の規定であるのに対し、我が令の戸令応分条は財産相続の規定となっている。これは、漢土では父親の死後も兄弟が同居共財することが本則と考えられていたため、財産分割するのに特に規定を必要としたが、本朝では父親が死ぬと兄弟は異居異財となることから、財産分割ではなく遺産分割の規定が必要とされたためである。(29)どちらも兄弟が異財する際の規定となるわけであるが、当該条を復元した中田氏は、「唐応分条は庶子均分主義を、其骨子となしたに反し、我大宝令応分条は嫡庶異分主義を以て、其根本原則として居る」(30)とする。(31)大宝令より養老令への改正においても、大宝令応分条が、「相続分に就ては、嫡非嫡（嫡庶）異分主義を執り、嫡子には宅家人奴婢の全部と財物の半分とを与へ、庶子には財物の残半分を与へ、而もこれを其数に随て均分せしめた（格弧内ママ）」(32)のに対し、養老令応分条では、「相続分を改正して、嫡継母嫡子各二分庶子一分女子妾半分とした」(33)ため嫡庶の差異は減少したが、嫡庶異分主義は貫かれている。(34)この結果、嫡庶の経済力に嫡子優位の差異が発生する。例えば田端泰子氏は平安貴族の庶子について、「実際、公家の嫡子以外の子息は、他家の養子あるいは婿となるか、僧となるか以外に、生活のすべはなかったのである」[35]としている。

中世には、武家が支配階層として台頭する。中世前期には惣領が庶子を統率して所領を運営する惣領制が一般的となるが、その状況について石井氏は、「財主は自由にその財産を処分しえたのであるが、しかし、慣習としては、大体の標準が定まっていたのである。これについては、おそらくは、養老令の規定の影響があるようである。同令では嫡子二分、庶子一分、女子半分という割合であったが、中世においても大体の傾向はこれに近かったようである」[36]としている。

中世後期になると、嫡庶異分相続から嫡子単独相続へと移行する。[37]さらに近世において武家の経済が俸禄に頼るようになると、家督を相続した嫡子の優位性はより強くなる。当時の庶子の状況について官文娜氏は、「家産の単独相続が始まり家督制が確立してからは、長男以下の次男には「部屋住みの身分」しかなく、三男以下には「冷や飯食い」の身分しかない」[38]と指摘している。

つまり、本朝では共財制を採らず、嫡子の優先または単独相続が行なわれたため、本朝の「家」は、漢土の同居共財の大家族を理念とする「家」とは大きく異なったものであったといえる。父親の死亡に伴い財産が分割され、漢土でいうところの「房」が経済単位となれば、「大家族維持のための思想」の必要性は低い。さらに嫡子単独相続では「部屋住み」の庶子は妻子を持てないため、その傾向は一層顕著となろう。

ここから、本朝では「家」と「房」との背反に起因する孝慈の背反が発生しにくく、本朝では特に「慈」を抑制する必要は無かったと考えられる。

例えば家永三郎氏は、近世町人の家族道徳に関して、「孝を第一とする封建道徳も、町人の社会ではそれ程の権威を発揮することができなかつた。……親よりも妻子を重しとする人情が率直に承認せられてゐる」[39]とするが、漢土に比して、本朝では一般的にこのような傾向が見られる。

ここから、本朝においては、「あはれ、親の子を思ふ程、子は親を思はざりけるよ」（『保元物語』[40]）・「高きも卑しきも、親は子を思へど、子は親を思はず」（幸若「八島」[41]）・「実《げ》にや人の親の、子を思ふ程、子は親を思はず」（能「厚婦」[42]）・「親思ふこゝろにまさる親ごゝろけふの音づれ何ときくらん」（吉田松陰「安永六年十月二十日〻叔兄宛書簡」[43]）など、「子が親を思う心（＝孝）よりも、親が子を思う心（＝慈）が強い」との認識が一般的となる。

畢竟するに、孝に「大家族維持」という機能が弱い本朝においては、孝慈が親和的であり、妻子を愛する「慈」が奨励されやすい状況にあったといえるであろう。

また黒田彰氏は、上引の田真の故事に関して、「親孝行談といひ難い[44]」・「この一編は直接に孝行に関するものとはいえない[45]」といった本朝における評価を踏まえ、「聊か理解しにくい面がある[46]」と指摘する。また、同じく上引の朱明の故事も、『孝子伝注解』に、「中国における孝は、大家族制度の維持と密接な関連をもつ徳目であり、朱明のように親族を重んじる態度は、孝の趣旨に合致するが、社会の異なる日本では理解困難だったとみられ、唱導文献では専ら兄弟愛の例として受容されている[47]」と解説されている。このように、本朝では田真兄弟や朱明の行為（兄弟の分裂を防ぐ）が孝と理解されにくいとされるのは、上記のような伝統的な相続制度及び家族制度の異同より、本朝では、漢土ほど孝に「大家族維持」という機能を必要とせず、ただ直系血族間の徳目として捉える傾向が強かったことがその原因であると考えられる[48]。

当初の疑問、「「親に先立つ不孝」に対する態度の異同」に立ちかえれば、漢土で「大家族維持」という機能を有する孝は、「大家族解体」に繋がる慈と対立するため、「子を愛する」ことは不孝に繋がるものと認識された。「子が先立つ」ことが不孝となるためには、「子を愛する親」が前提されねばならないが、「子を愛する」ことが不孝に繋がる漢土においては、それが比較的困難であったと考えられる。

これに対し、家族制度の異なる本朝では孝と慈との間に背反は発生しにくかった。このため、「子を愛する親」を前提として孝観念を構築することが可能となり、「子を愛する親」を悲しませる「親に先立つ」ことが不孝であるという諒解が成立したものと考えられよう。

（四）本朝における孝と恩との関係

前節において、本朝で「子を愛する親」が前提される要因を見た。本朝と漢土とにおける親子関係の異同として、本朝では親から子への愛が強調される傾向が強いことを挙げることができる。

いくつか例を挙げれば、浄瑠璃『源平布引滝』第三段では、孫の敵側に属した祖父の瀬尾十郎が、「サア瀬尾が首取て初奉公の手柄にせよ」(49)と述べ、故意に孫の太郎吉に討たれてやる。謡曲「唐船」では、和漢の子の板挟みとなった父親が、「明日をも知らぬ老の身の、子ゆへに消えん命は、なに中々に惜しからじ」(50)と言いつつ海に身を投げようとし、また赤染衛門は息子大江挙周の病の際、「かはらんといのる命はおしからでさてもわかれんことぞかなしき」(51)と、身代りになることを願う。このような心情を、中江藤樹は、「わが身死すとも子をたすけんと思ふは親の心」（『鑑草』(52)）と表現している。

こういった直系尊属が直系卑属のために命を投げだす、またはそれを願うといったモチーフは、漢土ではほぼ見られないものといってよいであろう。

『平家物語』巻九「二度之懸」には、梶原景時が自身の身を危険に曝しても、敵陣に取り残された子を助けに行くといったエピソード(53)が見られるが、これは、例えば漢土の劉邦が己が助かるために子を馬車から蹴落とした故事など(54)と対蹠的であるといえる。

また、本朝で虎に喰われた子の仇を討った膳巴提便(55)が、近代修身教育などで理想的人物として採り上げられるのに対し、漢土では、子を失った悲しみから失明した子夏は、曾子に、「爾の子を喪いて、爾の明を喪う。爾の罪三なり（喪爾子、喪爾明、爾罪三也）」（『礼記』檀弓上）と責められており、その鄭注には「妻子を隆《たっと》ぶを言う（言隆於妻子）」（当該句鄭注）とある。

津田左右吉氏が、「儒教思想に於いては親が子を愛することに道徳的価値を認めず、徳の本としての孝を妨げる虞のあるものとして、寧ろそれを斥ける気味さへあるのに、日本人の思想は全くそれと違ひ、子を愛し子を育てあげることに人生最大のよろこびを感ずるのみならず、それを道徳的義務にまで高め、子を世に立たせるやうにすることを親の責任と考へてゐることである」[56]とするように、和漢には慈の意識について、確かに異同が存在するといえよう。

ここから、本朝においては孝の教説において、「恩」が強調されることが多くなる。「親の慈」からは、容易に「親の恩」に説き及ぶことが可能となるためである。

例えば、『十訓抄』に、

　身体髪膚を父母に受けたる生の始めなれば、恩徳の最高なること、父母に過ぐべからず。（『十訓抄』中、六ノ二十[57]）

とある。当然『孝経』の「身体髪膚之を父母に受く。敢えて毀傷せざるは孝の始めなり（身体髪膚受之父母。不敢毀傷孝之始也）」（開宗明義章第一）を踏まえた文章である。しかしこの『孝経』の句の主題は、「身は親の枝なり。敢えて敬せざらんや。其の身を敬する能わざるは、是れ其れ親を傷つくるなり（身也者親之枝也。敢不敬与。不能敬其身是傷其親）」（『礼記』哀公問）といった親子の一体性から、己の身体に傷をつけないことを要求することにあり、父母が身体髪膚を与えてくれたことの「恩徳」について述べたものではない。

よって『十訓抄』当該条の「身体髪膚云云」は、聊か『孝経』本来の文意からずれた用いられ方といえようが、この誤解も、本朝の孝の教説において「親の恩」が強調されたことが一つの原因といえよう。

川島武宜氏は、漢土の「古典儒教」の孝が、「親の慈と子の孝とは、それぞれ義務ではあっても、相互に独立した義務であって、相互に他を条件づけるという関係にはない」のに対し、本朝の孝は、「孝の義務は恩を前提し、恩によって条件づけられている」とする。(58) 川島氏がこのように論じるのも、本朝の孝の教説においては、漢土に比して「親の恩」が強調されることが多いことの表れであるといえよう。

本朝の孝の教説では、漢土に比して「親の恩」が説かれることが多い。この異同は、前節で述べたように、和漢における孝と慈との関係性の異同に基づくものと考えられる。本朝では「親の慈」が前提されたことから、孝を説くにあたり「親の恩」を容易に利用できる状況にあった。このため、本朝においては、孝の当為性を強めるため、孝が本来有する当為性に、さらに「報恩」という当為性を加えて説くことが行なわれたものであろう。(59)

二　他姓養子への態度の異同

（一）本朝における他姓養子容認

本節では、和漢における他姓養子に対する態度の異同より、和漢の孝観念の異同について考察する。

養子に関して、両国で大きく異なるのは、漢土では「異姓不養」、つまり他姓養子が厳禁されるのに対して、本朝ではこのタブーが極めて緩いことである。(60)

漢土の養子たる者の資格としては、「子無きは、同宗にして昭穆に於いて相当する者を養うを聴《ゆる》す（無子者、聴養同宗於昭穆相当者）」（『唐令拾遺』戸令）とあるように、「同宗」かつ「昭穆相当」が原則であった。(61)

ところが、我が令においては、

凡そ無子くは、四等以上の親の、昭穆に合へらむ者を養ふこと聴せ。（『養老令』戸令[62]）

と「同宗」が「四等以上」に改変されている。また儀制令に「高祖父母。従祖々父姑。従祖伯叔父姑。夫兄弟姉妹。兄弟妻妾。再従兄弟姉妹。外祖父母。舅姨。兄弟孫。従父兄弟子。外甥。曾孫。々婦。妻妾前夫子。為四等[63]」とあり、「四等以上」で「昭穆合者」には「外甥」・「妻妾の前《さき》の夫の子」が含まれるため、そもそも令の規定において、他姓でも親族であれば一部養子が認められていることとなる。このことについて林紀昭氏は、「中国のような男系集団に必ずしも限定されない親族をも含みうる範囲を設定したことが注意される[64]」と指摘している[65]。

さらに、「平安後期になると、血縁がなかった養子を取ることは、もはや日常茶飯事のようになっていた[66]」・「鎌倉期には、他人養子は一般的な現象となり[67]」とされるような状況を経て、

近世に到ると、幕府法に、

附、同姓の中継嗣たるべき者なきにおいては、旧例〈例一作制〉に準じて、異姓の外族を撰びて言上すべし。

（「武家諸法度（宝永七年四月十五日）」第一五条[68]）

尤養子取組候儀ハ親類之内相応之者無之候ハ、御直参次男三男又ハ弟抔之内を取組候様、可被申聞候（「不埒之養子致候者御仕置之事」享保一二未年一一月一三日[69]）

などとされ、母系でも婦系でもない他姓養子（他人養子）すら法的に公認されるようになる。

思想界においても、国学者が、

やむことえずは、たとひそのすぢにはあらぬにても、つがしめて、氏門をたゝず、祖のはかどころをもあらさず、祭もたえざらんぞ、ひたぶるにたえはてむよりは、はるかにまさりてはあるべき、（本居宣長『玉勝間』）[70]

などと他姓養子を容認するのみならず、「神は非類を歆けず、民は非族を祀らず（神不歆非類、民不祀非族）」（『春秋左氏伝』僖公一〇年）といった儒教の原則から、「異姓不養」を主張すべき筈の儒者にすら、

上ノ御取立ニテ立身シタル者ノ、子ナク、同姓ノ親類モナキニハ、先祖ニ対スル筋ニモ非レバ、上ノ思召ニテ、他名ヲ養子ニ下サル丶コトモ苦シカルマジキ也。（荻生徂徠『政談』巻之四）[71]

養子ヲ非義ナリトテ。人ノ家ヲ断絶セシメン疃。却テ是ソ大ナル不義ナルヘキ。（三輪執斉『養子辨辨』）[72]

など、他姓養子を容認する姿勢を示すものが出ている。

他姓養子の容認は、本朝において一般的な認識であったといえよう。

（二）本朝における孝の認識

他姓養子は、「家」の世代間における血の不連続を発生させる。ここから、和漢における他姓養子に対する態度の異同は、和漢の家の差、つまり漢土が家の本質を「血」に置き、本朝が「家名・家業・家禄」に置くことに基づくとされる。[73]この説は正鵠を射たものと思われるが、本節では暫く視点を転じ、孝認識の面からこの問題について考えてみたい。

『孟子』に、「不孝に三有り、無後を大と為す（不孝有三、無後為大）」（離婁上）なる文言があるが、趙岐が「娶らずして子無きは、先祖の祀を絶つなり（不娶無子、絶先祖祀）」（当該章注）と注し、朱熹『孟子集註』もこれを襲っており、これが漢土における代表的な解釈といってよい(74)。これによると、「無後」が「不孝」であるのは、「先祖の祀を絶つ」が為である。

加地伸行氏は、孝を、「祖先祭祀（過去）・親への敬愛（現在）・子孫継嗣（未来）の三者を一つとする生命の連続としての孝という概念(75)」として、「人間が持つ死の不安・恐怖に対して、①精神的安心・安定としての祖先祭祀、②肉体的安心・安定としての子孫一族の存在、そして③現在の親子という生命の連続――それは〈気〉の通貫でもある。その生命の連続による〈死の不安・恐怖の克服〉が行われ、その三者を合せて儒教は孝と称した。それは生命論であり、それに基づく死生観である(76)」と規定する。

つまり、漢土において、「無後」を選択（「子孫継嗣」を放棄）して「祖先祭祀」の断絶を導くことが不孝とされるのは、孝が「生命の連続」という性質を有するためなのである。

ところが本朝近世においては、「孝のための不娶」という事態が多く発生していた。例えば、江戸期における全国の表彰事例を集めた『孝義録』には、結婚後の己の孝養態度・親の嫁への感じ方・家族増加による困窮から起きる養親の不備などに対する不安から、言い換えれば孝のために、不孝であるはずの「無後（＝不娶）」を選択するという、漢土の類書にはまず見えない事例が数多く見られる(77)。

漢土で「無後」が最大の不孝とされるのに対して、本朝では、「無後」を選択（「子孫継嗣」を放棄）して「祖先祭祀」の断絶を導くことが、孝と認識され得るといえよう。

また、『太平記』巻六「赤坂合戦事付人見本間抜懸事」には、討死した父の後を追う息子（本間資忠）の話が見える。そこでは、僧が「子孫無窮に昌ゆるを以て、父祖の孝行を露す道とは申すなり」と諭すも、資忠は「同じく打死仕り、なき跡までも父に事る道を尽くし候はばや」として、わざと父と同じ場所に行って敵に討たれる。(78) 僧の主張は孝行と「子孫継嗣」とが関連しており、一部漢土的な観点を有しているが、資忠は、直接父に仕えることのみを孝だと捉えている様子が窺える。

さらに「祖先祭祀」に関しては、加地氏が、「日本では、日本仏教が、江戸時代に寺請制度（いわゆる檀家制度）の下に先祖供養を管理したため、儒教式の四代前までを祭る制度がなく、前述したように死者個人のための先祖供養の性格を強め、その結果として「せいぜい祖父母くらいまで」の先祖供養に終っている（格弧内ママ）(79)」と指摘している。

これらより、本朝では、孝の対象が己の目に見える範囲に限られる傾向が強いことが見てとれる。そうしてこのことは、漢土では「敬愛父母（現在）」に加え、「祖先祭祀（過去）」・「子孫継嗣（未来）」が孝と認識されるのに比して、本朝は主として「敬愛父母（現在）」として孝思想を受容したことを表していよう。(80)

例えば『万葉集』に親を思う歌が多く収載されているように、親への心情は、当然儒教伝来以前より存在した。ただ、「孝」と名づけられた思想は漢土より伝来したものである。本朝において孝思想が受容される際、孝の有する「生命の連続」という性質よりも、「親に対する倫理」という一面が強く意識されたために、孝を目に見える範囲への心情や態度（養親・敬親・服従等）と捉える傾向が強くなったものと考えられる。(81) 本朝において孝概念を表す際、一般的には「孝」・「不孝」よりも、むしろ「親」字を附した「親孝行」・「親不孝」が用いられることが多いのもこのためであろう。

漢土で他姓養子が厳禁されるのは、家の本質を「血」と考えることに加え、漢土の孝が「血」即ち「生命の連続」という性質を有するためである。漢土においては、血が繋がらず、生命が連続せず、〈気〉が通貫しない他姓養子は、家の断絶を意味する上に不孝にあたる。これに対して本朝では、家の本質を「家名・家業・家禄」と考えることに加え、本朝の孝は「生命の連続」・「〈気〉の通貫」という性質が弱いため、他姓養子は家の断絶を意味せず、不孝にもあたらない。

これが本朝において他姓養子がたやすく容認されていった一つの要因であろう。

ここまで、和漢における「親に先立つ不孝」・「他姓養子」への態度の異同より、両国の孝観念の異同について考察してきた。

筆者は孝を、「自己拡大欲求」の表出形式の一つであると考える。人の自我は不安定で、不安・迷妄・執着・死の恐怖に常に揺れ動いている。そこで、人は安定を求め、意識的無意識的に自己を拡大させんとする。強大な権力を持つこと、地縁集団や強大な組織に所属しその集団と一体化すること、多量の金銭を保有することなどは、全て共時的な自己拡大に相当する。また、偉大な作品を遺したり、名誉を得て「青史に名を遺す」ことなどは、通時的な自己拡大に相当する。筆者の考えによれば、人間の根源的な欲求である自己拡大欲求は、権力欲・所属欲・金銭欲・創作欲・名誉欲などさまざまな形で表出し、孝もその一つである。

孝の一面である大家族維持は、即ち自己の父系出自集団（家・宗族）との一体化に繋がり、自己が共時的に拡大することを意味する。「生命の連続」を意識することは即ち父系直系血族（祖先・子孫）との一体化に繋がり、自己が過去・現在・未来へと通時的に拡大することを意味する。

つまり、血（気）を通じて骨肉と一体化し、共時的かつ通時的に自己を拡大することこそが孝なのである。「親に先立つ＝不孝」という認識は漢土では弱く本朝では強い。この認識が成立するには、慈の存在を前提せねばならないが、「同居共財」を家の理念とする漢土においては、房の倫理である慈は、家の倫理である孝（大家族維持のための孝）と背反する。ために慈は不孝性を帯び、強い当為性を有し得なかった。これに対して本朝では、漢土のような「同居共財」を理念とせず、財産相続が分割相続から嫡子単独相続へと移った。ために「家対房」即ち「孝対慈」という背反が発生しにくく、慈が強い当為性を有し得た。

親子関係において、漢土では慈が強い当為性を持たなかったため、親の慈に反する「親に先立つ（親を悲しませる）」ことが「不孝」であるとの認識が弱かった。これに対して、本朝では慈が強い当為性を持ったため、「親に先立つ」ことが「不孝」であるとの認識が強くなったと考えられる。

つまり、「親に先立つ不孝」に対する態度の異同は、漢土の孝が「大家族維持」の性質を有し孝慈が対立的であったのに対し、本朝の孝はそれを有さず、孝慈が親和的であったことより発生したものといえよう。

他姓養子は、漢土で厳禁され、本朝では容認される傾向にある。この異同は、漢土では、孝が「生命の連続」という性質を有したため、他姓養子が不孝にあたったのに対し、本朝では、孝が「生命の連続」という性質を有するとの意識が低く、他姓養子が不孝にあたらなかったことより発生したといえよう。(82)

畢竟するに、孝が思想として成立した漢土においては、孝は、共時的には「大家族維持」、通時的には「生命の連続」という自己拡大欲求に裏づけされたものであった。これに対し、本朝においては、孝は「大家族維持」の機能を有さず、「生命の連続」という性質も弱かった。つまり、自己拡大欲求の裏づけを欠くものであったといえる。

和漢における「親に先立つ不孝」や他姓養子に対する態度の異同は、これら両国の孝観念の異同より発生したものであったといえよう。

注

（1）「中国の「孝」の位相　―日本現代社会における「孝」との比較を試みて―」（欒竹民他編『日中韓の伝統的価値観の位相　―「孝」とその周辺―』、広島私立大学国際学部叢書四、溪水社、二〇一二年、四四―四五頁）

（2）小泉弘他編『宝物集 閑居友 比良山古人霊託』（新日本古典文学大系四〇、岩波書店、一九九三年、三四頁）

（3）真鍋広済『地蔵菩薩の研究』（三密堂書店、一九六〇年、二〇〇頁）。また、同書の収載する「地蔵和讃」類は多く類似の句を有する。

（4）「弟子朝綱敬白。悲之又悲。莫悲於老後子。恨而更恨。莫恨於少先親」（早川純三郎編『本朝文粋、本朝続文粋』、国書刊行会、一九一八年、二四九頁）

（5）「庾袞字叔褒、……咸寧中、大疫、二兄倶亡。次兄毗復殆、癘気方熾。父母諸弟皆出次於外、袞独留不去。諸父兄強之。乃曰、衰性不畏病。遂親自扶持、昼夜不眠、其間復撫柩哀臨不輟」

（6）「張孝張礼、家貧兄弟二人。礼養母拾菜於路遇賊。将烹食之。礼云、乞、回家供母早食、却来就死。孝聞自詣賊曰、礼瘦不如孝肥。願代弟命。礼曰、礼本許殺。勿殺吾兄。賊見二人孝義、倶捨之」

（7）「田真田慶田広、兄弟三人、欲分財産。堂前有紫荊一株、花葉茂盛。夜議折分為三。暁即憔悴。乃真泣曰、樹本同根、聞分尚如此。人何不如也。兄弟由是不復分焉」

（8）「子云、睦於父母之党、可謂孝矣。故君子因睦以合族。詩云、此令兄弟、綽綽有裕、不令兄弟、交相為瘉」

（9）谷川道雄『中国中世の探究』（日本エディタースクール出版部、一九八七年、一三八頁）

（10）木島史雄「六朝前期の孝と喪服　―礼学の目的・機能・手法―」（小南一郎編『中国古代礼制研究』、京都大学人文科学研究所、一九九五年、四二四頁）

（11）幼学の会編『孝子伝注解』（汲古書院、二〇〇三年、八八頁）

（12）「張公藝、九代同居」

（13）「張閏……八世不異爨、家人百餘口無間言」

（14）中田薫「唐宋時代の家族共産制」（『法制史論集』第三巻、岩波書店、一九四三年）・牧野巽『中国家族研究』上・下（牧野巽著作集第一・二巻、御茶の水書房、一九七九年）・滋賀秀三『中国家族法の原理』（創文社、一九六七年）など。

（15）滋賀氏前掲書（五六頁）

（16）なお加藤常賢氏は、こういった制度を特に、「兄弟終身共住共財制」と称している（『支那古代家族制度研究』、岩波書店、一九四〇年、一一一頁）。

（17）「「家」といえば同居共財生活を含む全体を意味し、そのうちの、一組の夫婦とその子女からなる一単位を称するには

「房」という別な言葉が用いられた」（滋賀氏前掲書、五六—五七頁）

(18)「兄弟者分形連気之人也。……雖有悖乱之人、不能不相愛。及其壮也、各妻其妻、各子其子。雖有篤厚之人、不能不少衰也。娣姒之比兄弟、則疎薄矣」

(19)「少孤、兄弟四人、皆同財業。及各娶妻、諸婦遂求分異、又数有闘争之言」

(20)「父慈子孝」（『礼記』礼運）・「為人父止於慈」（『大学』伝三章）

(21)「娉得妻房、乖違兄弟、憎嫌姉妹、喩若佗人」

(22)滋賀氏前掲書（八三頁）

(23)「陽城字亢宗、定州北平人。……年長、不肯娶、謂弟曰、吾与若孤惸相育。既娶則間外姓、雖共処、而益疏。我不忍。弟義之、亦不娶。遂終身」

(24)「劉君良、瀛州饒陽人。四世同居、族兄弟猶同産也。門内斗粟尺帛無所私。隋大業末、荒饉、妻勧其異居。因易置庭樹鳥雛、令鬬且鳴。家人怪之。妻曰、天下乱、禽鳥不相容、況人邪。君良即与兄弟別処。月餘密知其計、因斥去妻、曰、爾破吾家。召兄弟流涕以告、更復同居」

(25)「朱明者、東都人也。有兄弟二人。父母没後、不久分財、各得百万。其弟驕慢、早尽己分、就兄乞求。兄恒与之。如之数度、其婦忿怒、打罵小郎。明聞之曰、汝他姓女也。是吾骨肉也。四海之女、皆了為婦、骨肉之復不可得。遂追其婦、永不相見也」（『孝子伝注解』、八六—八七頁）

(26)谷川氏前掲書（一四四頁）

(27)「周書曰、先君而後臣、先父母而後兄弟。先兄弟而後交友、先交友而後妻子。妻子私愛也。事君公義也」。なお、「周書曰」とあるが、現存の『尚書』には見えない。

(28)和漢の比較の問題で、漢土で「慈」が奨励されぬわけではないのは勿論である。例えば、下見隆雄氏は漢土の慈に関する言説を多数紹介し、親の慈愛が子の孝の精神を養成すると指摘している（下見隆雄「孝を育む母性　—中国女性史の視座—」、『東洋古典学研究』第二集、一九九六年）。

(29)「（引用者注…我が令の応分条は）唐の戸令応分条に基づいて作られたものであるが、唐においては、応分条は家産の分割を規定したものであつたところ、わが国においては、当時、家族共産の慣習がなかつたので、これを遺産の分割法に修

正したもの」（石井良助『長子相続制』、日本評論社、一九五〇年、五一頁）
(30) 中田薫「養老戸令応分条の研究」（『法制史論集』第一巻、岩波書店、一九二六年、五五頁）
(31) 無論漢土とて実際に皆が同居共財を守った訳ではないが、財産分割する際も兄弟で家産は均分された。滋賀氏前掲書（二四五頁）参照。
(32) 中田氏前掲書第一巻（五四頁）
(33) 中田氏前掲書第一巻（五七頁）
(34) なお応分条には、「若し同財共居を欲すれば……此の令を用いず（若欲同財共居……不用此令）」（中田氏前掲書第一巻、五三頁）とあり、希望すれば同居共財も可能であった。
(35) 田端泰子「古代・中世の養子と「家」」（大竹秀男他編『擬制された親子　―養子―』、三省堂、一九八八年、五八頁）
(36) 石井氏前掲書（七三頁）
(37) 「江戸幕府の武家法については、嫡出長子単独相続法が行われたものといわなければならない」（石井氏前掲書、九九頁）
(38) 官文娜『日中親族構造の比較研究』（思文閣出版、二〇〇五年、二六〇頁）
(39) 家永三郎『日本道徳思想史』（岩波書店、一九五四年、一四五―一四六頁）
(40) 柳瀬喜代志他編訳『将門記 陸奥話記 保元物語 平治物語』（新編日本古典文学全集四一、小学館、二〇〇二年、三四二頁）
(41) 荒木繁他編注『幸若舞』二（東洋文庫四一七、平凡社、一九八三年、二二二頁）
(42) 芳賀矢一・佐佐木信綱編『謡曲叢書』第一（博文館、一九一四年、七二五頁）
(43) 吉田常吉他校注『吉田松陰』（日本思想大系五四、岩波書店、一九七八年、三八六頁）
(44) 市古貞次『中世小説の研究』（東京大学出版会、一九五五年、三二〇頁）
(45) 秋山虔他編『御伽草子集』（日本古典文学全集三六、小学館、一九七四年、三二三頁）
(46) 黒田彰「三矢の訓と荊樹連陰」（『孝子伝の研究』、思文閣出版、二〇〇一年、三九三頁）
(47) 『孝子伝注解』（八八頁）
(48) 無論、孝思想が漢土を由来とするものである以上、完全に理解できない訳ではない。例えば、本朝の孝行譚を集めた藤井懶斎『本朝孝子伝』にも、兄弟姉妹で財産を譲り合う話（北条泰時・柴木村甚介）が収録されている。
(49) 乙葉弘他校注『浄瑠璃集』下（日本古典文学大系五二、岩波書店、一九五六年、九六頁）
(50) 西野春雄校注『謡曲百番』（新日本古典文学大系五七、岩波書店、一九九八年、五六五頁）
(51) 『古今著聞集』巻八（経済雑誌社編『古事談 古今著聞集 十訓抄 栄華物語』、国史大系一五、経済雑誌社、一九〇一年、三三九頁）。ほか『今昔物語集』巻二四・『十訓抄』巻一〇などに同話を収める。
(52) 塚本哲三編『中江藤樹文集』（有朋堂書店、一九二六年、三二六頁）
(53) 梶原正昭他校注『平家物語』下（新日本古典文学大系四五、岩波書店、一九九三年、一六二頁）
(54) 「漢王急、馬罷、虜在後、常蹶両児棄之。嬰常収載行、面雍樹馳」（『漢書』巻四一、滕公伝）
(55) 『日本書記』欽明天皇六年（小島憲之他校注・訳『日本書紀』二、新編日本古典文学全集三、小学館、一九九六年、四〇五―四〇六頁）
(56) 津田左右吉『シナ思想と日本』（岩波書店、一九三八年、八八頁）
(57) 浅見和彦校注・訳『十訓抄』（新編日本古典文学全集五一、小学館、一九九七年、二四五頁）
(58) 川島武宜『イデオロギーとしての家族制度』（岩波書店、一九五七年、一〇二―一〇九頁）
(59) 本朝では、孝に関する言説に、孝を「報恩」の観点から説くことの多い仏教の影響が強かったためもあると考えられる。
(60) 鎌田浩「武士社会の養子―幕藩比較養子法―」（永原和子編『家族の諸相』、日本家族史論集五、吉川弘文館、二〇〇二年）などを参照。
(61) 滋賀秀三「実子なき者をめぐる諸問題」（滋賀氏前掲書第三章）に詳しい。
(62) 「凡無子者。聴養四等以上親於昭穆合者」（井上光貞他校注『律令』、日本思想大系三、岩波書店、一九七六年、二二八頁）
(63) 『律令』（三五〇頁）
(64) 林紀昭「日本古代社会の養子」（『擬制された親子　―養子―』、二三三頁）
(65) ただし戸婚律には、「即養異姓男者。徒一年」（黒板勝美編『律令義解』、新訂増補国史大系二二、吉川弘文館、一九三九年、一一二頁）とあり、他姓養子を禁止している。

(66)　官氏前掲書（二二五頁）
(67)　田端氏前掲論文（五八頁）
(68)　石井紫郎校注『近世武家思想』（日本思想大系二七、岩波書店、一九七四年、四六一頁）
(69)　司法省庶務課編『徳川禁令考』巻三七「養子跡職」（共益商社書店、一八九五年、四〇二頁）
(70)　『玉勝間』「やしなひ子」（大野晋他編集校訂『本居宣長全集』巻一、筑摩書房、一九八九年、一四五―一四六頁）
(71)　吉川幸次郎校注『荻生徂徠』（日本思想大系三六、岩波書店、一九七七年、四〇九頁）。ただ、「其時ハ古例ニ任セ、苗字計リ養父ノ苗字ヲ名乗ラセ、姓ハ其者ノ本姓タルベシ」との制限はある。
(72)　関儀一郎編『日本儒林叢書』第四巻（鳳出版、一九七八年、三頁）
(73)　滋賀氏前掲書・官氏前掲書など参照。
(74)　当該句の解釈史については、拙稿「懐徳堂の「不孝有三無後為大」解釈」（『懐徳堂研究』第五号、二〇一四年）参照。
(75)　加地伸行「『孝経』の漢代における思想的位置　―宗教性から礼教性へ―」（『日本中国学会報』第四二集、一九九〇年、後に『孝研究　―儒教基礎論―』、加地伸行著作集Ⅲ、研文出版、二〇一〇年）
(76)　加地伸行「孝の宗教性と礼教性と」（『孝研究　―儒教基礎論―』、二四三頁）
(77)　『孝義録』にみえる孝行の具体相を統計的手法を用いて分析した鈴木理恵氏によれば、氏が〈親優先〉に分類した孝行を行なった者一二八名（女四〇名・男八八名）の評伝のうち、女性は六五・〇％、男性は四四・二％が「非婚（孝養のために夫または妻を迎えない、あるいは嫁入りしない）」というモチーフを有していたという（鈴木理恵「江戸時代における孝行の具体相　―『官刻孝義録』の分析―」、『長崎大学教育学部社会科学論叢』第六六号、二〇〇五年）。
(78)　長谷川端校注『太平記』一（新編日本古典文学全集五四、小学館、一九九四年、三一七―三一八頁）
(79)　加地伸行『沈黙の宗教　儒教』（筑摩書房、一九九四年、九一頁）
(80)　加地氏は、「ふつう、孝と言えば（一）の「父母への敬愛」だけのように考えやすいが、それは誤りである。（一）の「祖先の祭祀」、（三）の「子孫を生むこと」、この二者もまた孝としたのである。儒の言う孝とは、そういう内容である。日本人の多くは、この三者をひっくるめたものが孝であることを知らない」（加地伸行『儒教とは何か』、中央公論社、一九九〇年、一九―二〇頁）と指摘している。

(81)「目に見える範囲への心情や態度」には、親及び祖父母の供養も含まれる。
(82)漢土で孝が果たしていた通時的な自己拡大は、本朝では家の永続性が果たしていたと考えられる。

第二章　和漢の孝行譚における割股

本朝にも古来より親に対する想いは存在したが、親に対する感情・態度を、「孝」という倫理思想へと昇華したのは漢土であり、本朝は「孝」という概念を輸入してより、思想的に親孝行について考え出したといえる。こうした事情から、具体的に「何を孝行と見なすのか」という範囲も、さまざまな孝行を記した漢土の孝行譚の影響が大きかったものと考えられ、本朝で撰された孝行譚には、そのモチーフを漢土のそれと同じくするものが多い(1)。

例えば、『続日本紀』載す「意地悪な継母に事える」「夫の死後も舅姑に事える」（和銅七年十一月）・「罪を犯した父の身代りに処罰を受けることを乞う」（養老四年六月）・「庵を結んで親の墓側で暮らす」（神護景雲二年二月）といった記事は、本朝の孝行譚として最も初期のものに属するが、これらは全て漢土の孝行譚に頻出するモチーフを踏襲している。

ところが、孝のモチーフでありながら、和漢で取り扱いが全く異なるものが存在する。それが、割股（己の股の肉を割いて人に食べさせる行為）である。割股は、漢土の唐代以後の孝行譚に頻出するモチーフであるが、管見の及ぶ限り、本朝の孝行譚において割股奉親を本朝の出来事として記す例は見えない(2)。

そこで本章では、和漢における「食人を伴う孝行」について考察し、和漢の割股奉親に対する態度の異同とその発生因とについて考えてみたい(3)。

一　和漢における割股に対する態度の異同

漢土において割股は孝行譚などに見られる一般的なモチーフである。起源としては、

唐の時、陳蔵器『本草拾遺』を著し、人肉羸疾を治す、と謂う。是れ自り民間父母の疾を以て、多く股肉を刲きて進む。（『新唐書』巻一九五、孝友伝序）(4)

と、唐代に『本草拾遺』が人肉の薬効を記したことよりこの風習が発生したとされてきた。(5) ただ、割股奉親に関して、徳永彩理氏が晋や隋時代とされる例を指摘しており、(6) 後漢の事例として割股奉親例を記述したものも見える。(7) 風俗としてはより早期より存在したものと考えてよいであろう。(8)

唐代以降、割股奉親の例は盛んとなり、その例は挙げて数えることができない。

例えば、李飛氏の計算によると、『古今図書集成』閨媛典に見える明・清代の「孝女孝婦総数」のうち、「割股」・「割臂」・「割肝」の合計が、明代で六二一人中三〇六人、清代で三四二人中二四五人であるという。(9) また、邱仲麟氏はさまざまな史料に見える割股の例を調査し、『古今図書集成』の閨媛典と学行典孝弟部とに二四七〇例、清より中華民国に至る諸省の地方志に計七五七〇例を確認している。(10) 無論、身体髪膚を敢て毀傷する割股は、手放しで奨励されている訳ではなく、元代以降、政府によってくり返し禁止令が出されたが、割股の風習が絶えることはなかった。(11)

これに対して本朝では、例えば『大日本史』が、

旧史書す所、班班考うべし。墓に廬し死に事うるの誡有れども、刲股割肝の矯無し。（『大日本史』巻二二一、孝子

伝(12)と、割股を「矯」とし、旧史に無いと断言している。

また、和漢の食人事例を比較研究した吉岡郁夫氏は、「中国では，自分の体の一部を割いて親に与えることが美徳とされ，社会も官憲もこの行為を讃え，奨励していた。このため，古くから医療としての食人が多数記録されている。これは特記されるべきことと《ママ》であり，おそらく他に類例をみないといっていいだろう。日本でも戦前までは，孝行や自己犠牲は美談として語られてきたが，自分の肉を割くことが美徳とされたり，推奨されることはなかった(13)」としている。

本朝には史実としての割股奉親は存在しないという考えは、一般的なものであったとしてよいであろう。

二　割股と食人忌避との関係

漢土同様、本朝においても古くより孝は主要な道徳とされていた。『孝経』・『二十四孝』など漢土の孝関連の著作も広く受容されており、本朝において漢土の孝観念は広く受容されていたといえる。

では、なぜ割股奉親においては、両国間に前節で示したような顕著な異同が存在するのであろうか。

まず想定し得るのは、「食人の忌避」がその理由というものである。「本朝の歴史には食人の事例がなく、道徳的に漢土に勝る」との認識は、

（引用者注…漢土には）隋以来人肉を嗜む者、往往にして焉有り。……我東方の人は、則ち是の如き獣心の者、未だ嘗て之有らざるなり。（冢田大峯『随意録』巻一(14)）

王莽の乱以後、漢土は兵乱の度毎に人を食ふこと少なからず。……我邦には神武開闢より今日まで、人の人を食ふなど云ふことは無きこと也。（太田錦城『梧窓漫筆』後編上）[15]

（引用者注…漢土・印度に食人の例が見られるが）可笑。馬馬を不食、牛牛を不食。人人を食て可ならん哉。（新井白蛾『牛馬問』第二巻）[16]

古人いふ、虎はとらをくらはず、人は人をくらふ、とらは子を食はず、人は子を食ふとなり、およそ人をおとして己さかえ、人の利を奪ふて我をこやすは、人を食ふなり、いやしきもの、おのれが子をうり価を取て、身をやしなふは、子を食ふなり、宋の靖康の乱に、食物なくて、処々に人の肉の切うりあり、犬ぶたの肉より下直なり、又干物にして売けりとなん、戦国の時、宋の楽羊は、わが子のしるを三杯食して、功をたてたりといへり、是は実に子を食ひ、人を食ふ、我国にては、さきの如きは多くあり、後の如きは未だ聞ず、又唐土にまされる所あり、（五井蘭洲『茗話』下）[17]

など、多く見られる一般的な認識である。[18] 先に挙げた『大日本史』の主張の根拠もこの点に存するものと考えられる。

ただし、国史上食人事例が絶無であるとの認識は正確とはいえない。国史上にも食人事例は確かに存在している。[19] 漢土で多く見られて本朝に見られないのは、緊急避難以外の平常時に人肉を食肉と見なして食する例や、美食としての人肉嗜食であり、飢饉・籠城の際の緊急避難的食人は、本朝においてもまま見られた。[20]

さらには、人肉に薬効があるとの俗信から行なわれた所謂「薬食い」としての食人は、緊急時ならぬ平時において行なう例もみられる。

国学者天野信景の随筆『塩尻』には、

死人枕紫河車紅鉛人胆等所有不浄穢物を以て治療の用となす近世蛮薬の内木乃伊も亦人肉なりとかや嗚呼人を以て人を食ふ其不仁の甚しきこゝに至り忌憚る事なきやたとひ是等の物を以て一旦命を長くすとも又限りある命数を如何まして大方妄説の方書多し何すれそまとへるや（『塩尻』巻ノ六三）(21)

とあり、「死人枕（頭蓋骨）」・「紫河車（胎盤）」・「紅鉛（経血）」・「人胆（肝臓等）」・「木乃伊（ミイラ）」などが薬として利用されていたことが分かる。(22)

また、江戸期幕府の御様御用で死刑執行人でもあった山田浅右衛門は、「罪人の死体から採取した胆を丸薬に調合して販売していた」(23)という。

近代の例では、吉岡郁夫氏が先行研究をまとめ、明治一〇年から昭和六年までの本朝における「疾病治療の方法」としての食人事件に関する新聞記事を二一件を数えており、「日本では，罪悪感から医療としての食人を口にする人はいないが，このような伝承は全国各地にあり，決してまれではなかったことがうかがわれる」(24)と指摘している。(25)これらは他人の血肉や胆などを薬として服用した例であるが、薬として人間の血肉を服用することが実際に行なわれていたことが分かる。(26)

儒教的思惟において、孝はあらゆる破倫の免罪符となり得る。(27)ために割股奉親は、他の「医療としての食人」よりよほど倫理的問題は少ないといえる。

では、実際に疾病平癒を求めての食人が行なわれていたにもかかわらず、孝行譚においては割股が見られないのはなぜであろうか。「食人忌避」がその理由の一端であるのは勿論であろうが、その他にさらに一歩進んだ説明が可能だと考えられる。(28)

三　割股が現れる美談

本朝に割股奉親が見られない理由が、「食人忌避」の他にもあるとしたら、それは一体何であろうか。一つ考えつくのは、「食人」という不道徳と、道徳行為である孝とは相性が悪いということである。「漢土に比して食人の忌避が強い本朝においては、美談である孝行譚に、「食人」が出て来るのを好まない」という考えは成立しても不思議ではない。

このことについて考えるために、孝と同じく下位者から上位者への徳目である忠に注目したところ、興味深い異同が見られた。

前節において、本朝では割股奉親が見られないとしたが、割股奉君の例であれば見出すことができる。江戸中期の逸話集である『明良洪範』に、紀州の菅沼主水が主君の病を癒すために己の股を割き、主君に食べさせたという逸話が見える。

紀州松平左京大夫殿幼童の時疳症を煩ひ給ふ。菅沼主水之を歎き……。（引用者注：茶屋の主人が）人の生肉を二三切酒で洗ひ用ひ候へば、悪虫死し全快致候と語りける。……翌日菅沼主水登城し、……やがて菅沼蒲団の上へ上り自ら左の方の足を出し、脇差を抜き股の肉を五六寸切取り俎板の上に置く。医師は早速疵所を洗ひ薬を付、木綿にて巻残る方なく手当したり。さて菅沼は切取しにくをさし身の如く作り、酒に浸しまない箸を以幾度もあらひ置、さて銚子を取寄せ置き、右肉を二切喰ひ舌打ちして、是こそ御告の妙薬にて候、召上り候へとて差上げる。左京大夫殿是非なく一切口に入られ呑込れしが、げつと云て吐出し給ふ。菅沼是を見て眼を怒らし、御比興也、御病気御全快なければ御生甲斐なしと申ける。是に因て左京大夫殿止事を得ず、又　切呑込給へば、今一切と云て以上三切進らせ、其後酒を進らせ篤と落付たるを見て退出しける。……菅沼が忠志の厚き事末代にも有難き事也。（『明良洪範』）(29)

この逸話はまた、江戸から明治にかけての儒者中村栗園の漢文随筆『寤眠録』にも収録されている。

紀侯幼冲疳を患う。家老菅沼主水深く之憂う。……主人曰く、……其の方酒を以て人肉を洗い、之を服すこと二三臠、必ず効験有り、と。……翌日、主水夙に朝して曰く、臣今日謹みて薬を奉ず。乃ち布団を敷重ね、俎を其の上に置き、左足を出し、短刀を抜き、股肉を刲くこと五六寸。……曰く、此れ即ち神の授くる所の奇方なり。請う君之を喫せ……。（『寤眠録』）(30)

『明良洪範』に「菅沼が忠志の厚き事末代にも有難き事也」とあり、『寤眠録』前言には該書が「忠孝節義武勇知略之談」の「近古事蹟」を摭《ひろ》い輯めたものとあることから、この故事が忠君の美談として取り扱われていることは明白である。

文学作品に目を向けると、浄瑠璃『生写朝顔話《しょううつしあさがおばなし》』の古部三郎兵衛（戎屋徳右衛門）は、娘浅香の主人である秋月深雪の盲目を治すため、切腹して生血を差し出す。

此上は深雪様へ三郎兵衛がお土産。と件の短刀抜放し腹にぐつと突立れば……、ヤア歎くな女房、最前駒沢様の物語、唐土伝来の目薬、甲子の年の男子の生血にて腹する時はいか成眼病も即座に平癒との事、某甲子の生成ば、我血汐を以て件の薬に調合し、早くあなたへお進申せ、（『生写朝顔話』）(31)

深雪は娘が仕える主人であるから、これも一種の忠といえよう。

また、浄瑠璃『奥州安達原』では、安達原に住む老婆岩手が、皇弟環の宮の「止声病」の特効薬として胎児を求め、通りかかった旅の妊婦（恋絹）の腹を割き胎児を取り出す。後、その妊婦が己の娘であることが判明し、岩手は、

思はずしらず我娘が、君の病ひの薬となるは、手柄者とも果報とも、此上のあるべきか。でかしをつたとともなら、誉めてやつて殺さうもの、何にも知らず死にをつたが、たつた一つ残念な（『奥州安達原』四段目）[32]

と語る。結果的に岩手は、己の娘を殺してその胎児を取り出し、主君（実は偽物）に奉じたことになる。岩手は己が殺した娘に「手柄者とも果報とも、此上のあるべきか」と賞賛するが、犠牲となった子を誉めるのは、本朝文学に多く見られる「子を犠牲とする忠」[33]に頻出するモチーフであり、この話も忠君美談としての要件をクリアしているといえる。

また、天竺起源の話ではあるが、『沙石集』では、

在世ニ女人有テ、僧ヲ信ジ供養ス。僧アリテ重病ヲウケ、肉ヲクスリニ用ベキ病ナルニ、都テ世間ニ得ガタシ。仍女人自ラノ股ノ肉ヲサキテ、与ヘ服セサシムルニ、僧ノ病イヘヌ。女人、苦痛忍ビガタクシテ、「南無仏陀〳〵」ト唱ヘテ、信心ヲイタシキ。（『沙石集』巻二・九「菩薩代受苦事」[34]）

とあり、僧侶に対する割股のモチーフが自己犠牲の美談を構成している。

つまり、食人行為の存在が美談という評価自体を阻害することはなく、本朝においても、忠義譚では割股が美談として扱われ得るのである。これより、本朝で割股奉親が見られない理由は、「食人」の不道徳性以外にも求められる

と考えられる。

四　割股と慈との関係

ここで、割股が本朝孝行譚に見えない理由として注目したいのは、和漢における孝の異同である。筆者は前章において、本朝と漢土との孝の性質を比較し、「「同居共財」を家の理念とする漢土においては、房の倫理である慈は、家の倫理である孝（大家族維持のための孝）と背反する。ために慈は不孝性を帯び、強い当為性を有し得なかった。これに対して本朝では、漢土のような「同居共財」を理念とせず、財産相続が分割相続から嫡子単独相続へと移った。ために「家対房」即ち「孝対慈」という背反が発生しにくく、慈が強い当為性を有し得た」[35]と結論付けた。

本朝には、親の慈についての言説は数多い。例えば、

人の親の心は闇にあらねども子を思ふ道にまどひぬる哉（『後撰和歌集』巻第一六、雑歌二、兼輔朝臣）[36]

やけのの雉、夜の鶴（諺）[37]

などが人口に膾炙している。本朝においては、「子を愛する親」の存在を前提として孝理論が構築されたために、「親を悲しませる」ことが不孝の大きな要件となる。ために本朝では、例えば「親に先立つ」ことが不孝の一大要件となるなど、孝に漢土と異なる性質が見られる。これと同様に、子の命に関わるような極端な自己犠牲も即ち「親を悲しませる不孝」となるため、割股奉親は美談を構成しにくかったと考えられる。

例えば漢土では、飢饉や戦時の際の「子を易えて食らう（易子而食）」は一種の定型句ともなっており[38]、『論衡』に

は、「夫れ父子の恩は信なり。饑餓すれば信を棄て、子を以て食と為す（夫父子之恩信矣。饑餓棄信、以子為食）」（『論衡』問孔）などとされる。

例えば実際の例として、李光壂『守汴日志』に、李自成に攻められ籠城が長びき糧食が尽きた開封城内の様子について、

初八日乙巳、人相食らう。……八月終り九月初に至り、父は子を食らい、妻は夫を食らい、兄は弟を食らい、姻親相食らい、問うべからず。（『守汴日志』[39]）

と描写している。「父は子を食らう」とあるように、父子が共に飢える極限状態においては、父が子を食べて生きのびる、つまり「子が親の犠牲になる」のが漢土の一般的思考である。[40]

一方本朝では、例えば鴨長明は飢饉に関して、

又、養和の頃とか、久しくなりて覚えず。二年が間、世の中飢渇して、あさましきこと侍りき。……又、いとあはれなること侍りき。さり難き女男持ちたるものは、その思ひまさりて深きもの、必ず先だちて死しぬ。その故は、我が身をば次にして、人をいたはしく思ふ間に、たまたま得たる食い物をも、まづ譲るによりてなり。されば、親子あるものは、定まれる事にて、親ぞ先だちける。（『方丈記』[41]）

と記している。このように本朝においては、親子択一の状況に陥った際は一般的に、「子が親の犠牲になる」よりも「親が子の犠牲になる」ことが選択される傾向にある。そうしてこのことも、本朝においては親子関係に慈の存在が前提されることによると考えられる。

さらに、慈の前提は、「己の子（孫）を殺して己の親（祖父母）に食べさせる」というモチーフを許容しない。「割

股」とは一般的に、己の肉を親に奉じることを指すが、漢土においては、己の子の肉を親に奉じるという例が見られる。

天暦二年、関中大旱あり、饑民相食らう。……聞けらく、民間に子を殺し以て母に奉ずる者有り、と。（『元史』巻一七五、張養浩伝）[43]

また、文学作品を閲すると、漢土の唱導文芸の一種である宝巻の一つ『回郎宝巻』に類似した事例が見える。澤田瑞穂『増補 宝巻の研究』に拠って梗概を示すと、「［梗概］文政夫婦に一子回郎が生まれたが、回郎三歳の年に大飢饉に遭い、樹皮草皮も食いつくして母親に食べさせるものがない。文政はついに回郎を殺してその肉を母親に煮て食べさせようと決心した。……結局回郎は父親によって斬り殺され、肉汁として老母に供せられた」[43]というものである。

官人見婆受飢餓　無計殺児煮葷湯　婆婆喫的孫児肉　椀中就是小回郎（官人（文政）は母が飢えているのを見て、なすすべなく子を殺してスープにした。母が食べたのは孫の肉、椀の中身は回郎である）。（『回郎宝巻』）[44]

この「殺子救親」の行為が評判となり、文政は天子より褒美を授かる。澤田氏が、「宝巻における孝子譚の最も極端なもの」[45]と評する例ではあるが、漢土においては「食人」（かつ「子殺し」）に相当する文政の行為が、孝行美談として取り扱われ得ることを示している。

これに対して本朝では、「子を親に食べさせる」というモチーフは漢土とは異なった機能を示す。当該モチーフは、本朝では史実としては管見に及ばなかったため、暫く文学作品における当該モチーフの取り扱われ方について見てみると、『今昔物語集』に、己の病の薬として胎児の肝が必要と言われ、我が子の嫁が懐妊していたためその胎児を求めたという話が見える。

然レバ、児干ト云フ薬ヲ求メテ可治キ也。……然レバ、守、我ガ子ノ左衛門ノ尉□ト云フヲ呼テ、「……然レバ、其ノ妻コソ懐任シタナレ、其レ我レニ得サセヨ」ト云フヲ、……貞盛ノ朝臣ノ、婦ノ懐任シタル腹ヲ開テ、児干ヲ取ラムト思ヒケルコソ、奇異《あさまし》ク慚《はぢ》無キ心ナレ。（『今昔物語集』巻二九「丹波守平貞盛、取児干語」第二五）(46)

また、『南総里見八犬伝』では、犬士の一人である犬村大角の父（実は父に化けた妖怪）が、己の目の傷を癒すため、大角の妻の生血及び胎児の生胆を要求する。

われ一昨の宵愆《あやまつ》て、左の眼を傷りしかば、……一箇の名医誨《をしえ》ていふやう、この眼瘡には妙薬あり。……四个月已上の胎内なる、子の生胆とその母の、心の臓の血を取た、彼細末に煉合して、屢これを服すれば、刺破られたる目子の、再故のごとくに愈て、物を見ること鮮明ならん。（『南総里見八犬伝』第六五回「媳に逼て一角胎を求む腹を劈て雛衣讐を仆す」）(47)

これらは共に、「親が子に孫の肝を要求する」という形となっており、孫の肉を要求する親は、『今昔物語集』の貞盛は明らかな悪役として描かれており、『南総里見八犬伝』ではその正体は舅に化けた妖怪である。(48)「己の子を殺して己の親に食べさせる」とのモチーフは本朝の実録の体裁を採る孝行譚に見えず、文学作品にはいくらか見られるが、その用いられ方は、漢土では子の自発的な献身であったのと異なり、親から子への「非人道的な要求」・「妖怪の悪行」を示すものとなっている。これは、『回郎宝巻』で孫の肉を親に食べさせることが美談として扱われていたのと大きく異なっているといえる。

この異同も、漢土に比して慈の強い本朝では、「己の子を殺して食べさせる」・「孫を食べる」というモチーフが忌避されやすいことに原因が求められよう。(49)例えば、林羅山が、「股ノ肉ヲ割イテ親ニ食ハシメ。或ハムネヲサイテ肝ヲ出シ。或ハ子ヲ殺シテ父母ノ命ニカヘントス。道理ニタガヒ。人倫ヲヤブルヿノ甚シキ者ノリ。父母トシテ如何ゾ子孫ヲソコナヒ其ノ骨肉ヲ食ハンヿヲオモハンヤ」（『儒門思問録』巻第一下）とするのが、本朝における自然な感想であったと考えられよう。

また、本朝に割股奉親が見えないのに対して、割股奉君は見られるという異同についても、慈という要素の影響が想定できる。

慈の存在を前提とする親子関係においては、極端な自己犠牲である割股は、「親が悲しむ」という要素を誘発する。「親を悲しませる」ことは不孝を構成するため、孝行譚とは相容れない。これに対して忠義譚では、君主から臣下に向ける情[50]が親の慈に比して弱いのは当然であろう。ために、割股が「不忠」を構成せず、割股の持つ自己犠牲という当為性がそのまま効力を持つと考えられる。

これが、本朝の孝行譚と忠義譚とにおける割股の取り扱いに異同が見られる一因であろう。

五　食人療病における原因認識の異同

前節では、和漢の忠孝譚における割股事例について検討した。ここからまた、両国における食人療病の原因認識の異同を見てとることができる。

なぜ割股が病を癒すことができるのかについて考えた際、その原因は大きく「孝感」と「薬効」とに分けることができよう。つまり、割股が有効性の原因を、天（などの超常的存在）が孝子の至誠に感じて福を降したと見るか、人肉の薬効と見るかの違いである。無論、これらはどちらか一方のみの要素を信じるといった二者択一の関係ではないが、例えば南宋の呉自牧は、『夢粱録』において、陳蔵器『本草』謂う、人肉の疾を療すべき、とは、人肉の果能く疾を療するを謂うに非ず。蓋し人子の一念孝誠、天性に出づるを以て、能く天地鬼神を動かすが故に此を借りて以て功を奏するのみならん。（『夢粱録』巻一七）(51)

と述べている。これは、割股の有効性を薬効ではなく孝感に求めた考え方といえよう。邱氏はこの『夢粱録』の他、同様の意見を多く引用し、「可見有相当多的人認為割股療親得癒，其実是真誠感動神霊的結果，並非人肉的薬効（多くの人が、割股の効果は至誠が神霊を感動させた結果であり、人肉の薬効ではないと考えていたことが見てとれる）(52)」としている。

つまり漢土においては、割股の有効性の原因を、主として「天地鬼神が至誠に感動する」即ち「孝感」に見る傾向が強いといえる。

これに対して本朝では、先に引用した『今昔物語集』・『南総里見八犬伝』の例などは、拒否する子に対して孫の胆を強要しており、たとい親の要求が通ったとしても、そこに「孝感」を導く子側からの「至誠」は存在しないと考えられる。

さらに「至誠」と程遠い例として、本朝の文学には、自分や子供の肉を奉じるのではなく、他人を殺して主君にその血肉を食べさせるという話形が存在する。

井原西鶴の浮世草子『新可笑記』では、少女の生き肝が主君の病を癒す薬になると知った武士が、一夜の宿を提供してくれた娘を殺して生き肝を奪う。

此の殺し様常ならず、腹かき切りて生肝を取つて帰りぬ。……是れ私ならず、主君難病世に稀なる御悩み、医術尽して叶ひ難し。時に京の典薬密かに告げて、五月五日生れの未だ嫁せざる少女の生肝妙薬に入るなれば、……是れも一つの忠と存じ、情けなき命を取りて大人の御難病快気遊ばして……。（『新可笑記』「生肝は妙薬の由」）(53)

また、鶴屋南北の『仮名曾我当蓬莱《かなでそがねざしのふじがね》』第一番目四建目切「三平隠家の場」には、主君の刀傷を治すために、妊婦の生き血を買い求めるという話が見える。

比企のやしきの女中といふが、くわひにんの女の生血、それがくすりとなるゆへに、あたひにかまわづ、にんしんの女をたづねてござると。（『仮名曾我当蓬莱』）(54)

また、

死刑囚の肝で薬を作っていたという山田浅右衛門や、他人を殺して胆を奪う『新可笑記』、他人の血を贖う『仮名曾我当蓬莱』の例では、人肉（血）の提供者の「至誠」が存在しないことは明らかである。

唐伝来の目薬、甲子の年の男子の生血にて腹する時はいか成眼病も即座に平癒（『生写朝顔話』）

五月五日生れの未だ嫁せざる少女の生肝妙薬に入る（『新可笑記』）

寅の年寅の月。寅の日寅の刻に誕生したる女の。肝の臓の生血を取。毒酒を盛たる器にて病人に与へる時は。即座に本腹疑ひなし。（「摂州合邦辻」）(55)

などでは、効果の有無が誕生日に左右されるとされることから、薬効の由来が「至誠」以外にあるものと推察できる。

さらに、肉体的のみならず、精神的な効用を期待して食人を行なうという例でも同様である。近代の小説ではあるが、川端康成の短篇小説「秋の雷」では、親孝行で有名な男が、雷嫌いであった母の墓石を抱えて雷に打たれて死んだ折り、その焼け焦げた死体を村人たちが持ち帰り、孝子になるようにと我が子に飲ませたという話が語られる。

一人の老婆がそこにこぼれ落ちた指を一本拾つて、拝みながら袂に入れ、「うちの不孝な息子に飲ませますぢや。」われもわれもと村人達は死骸のかけらを拾つた。（「秋の雷」）(56)

このケースでも、「孝子」が赤の他人の「不孝な息子」に対して至誠がある筈も無く、この食人行為には、薬効もしくは孝子に「あやかる」といった効能が期待されているといえよう。

以上より、本朝においては、割股が有効である原因として、人の肉・胆・血などのもつ「薬効」という意識がより強かったものと考えられる。

漢土で数多く見られる割股奉親の事例は、本朝では見ることが出来ない。その理由の一つは、「本朝における食人の忌避が漢土に比して強い」ことと考えてよいであろうが、本朝でも人肉を薬とする例が見られ、さらには、割股奉君の例が美談とされていることからも、「食人忌避」のみでは説明がつかない。

もう一つの理由は、本朝では漢土に比して「親の慈」が強いことにある。強い慈の前提から、極端な子の自己犠牲は「親を悲しませる」という不孝に相当し、孝行譚を構成し難いのだと考えられる。

同様に、本朝において割股奉親は見られず割股奉君は見られるという異同も、慈にその理由の一端が求められる。孝行譚においては、慈と孝との背反が発生するため、割股が美談となり難いのに対して、忠義譚においては、慈と忠との背反は発生しないため、割股が美談となり得るのである。

またこれらの考察から、両国における食人療病の原因認識の異同を見てとることもできる。漢土においては、食人で病が癒える理由は、「孝感」であると考えられてきた。これに対して、本朝では「他人の肉を食べさせる」というモチーフが見られる。これは、その理由を「孝感」ではなく人肉の「薬効」に見る傾向が強かったからだと考えられよう。

注

（1）拙著「孝子の顕彰」（湯浅邦弘編『江戸時代の親孝行』一章二節、大阪大学出版会、二〇〇九年）参照。

（2）島内登志衛『善行大鑑』（六盟館、一九一〇年）に、「肉を割いて父を救ふ（小女の孝心）」なる故事を見つけ至ったが、その内容は娘が「肉を割」いて父に「植肉」するというもので、食人の要素を闕くため本章では扱わない。また、天竺由来であれば、須闍提太子や忍辱太子の本生譚（『今昔物語集』巻五第七、巻二第四、『言泉集』・『東大寺諷誦文稿』・『金玉要集』など）がある。本生譚と割股奉親との関係については、金英順「東アジアの孝子説話にみる自己犠牲の孝」（『立教大学大学院日本文学論叢』七、二〇〇七年）参照。なお、薬とするため生き肝を求める長者に己の生き肝を売り、その費を養親や親の供養に当てるというモチーフが、能「厚婦」、説経・浄瑠璃「阿弥陀胸割」などの中世文芸に見える。

（3）本章では、人の肉・胆・心臓・血など人体もしくは人の死体の一部を食糧・薬などとして摂取することを「食人」とする。また、己以外にも、妻子の肉などを供して摂取せしめることも「割股」に含める。

（4）「唐時、陳蔵器著本草拾遺、謂人肉治羸疾。自是民間以父母疾、多刲股肉而進」

（5）人部薬の起源に関しては、邱仲麟氏が馬王堆出土の『五十二病方』をはじめ多くの例を挙げて唐以前から人部薬の伝統があったことを論じている（邱仲麟『不孝之孝　―隋唐以来割股療親現象的社会史考察―』、国立台湾大学歴史学研究所博士論文、一九九七年、二七―二八頁）。

（6）徳永彩理「宝巻による「割股療親」孝行の推進について」（『アジアの歴史と文化』一二号、二〇〇八年）

（7）「舅暹痢を患い、妙寧惻然たり。禱祝して左股肉を剪きて三臠とす。湯を煎て以て進め、而して病愈ゆ（舅暹患痢、妙寧

惻然。禱祝剪左股肉三臠。煎湯以進、而病愈)」(『古今図書集成』明倫彙編、閨媛典第三二巻、閨孝部列伝一、後漢、蔣瓚妻李氏)

(8) 割股奉君の例であれば、介子推の故事が早く春秋時代に見える。「介子推至忠也。自割其股以食文公」(『莊子』盜跖)。

(9) 李飛「中国古代婦女孝行史考論」(『中国史研究(季刊)』総第六三期、一九九四年)

(10) 邱氏前掲論文(六―八頁)

(11) 政府の禁令については、桑原隲蔵「支那人間に於ける食人肉の風習」(『東洋学報』一四巻一号、一九二四年)・邱氏前掲論文第三章「割股奉親与国家政令」などに詳しい。

(12) 「旧史所書、班班可考。有盧墓事死之誠、而無刲股割肝之矯」(『大日本史』第九一、徳川総子出版、一九〇六年、二葉裏)

(13) 吉岡郁夫「医療としての食人　―日本と中国の比較―」(『比較民俗研究』第五号、一九九二年)

(14) 「隋以来嗜人肉者、往往有焉……我東方之人、則如是獣心者、未嘗之有也」(関儀一郎編『日本儒林叢書』巻一、鳳出版、一九七八年、一一頁)

(15) 塚本哲三編『梧窓漫筆』(有朋堂書店、一九二六年、五三五頁)

(16) 新井白蛾『牛馬問』(新井薫発行、一八九九年、三六頁)

(17) 西村時彦編『懐徳堂遺書』(松村文海堂、一九一一年、二四葉裏)

(18) 「太田錦城が、日本では神武開闢以来、人が人を食ふこと見当らざるは、我が国の風俗の淳厚、遠く支那に勝る所以と自慢して居るが、この自慢は支那人と雖ども承認せねばなるまい」(桑原隲蔵「支那人間に於ける食人肉の風習」、『東洋学報』第一四巻第一号、一九二五年)、「人食いという習慣のまったくない日本人にとっては、中国人の人食いの慣習は、よほどショッキングだとみえて、斑鳩朝いらい、何から何まで中国一辺倒であった日本人でも、この慣習はまったく輸入していない」(小室直樹『資本主義中国の挑戦』、光文社、一九八二年、一七三頁)など、この認識は近現代に至っても大筋で変っていない。

(19) 寺石正路『食人風俗考』(東京堂書店、一八九八年)・穂積陳重『隠居説』(有斐閣書房、一九一五年)・礫川全次『人喰いの民族学』(歴史民族学資料叢書Ⅱ、批評社、一九九七年)・大西俊輝『人肉食の精神史』(東洋出版、一九九八年)・南

方熊楠「日本の記録にみえる食人の形跡（The Traces of Cannibalism in the Japanese Records）」（飯倉照平監修『南方熊楠英文論考［ネイチャー］誌篇』、集英社、二〇〇五年）などに本朝における食人事例が数多く紹介されている。

(20)　例えば元の陶宗儀『輟耕録』巻九「想肉」には、漢土史上、嗜好として食人を行なった例が多く記録されている。和漢の食人の差異に関して、南方論考に、「中国人とは対照的に、日本人については、この項目（引用者注…「習慣」）に分類されるような人肉食の例は非常に少ない」（南方氏前掲論文、二八六頁）とある。

(21)　天野信景『塩尻』下（帝国書院、一九〇七年、二一一頁）。「死人枕」に「シヤレコウベ」のルビと「霊天蓋」との自注とを付す。

(22)　人体由来の薬に関する記述は、漢土の本草書は勿論、『大和本草』など本朝の本草書にもまま見られる。

(23)　氏家幹人『大江戸死体考　人斬り浅右衛門の時代』（平凡社、一九九九年、一四九頁）

(24)　吉岡郁夫「医療としての食人　―日本と中国の比較―」（『比較民俗研究』第五号、一九九二年）

(25)　事件・犯罪研究会編『明治・大正・昭和　事件・犯罪大事典』（東京法経学院出版、一九八六年）にも多く近現代の食人事件を載す。

(26)　物語ではあるが、片仮名本『因果物語』に、「喜右衛門日比癩病気なるか、彼の死人を小刀にて切りて喰ひ居たり」（『因果物語』下巻第一七「人の魂死人を喰ふこと」、冨山房、一九一一年、一九　頁）とあり、癩病に人肉が効くという俗信があったことが窺える。

(27)　本書第二部第五章、及び拙稿「孝としての近親相姦」（『中国研究集刊』珠号（総第五九号）、二〇一四年）参照。

(28)　老病の姑に豚の胃を食わせるのを惜しみ、孫嫁の生んだ赤子の胎衣を食わせた嫁に罰があたったという話が中江藤樹『鑑草』に見えるが、他の肉でなくわざわざ胎衣を用いるのは食人忌避を利用したいやがらせの意味もあろう（武笠三校『中江藤樹文集』、有朋堂書店、一九二六年、二一九頁）。

(29)　真田増誉『明良洪範』（国書刊行会、一九一二年、六七―六八頁）

(30)　「紀侯幼冲患疳。家老菅沼主水深憂之。……主人曰、……其方以酒洗人肉、服之二三臠、必有効験。……翌日、主水夙朝曰、臣今日謹奉薬。乃敷重布団、置俎其上、出左足、抜短刀、刲股肉五六寸。……曰、此即神所授奇方也。請君喫之……」（関儀一郎編『日本儒林叢書』第一二巻、鳳出版、一九七八年、二頁）

(31) 玉井清文堂編集部編『増補 朝顔日記』(解説附稽古本義太夫名曲全集、玉井清文堂、一九二九年、二六一―二七頁)
(32) 塚本哲三編『浄瑠璃名作集』上巻(有朋堂書店、一九二六年、二七一頁)
(33) 幸若『いるか』・『満仲』・『百合若大臣』、浄瑠璃『義経千本桜』三段目「鮨屋の段」・『一谷嫩軍記』三段目「熊谷陣屋」・『国性爺合戦』初段・『菅原伝授手習鑑』四段目「寺子屋」など多数。
(34) 渡辺綱也校注『沙石集』(日本古典文学大系八五、岩波書店、一九六六年、一二五頁)
(35) 本書第四部第一章(二九五―二九六頁)
(36) 渡辺文雄・松下大三郎編『国歌大観 歌集部』(川合松平、一九〇三年、四四頁、国歌大観番号一一〇三)
(37) 日本国語大辞典編集委員会・小学館辞典編集部編『日本国語大辞典 第二版』第一三巻(小学館、二〇〇二年、八五頁)
(38) 『春秋左氏伝』宣公一五年・哀公八年、『春秋公羊伝』宣公一五年、『史記』宋微子世家・楚世家・趙世家・平原君列伝、『旧唐書』巻百二〇郭子儀伝・巻一四一田弘正伝・巻一八七忠義伝、『宋書』巻一〇〇林子伝、『魏書』巻六〇程駿伝、『金史』巻八〇斜卯阿里伝など。
(39) 「初八日乙巳、人相食。……至八月終九月初、父食子、妻食夫、兄食弟、姻親相食、不可問矣」
(40) 当然その逆は極大の不孝となる。曾子は母食いの噂を聞いただけでその地に足を踏みいれるのを避けており(幼学の会編『孝子伝注解』、汲古書院、二〇〇三年、二〇二頁)、「母を食う」(『漢書』郊祀志孟康注)とされるフクロウが、悪鳥だという理由で羹にして百官に振る舞われたという例が見られる(『史記』巻一二、孝武本紀「祠黄帝用一梟破鏡」集解)。
(41) 神田秀夫他校注訳『方丈記 徒然草 正法眼蔵随聞記 歎異抄』(新編日本古典文学全集四四、小学館、一九九五年、二三頁)
(42) 「天暦二年、関中大旱、饑民相食。……聞、民間有殺子以奉母者」
(43) 澤田瑞穂『増補 宝巻の研究』(国書刊行会、一九七五年、一三七―一三八頁)
(44) 周燮編『中国宗教歴史文献集成』五(民間宝巻一六(総一一六)、黄山書社、二〇〇五年、二五五頁)
(45) 『増補 宝巻の研究』(一三八頁)
(46) 今野達他校注『今昔物語集』第五巻(新古典文学大系三七、岩波書店、一九九九年、三四八―三四九頁)
(47) 小池藤五郎校訂『南総里見八犬伝』四(岩波書店、一九九〇年、六七頁)

(48) この他、民話「孫の生き肝」にも孫の生き肝で姑の盲目が恢復するというモチーフが見えるが、こちらは最後に孫が観音によって救われるという霊験譚となっている。稲田浩二責任編集『日本昔話通観』研究篇二（同朋社、一九九八、四一四頁）参照。

(49) 民話「継子の肝取り」・「灰坊」（『日本昔話通観』研究篇二、一八八―一八九頁）では、継母が継子の肝を要求するが、これも継母には慈がないという前提に基づくと考えられる。

(50) 君の徳は、「君は義」（『左伝』隠公三年）・「君は令」（『春秋左氏伝』昭公二六年）・「君は仁」（『礼記』礼運）・「人君と為らば必ず恵」（『墨子』兼愛下）などとされる。

(51) 「陳蔵器本草謂、人肉可療疾、非謂人肉之果能療疾也。蓋以人子一念孝誠、出於天性、能動天地鬼神故借此以奏功耳」

(52) 邱氏前掲論文（一〇七頁）

(53) 正宗敦夫編纂校訂『西鶴全集』第二（日本古典全集第二回、日本古典全集刊行会、一九二八年、一五二―一五三頁）

(54) 藤尾真一編『鶴屋南北全集』第一一巻（三一書房、一九七二年、六四頁）

(55) 祐田善雄校注『文楽浄瑠璃集』（日本古典文学大系九九、岩波書店、一九六五年、三三二頁）

(56) 『掌の小説』（川端康成全集第六巻、新潮社、一九六九年、二一七―二一八頁）

結　語

この小著では、「孝」をテーマにここまで考えてきた。では、結局のところ、「孝」とは一体何なのであろうか。ここまで、自明の概念として、「孝」という言葉を何度も用いてきたが、ここで今一度、孝の内容について考えてみる。『広辞苑』で「孝」を引いてみると、

よく父母に仕えること。父母を大切にすること。「―をつくす」「孝行」「忠孝」（『広辞苑』「孝」条）(1)

とある。そこで、「孝行」を見てみると、

①子が親を敬い親によく尽す行い。……②（親に対するように）ある人に尽すこと（『広辞苑』「孝行」条）(2)

とある。これによれば、孝とは、子が親に対して「仕える」・「大切にする」・「敬う」・「尽くす」こととなる。「親孝行」とも言われるように、孝とは親に対する行為・心情であるとの理解が一般的である。確かに、親に「尽くす」・「仕える」のは、孝の最も基本的な部分であるが、中国思想における孝観念はそれのみに止まらない。

儒家は「孝」をその教説の中心思想としたため、「孝」に関する言説が多く、言及する際に様々な表現が用いられている。以下、儒家系文献を中心に「孝」について見てみる。

父母に事うるは、能く其の力を竭くす。（『論語』学而）(3)

仁の実、親に事うる是なり。（『孟子』離婁上）(4)

これらによれば、「力を竭くして」、「親に事える」ことこそが「仁の実」であるとされる。そうして、その具体的な行為としては、「孝とは畜《きく》なり（孝者畜也）」（『礼記』祭統）・「天の道を用い、地の利を分かち、身を謹み用を節し、以て父母を養う。此れ庶人の孝なり（用天之道、分地之利、謹身節用、以養父母。此庶人之孝也）」（『孝経』庶人章）などとあり、孝はすなわち畜（養うこと）を指し、なかでも庶民の孝とは、四季の循環に順い土地の質に配慮して農業を行い、身を謹んで節約し、そうして父母を養うことだとされる。このように、孝と言えば、まず「養う」ことが挙げられよう。

しかし、「犬馬に至るまで、皆能く養うこと有り（至於犬馬、皆能有養）」（『論語』為政）とされるように、犬や馬でもできる「養」だけでは十全の孝とはなりえない。『礼記』に、「曾子曰く、孝に三有り。大孝は親を尊び、其の次は辱むる弗く、其の下は能く養う（曾子曰、孝有三。大孝尊親、其次弗辱、其下能養）」（祭義）とあり、孝には三つの種類があり、大孝は親を尊ぶことで、その次は親の名を汚さないこと、さらに下は親を養うことだという。親を尊敬する心があってこそ、人間の親孝行といえるのである。であるから、「能く養う」だけの孝は、孝の中でも最も当然で低級な行為とされる。ただ「養う」だけなら、動物にもできる。最も大きな孝とは、「親を尊ぶ」ことだといえる。

ただ、儒教的思惟においては、孝は目の前の親に尽くすだけのものではなく、さらに大きな生命の継承が意識される。

孝子の親に事うるや、三道有り。生くれば則ち養い、没すれば則ち喪《そう》し、喪終れば則ち祭る。（『礼記』祭統）(5)

不孝に三有り。後無きを大なりと為す。(『孟子』離婁上)(6)

『礼記』の例では、孝が三種類あるとして、親を養うことの他に、喪葬と祭祀とを挙げ、『孟子』は不孝の例に、子孫を絶やすことを「大」として挙げている。つまり、存命の父母に対する心情や態度(敬愛父母)に加えて、すでに死去した親に対する態度(祖先祭祀)、および子孫を将来に残すこと(子孫継嗣)が孝の重要な部分とされ、孝は単に親子(現在)のみならず、祖先(過去)と子孫(未来)とに関わる観念として捉えられているわけである。

加地伸行氏は、儒教が、祖先の生命が親を通して自己に伝わり、それが子孫へと連続してゆくことにより、個人は死を逃れ得ぬ存在であっても、「血の連鎖」の一部としてその永続性に与ることができるという死生観を有していたとして、孝を、〈生命の連続の自覚〉に基づく生命論であると規定している。(7)

また、孝は直系尊属や直系卑属のみに関係する概念ではない。家・宗族といった、血縁共同体全体に関わる思想でもある。漢土において、父親の死後も兄弟たちと円満な関係を続け、大家族制度や宗族を維持強化していくことは、孝の大きな要件である。

以上が儒家系文献に現れた孝思想の姿である。

では、これら文献群に現れた孝思想は、その本質としてどのような意義や機能を有しているのであろうか。以下に記すのは、この設問に対する筆者なりの考えである。

例えば、自分とは何なのか、との疑問には、自分という一つの存在のみについて考えても回答は得られない。自分は、規準となる他者の存在があって初めて位置が発生するからである。人は、他者にとっての何者か、という形で初めて社会・世界に位置を得る。自己は独立したアトムのような存在ではなく、親に対する子であり、子に対する親であり、兄に対する弟であり、弟に対する兄であり、友人に対する友人であり、師匠に対する弟子であり、君主に対する臣下である。これが親子関係・兄弟関係・友人関係・君臣関係などなどの人間関係である。これら多くの関係性の網の目が結節することにより、自分が何者であるのかが規定されている。

例えば一神教社会であれば、「神」という絶対不動の規準を用いて、「神に対する自分」という自己規定が可能であろうが、儒教文化圏では絶対者としての神は想定されないため、己が今生きている社会での位置付けがより重要となってくる。西洋においては、たとえば知恵・勇気・節制・正義などの個人的な徳目が重視される傾向があるのに対して、儒家的思惟においては、孝・悌・順・慈・忠・信などの人間関係上で働く徳目が重視される傾向が強いのもこのことが一因だと考えられる。

こうして社会的人間関係によって自己規定をなしえたとしても、自我は常に、迷い・不安・執着、そして死の不安に常に揺れ動いており、不安定であることを免れ得ない。こうして不安定な自我は、さまざまな対処により安定を求める。

その対処の一つが名誉欲である。漢土には記録を残し歴史を積みあげることを好む傾向が強い。それも、「名を竹帛に垂る」・「青史に名を残す」というように、個人の伝記を残すことに非常な関心を寄せる。『論語』にも、

子の曰く、君子は世を没えて名の称せられざることを疾む。(『論語』衛霊公)(8)

とあり、名への執着が示されている。名は、「称せらるる」ことが必要である。多くの人々に称せられることによって、名に象徴された自己は、自分の肉体を越え広がっていく。また、

豹は死して皮を留め、人は死して名を留む。(『五代史』王彦章伝)(9)

とされるように、その名は、自分の死後も後世に伝わってゆく。このような、名誉欲として現れる自己拡大欲求は、主として通時的に自己を拡大させるものだといえる。

さらに、不安定な自我を安定させる欲求の現れとして、権力欲・所属欲を挙げることができる。人の歴史は、権力闘争の歴史でもある。また、闘争とまでいかなくとも、組織に属していれば、なるべく出世したいと考えるのが世の常であろう。

では、人はなぜ権力や出世を求めるのであろうか。権力の本質は支配―被支配関係にあると見ることが可能であろうから、権力を持つことは、支配範囲・対象の拡大に相当する。自分の手や足と同じく自分の意志に従って動かせる範囲や対象の拡大、これは、一種の自己の拡大といえる。

ルイ一四世のものとして、「朕は国家なり」との科白が伝わるが、[10]権力を持つことは、自己とその組織や国家との同一視を可能とする。己を国家と同一視することは、その共時的な強大さに加え、通時的な安定性をも得ることに繋がる。また、権力者ならずとも、己の所属する組織の名前にすがったり、必要以上に誇ったりすることも、その組織の持つ共時的・通時的な安定性に与ることに繋がろう。

この他、地縁の重視も自己拡大に繋がる。漢土では、地縁が特に重視される。現在中国人は世界に進出・定着し、各地で華僑として大きな経済力を持っているが、その成功の要因の一つは、同じ地方出身者を身内と見なして助力を惜しまないこと、つまり、強固な地縁同族意識にあるという。

さらに、金銭の重視は詳述するまでもない。大きな経済力を持つことは、自己の拡大に相当し、その経済力で多くのものを所有することもまた自己拡大の一種であると見做せよう。

これらはすべて、不安定な自我を安定させるために、自己を拡大しようとする働きの現れである。

自分の名誉が後世まで伝わること、自分が長久の宗族・組織・集団と一体であることは、自己を通時代的に拡大することに繋がる。自己は単に生物学的な個体という短命で儚い存在ではなく、通時的な永続性を持つ安定した存在たり得るのである。

また、己の名誉を当世の人々が賞賛すること、己が大きな宗族・組織・集団と一体であること、大きな権力や金銭を所有し、広い範囲や多くの対象に影響を与えられることは、自己を共時的に拡大することに繋がる。自己は単に生物学的な肉体というちっぽけな存在ではなく、共時的な広がりを持つ安定した存在たり得るのである。

こういった観点より見ると、孝もまた、自己を拡大しようとする働きの現れの一つだと考えることができる。自己の「血の連鎖」を認識すれば、自己は祖先より子孫につながる存在に拡大され、通時的な安定が得られる。また、自己を大家族・宗族の一部と規定すれば、自己はその成員全体につながる存在に拡大され、共時的な安定が得られる。

「孝」という概念は孝行という事象として、現実世界に現れる。孝行は、自己以外の利得を増大させるという点で、利他的行動である。だが、視点をその本質に転じると、「孝」が、人間の根源的な欲求である自己拡大欲求の対応の一端を形成する観念であるということが見えてくるのである。

注

（1）新村出編『広辞苑』（第四版、岩波書店、一九五五年、八四六頁）
（2）『広辞苑』（八五九頁）
（3）「事父母能竭其力、事君能致其身」
（4）「仁之実、事親是也」
（5）「孝子之事親也、有三道焉。生則養、没則喪、喪畢則祭」
（6）「不孝有三、無後為大」

（7）加地伸行『孝研究―儒教基礎論―』（加地伸行著作集Ⅲ、研文出版、二〇一〇年）など参照。
（8）「子曰、君子疾没世而名不称焉」
（9）「豹死留皮、人死留名」
（10）後世の創作とも指摘される。成瀬治『朕は国家なり』（大世界史一三巻一一章、文藝春秋社、一九六八年）参照。

あとがき

本書は、筆者がこれまで発表してきた孝関係の論文に一編の書き下ろしを加えてまとめたものである。学部三年の後半に到り、卒業論文のテーマを決めねばならなくなった際、自分でも意外なほどにすんなりと決まった。テーマ決定の指針としたのは、ただ一条、「中心を選択する」ということであった。この指針に従うと、「自分が専攻するのは中国哲学である→中国哲学の中心は儒教思想である→儒教思想の中心は孝である」と、ほぼ自動的に孝思想を研究テーマとすることが導かれた。また、研究対象とする資料としては、儒家系文献の中心は経書であるということから、『孝経』が導かれ、卒業論文では、結局その注釈の『御注孝経』について研究した。

このそれぞれの「中心」は、無論筆者の恣意的な選択なのだが、特に「儒教思想の中心は孝である」とのテーゼは、当時の大阪大学文学部中国哲学研究室の教授で、恩師である加地伸行先生の学説に日常触れていた筆者にとって、ごく自然な認識であった。

筆者の修士課程進学と同時に加地先生が退官され、修士論文・博士論文は湯浅邦弘先生のご指導を賜わった。修士論文では、卒業論文作成時に興味を持った『古文孝経孔安国伝』を取り上げ、その思想の解析に努めた。本書第一部は、主として修士論文が基になっている。

博士課程に進学してから、「孝とは何か」ということが気になりだした。いわば孝の本質への興味であるが、本質について「思」うだけではそれに近付けそうもなかったため、まず孝の構造について「学」んでみることとした。本書第二部は、そのころ行なった研究の成果に当たる。

博士号を取得して後、縁あって台湾の大学にて教鞭を執ることとなった。海外での研究生活は大変でありつつも実りの多いものであった。海外で生活していると、自分が日本人であるということを強く認識させられる機会が多くなる。そのためもあって、ここで「孝思想」を漢土のそれと本朝のそれとに弁別して考えるという視点を身に付けることができた。本書第三部・第四部はそういった視点を意識しつつ孝の特定側面を探ったものとなっている。

このように、本書は筆者のこれまでの研究成果をほぼ年代順に並べたものとなっており、自分にとって研究生活の総記録といってもよいものとなった。

「結語」では、いささか唐突ながら、現在筆者が考えている「孝とは何か」に対する答について記してみた。無論、この答えは、文献によって実証できる類の内容ではなく、筆者の思い込みに過ぎない可能性は承知している。ただ、本書が筆者のこれまでの研究生活の記録なのであれば、やはり現時点での研究の到達点を記しておかねばならない気がした。これが現在筆者の提示できる「孝とは何か」である。卒業論文から現在まで、なんとかの一つ覚えのように孝について考えてきた。この答えは、あくまで現時点のものである。「なんとか」は治らないであろうから、これからも孝の研究を続けてゆき、さらなる「孝とは何か」の答えを追求してゆきたいと思っている。

筆者が研究を開始してより現在まで、加地伸行先生・湯浅邦弘先生をはじめ、多くの先生方に懇切なご指導ご鞭撻を賜わった。ここに心よりお礼申し上げたい。また、本書がこのような形になるまでは、さまざまな方々にお世話になった。なかでも研文出版の山本實氏には、出版に当たり怠惰な筆者に対して、多くのご指導ご配慮を賜わった。特にお詫びとともにお礼申し上げたい。

筆者は今春、台湾生活を終え帰国した。苟も孝を研究する者が、父母が在しておりながら遠くに遊び続けていた訳であり、思えば父母を憂えしめっぱなしの一〇年であったが、二人はいつも応援してくれていた。「幸哉」と称せられる程のことではないが、本書の刊行が聊かなりとも両親への恩返しとなれば嬉しく思う。

また本書は、一般財団法人 懐徳堂記念会より、「懐徳堂研究出版助成制度」の助成金の交付を得た。本書の刊行にお力添えを賜わった全ての関係各位に心よりの感謝の意を表したい。

平成二八年八月

佐野　大介

初出一覧

本書は、以下の諸論文を基に、加筆・修正を加えたものである。

第一部　『孝経』注釈に関する研究

第一章、「『古文孝経孔氏伝』偽作説について」（『待兼山論叢』哲学篇 第三四号、二〇〇〇年）

第二章、「『古文孝経孔安国伝』における徳目間の関係構造」（『中国研究集刊』餘号（総第二七号）、二〇〇〇年）

第三章、「『古文孝経孔安国伝』の法治観」（『日本中国学会報』第五二集、二〇〇一年）

第四章、「司馬光に於ける『古文孝経指解』の位置」（『新しい漢字漢文教育』第三七号、二〇〇三年）

第二部　「孝」と「不孝」との間

第一章、「経解上に現れたる「孝」における「愛」と「敬」との関係」（『懐徳』七二号、二〇〇四年）

第二章、「儒家系文献における「孝」と「不服従」との関係」（『中国研究集刊』律号（総第三〇号）、二〇〇二年）

第三章、「後漢の孝批判と『荀子』の孝観と」（加地伸行博士古稀記念論集刊行会編『中国学の十字路　加地伸行博士古稀記念論集』、研文出版、二〇〇六年）

第四章、「墨家の孝説について　―儒家による批判を中心に―」（『中国研究集刊』陽号（総第三四号）、二〇〇三年）

第五章、「本朝における親殺しの不孝の容認」（『日本中国学会報』第六五集、二〇一三年）

第三部　「孝」と血縁性との関係

第一章、「孝行譚における血縁性の意味」（『日本中国学会報』第六一集、二〇〇九年）

第二章、「江戸期孝行譚における養子の孝」（『中国研究集刊』水号（総第四九号）、二〇〇九年）

第四部　和漢における孝観念の異同

第一章、「和漢における孝観念の異同　―「親に先立つ不孝」「異姓養子」への態度から―」（『中国研究集刊』称号（総第六〇号記念号）、二〇一五年）

第二章、「和漢の孝行譚における割股」（今回起稿）

索　引

凡　例

①人名索引、書名索引、事項索引をあわせて作製し、日本語読み、かつ五十音順に配列した。
②中国人の人名、書名、篇目などについても①により配列した。
③範囲は、本文に限っており、注は除いている。
④本書に頻出する以下の項目は省いている。
孝、『孝経』、『古文孝経孔安国伝』（孔伝）

ア　行

カ　行

サ　行

タ　行

ナ　行

マ　行

ヤ　行

ラ　行

ワ　行

佐野大介（さの　だいすけ）
一九七三年福岡県生まれ
大阪大学大学院文学研究科教務補佐員
博士（文学）
著書『ビギナーズ・クラシックス 中国の古典 孟子』（角川学芸出版）、『江戸時代の親孝行』（共著、大阪大学出版会）、『概説 中国思想史』（共著、ミネルヴァ書房）、『懐徳堂研究』（共著、汲古書院）、『懐徳堂事典』（共著、大阪大学出版会）他

「孝」の研究
――孝経注釈と孝行譚との分析

二〇一六年一〇月三一日第一版第一刷印刷
二〇一六年一一月一五日第一版第一刷発行

定価［本体六〇〇〇円＋税］

著者　佐野大介
発行者　山本實
発行所　研文出版（山本書店出版部）
〒101－0051
東京都千代田区神田神保町二－七
TEL03（3261）9337
FAX03（3261）6276
印刷　モリモト印刷
製本　塙製本

ISBN978-4-87636-414-5